몸에
갇힌
사람들

불안과 강박을 치유하는 몸의 심리학

몸에 갇힌 사람들

수지 오바크 지음 김명남 옮김

창비

Bodies
Copyright ⓒ Susie Orbach 2009
All rights reserved.
Korean translation copyright ⓒ 2011 by Changbi Publishers Inc.
Korean translation rights arranged with Andrew Nurnberg Associates Ltd.
Through EYA (Eric Yang Agency)

이 책의 한국어판권은 에릭양에이전시를 통해
저작권자와 독점 계약한 ㈜창비에 있습니다.
저작권법에 의해 보호를 받는 저작물이므로 무단 전재와 복제를 금합니다.

루카스, 리안나, 릴리, 주다, 란, 그리고 릴라에게

감사의 말

사려깊고 지적이고 참을성있는 편집자 리싸 아피냐네씨에게 감사를 전한다. 앤드루 프랭클린, 프랜씨스 코디, 레슬리 레빈, 루스 킬릭, 페니 대니얼, 그리고 프로파일 출판사와 피카도르 출판사 제작담당자들의 열정과 전문가다운 솜씨에도 감사한다. 블레이크 모리슨과 조지프 슈워츠는 초고를 읽어주었다. 나타샤 페어웨더, 벤 배리, 조 글랜빌, 루이즈 아이헨바움, 캐롤 블룸, 엠마 드 싸마레즈, 대니얼 글레이저, 바버라 크렙스, 캐서린 베이커-피츠, 낸시 엣코프, 에바 호프먼, 그리고 내게 늘 유용한 토론과 자극을 제공하는 '애니보디'와 뉴스쿨의 '신체애착그룹' 회원들에게도 감사한다. 내가 우리 시대의 몸들을 이해하려고 노력해온 긴 세월 동안 치료사로서 만났던 많은 사람들, 소중하고 멋진 친구들과 가족들에게도 감사를 전한다.

2008년 10월 런던에서
수지 오바크

한국의 독자들에게

이 책을 읽기로 한 당신에게 감사함을 전합니다. 이 책이 당신에게 뭔가 말해주었으면 좋겠습니다.

내가 사는 영국과 여러분이 사는 한국에서는 전염병이 자라고 있습니다. 사람들이, 특히 소녀들과 여성들이, 자신의 몸에 뭔가 문제가 있다고 생각하는 병입니다. 그들은 수술로 외모를 바꾸길 갈망하고, 실제로 그렇게 합니다. 그들은 식욕을 통제하고, 그 때문에 많은 사람들이(한국에서는 다섯명 중 한명꼴로) 영양부족을 겪으며, 불안정한 몸무게로 고민합니다. 다이어트 뒤에는 폭식이라는 야만적인 반응이 따라옵니다. 그것은 몸이 영양을 되찾고자 맞서 싸우는 것이지만, 그 방식이 파괴적이고 상처를 남기기 때문에 사람들은 통제불능 상태에 빠지게 됩니다. 한때 한국에서는 음식과 식사가 기쁘고 즐거운 것이었습니다. 하지만 지금은 많은 사람들에게 두려움의 대상입니다.

우리의 몸은 충분히 멋지지만, 슬프게도 우리는 그렇게 느끼지 않습니다. 우리의 몸이 각자의 출신을 드러내야 한다고도 생각지 않습니다. 최근까지만 해도 나이지리아의 수도 아부자, 샹하이, 서울, 혹은 바르샤바, 뉴욕, 밀라노의 여성들은 옷 입는 법, 걸음걸이, 제 몸에 깃들여 살아가는 방식을 통해 한눈에 구별되었습니다. 요즘은 몸에 대한 새로운 그림이 그려지고 있습니다. 하얀 피부색, 서양인을 닮은 코와 쌍꺼풀, 균일한 모양의 음순, 이런 것들이 우리가 자신을 치장하고 변형시키는 기준입니다.

언어들이 사라지는 속도만큼이나 빠르게 다양한 신체 종류들과 표현들이 사라지고 있습니다. 모든 사람들이 글로벌 경제에 참여하면서, 자신도 현대사회에 속할 수 있다는 것을 보여주기 위해 상대적으로 획일적인 특정 신체방식을 받아들입니다. 하지만 우리가 정말로 세상에 기여해야 하는 것은 서로 다른 재능과 감수성, 생각, 풍습, 그리고 각자의 지역문화 속에서 형성해 온 서로 다른 지성입니다.

물론, 우리는 누구나 서로를 존중하는 공평한 경쟁의 장에서 만나고 싶어합니다. 오늘날은 워낙 시각문화가 대세인데다 주변에 온갖 이미지들이 난무하니, 아름다운 몸에 대한 생각이 스타일, 미용, 영화, 성형수술, 다이어트 산업의 이미지들에 의해 형성되는 것도 무리가 아닙니다. 그러나 그 때문에 우리는 다양성과 차이라는 강점을 잃어갑니다. 우리는 외부의 시선으로 스스로를 평가하고, 어느 부분에서 실패했는지를 확인합니다. 당연하게도 우리는 영원히 성공할 수 없습니다. 사진조작 기술 때문에 모델들조차 있는 그대로의 모습이 아닙니다. 그런데도 우리는 몸을 개조하기를 원하고, 미용산업에는 떼돈을 벌어다주면서 스스로에게는 엄청난 상처를 안깁니다. 그런 것들은 여성들이 스스로를 더 아름답게 느끼도록 도와주지 않습니다. 물론, 여성들로 하여금 부단히 최신기술들을 섭렵하여—가령 오늘은 속눈썹이지만 내일은 무엇이 될지 모릅니다—평화와 만족을 느끼도록 만들어주기는 합니다. 그러나 동시에 그 과정에서 불안감이 싹틉니다.

우리는 아름다움을 추구하면서 재미를 느끼고 싶어합니다. 신나게 차려입고 싶어합니다. 그러나 이것은 어디까지나 즐거운 일이어야 합니다. 치명적인 일로 만들지 맙시다. 자신의 몸이 별로라는 생각에서 출발하지 맙시다. 친애하는 독자 여러분, 그 대신 우리의 아름다움을 인정하고, 스스로를 사랑스럽게 느끼도록 노력해봅시다. 우리를 우리로 만드는 것은 우리의 다양성, 우리의 독특함입니다.

2011년 7월

수지 오바크

옮긴이의 말

저자는 이런 식의 소개를 싫어할 게 분명하다. 그래도 어쨌거나 저자 소개부터 하자. 수지 오바크는 1946년에 영국 런던에서 태어났다. 10대에 임신을 하여 퇴학당한 뒤, 미국으로 건너가 공부했다. 서른살에 여성치료쎈터를 열었고, 이후로 죽 정신분석 심리치료를 하면서 한편으로는 페미니즘 활동가로 나섰다.

오바크가 이름을 알린 것은 1978년에 쓴 책 『비만은 페미니즘의 주제다』(*Fat Is a Feminist Issue*) 덕분이었다. 이 책은 이른바 '안티 다이어트'의 원조였다. 다이어트에 집착하면 할수록 음식과의 관계가 왜곡되기 때문에 결국 다이어트에 실패할 수밖에 없다는 것, 비만은 육체적 문제만이 아니라 심리적 문제라는 것을 이야기한 책이었다. 무려 30여년 전의 책이건만, 문제의식과 접근법이 지금도 유효하게 느껴진다. 오바크는 이어 '우리 시대의 비유로서 거식증의 고투'라는 부제를 단 『단식투쟁』(*Hunger Strike*, 1986), 가상의 상담사례들을 통해 심리치료의 내밀한 경험을 소개한 『섹스라는 불가능성』(*The Impossibility of*

Sex, 1999), 음식과 올바른 관계를 맺는 법을 알려주는 매뉴얼 『먹는 것에 관하여』(On Eating, 2002) 등을 썼다. 오바크에 대한 세간의 평은 '골방에 갇혀 있던 식이장애를 공론의 장으로 끌어낸 사람'이다.

또 하나, 오바크가 영국 대중 사이에서도 일약 유명인사가 된 계기가 있었다. 고(故) 다이애너 왕세자비가 오바크에게 폭식증 치료를 받는다는 사실이 누설되었던 것이다. 다이애너가 눈물 젖은 얼굴로 오바크의 집에서 나오는 모습을 찍은 파파라치 사진이 공개되면서 일개 심리치료사였던 그에게 사람들의 관심과 질문이 쏟아졌다. 당연하게도 오바크는 지금까지 그에 대해 가타부타 말이 없다. 어쨌든 1990년대의 그 사건 때문에 오바크는 적어도 영국에서만큼은 '프로이트 이래 가장 유명한 정신분석가'가 되었다. 오바크가 2008년에 오랜 이성애 관계를 끝내고 역시 영국의 유명작가인 지넷 윈터슨(Jeanette Winterson)과 동성연인 관계를 시작한 것도 세상의 이목을 끈 사건이었다.

이렇게 가십에 가까운 소개부터 주섬주섬 꺼낸 게 미안하기는 하다. 오바크는 개인사를 밝히기를 극도로 꺼린다니까 말이다. 하지만 영국과는 달리 우리에게는 오바크의 이름이 영 낯설다. 오바크에게 뭔가 '번듯한' 직위가 있는 것도 아니다. 그래서 그녀가 직업적으로나 개인적으로나 평생 식이장애를 비롯한 여러 육체적·심리적 문제들에 헌신하며 이론적·실천적 활동을 해왔다는 것을 이렇게라도 강조하고 싶었다.

『몸에 갇힌 사람들』(원제는 'Bodies')은 오바크가 그동안 다뤘던 주제들을 총집결한 책이다. 거식증이나 폭식증 같은 식이장애, 비만, 멀쩡한 몸을 스스로는 흉하다고 인식하여 변형시키려고 하는 신체이형증, 성형중독, 섹스와 섹슈얼리티 문제, 싸이버공간에서 가상의 육체를 얻는 것을 현실육체의 어려움에 대한 대안으로 생각하는 경향…… 이런 현상들을 저자는 '몸의 문제들'이라고 통칭한다.

오바크에 따르면, 현재는 몸의 문제들에 잠식당한 시대다. 그녀가 『비만은 페미니즘의 주제다』를 쓸 때만 해도 예외적 사례에 지나지 않았던 식이장애는 오늘날 대부분의 10대들이 경험하는 일상이다. 미의식은 갈수록 편협해진다. 다양한 몸들이 아니라 단 하나의 몸이 아름다움의 기준이 되었다. 그 단 하나의 몸이란 날씬하면서도 풍만한(모순되는 말 같지만 패션모델들의 몸은 정말 그렇다) 서구적 이상(理想)이다. 세계화의 바람을 타고 그 이상이 세계 각국에 전달됨에 따라, 불과 몇년 전만 해도 다이어트가 뭔지도 몰랐던 나이지리아, 피지, 부탄, 중국의 여성들과 남성들이 현혹된다. 왜곡된 미의식을 조장하는 것은 다이어트산업(이 산업은 고객의 90퍼센트가 다시 돌아오기 때문에 호황일 수밖에 없다)과 그 '시녀'들인 미용, 제약, 식품, 성형, 패션 산업이다. 그리고 시각적 이미지에 치중하는 매체들이 그렇게 왜곡된 미의식을 확산시킨다. 광고나 잡지에 실리는 이미지들은 거의 100퍼센트가 포토샵 같은 컴퓨터 프로그램으로 조작된 것이다. 이미 포화된 이미지들의 공격에 수시로 노출된 사람들은 그 이미지에 부합하지 않는 자신의 몸에 대해 지나치게 비판적인 시각을 갖게 된다. (2004년에 도브가 전개했던 '리얼 뷰티' 캠페인을 기억하는 독자들이 있을 것이다. 화장도 사진조작도 하지 않은 여성들의 이미지를 광고에 사용하여 쎈세이션을 일으켰던 캠페인이다. 특히 주근깨 가득한 어느 평범한 여성이 스타일링과 사진수정을 통해 대변신하는 과정을 보여주었던 동영상은 유수의 광고상을 받으면서 화제가 되었다. 우리가 늘 조작된 이미지들을 접하면서 왜곡된 미의식을 갖지 않기란 어렵다는 것을 보여준 그 캠페인을 공동기획한 사람이 오바크였다.)

몸에 대한 불안을 조장함으로써 제 이득을 챙기는 산업들 때문에, 우리는 몸을 자연스럽게 주어진 것이 아니라 바꾸고 개량해야 할 대상으로 여기게 되었다. 쌍꺼풀수술, 비아그라, 위장절제수술, 스타일 개조, 기능성 화장품 등 우리가 신체변형에 동원할 수 있는 수단은 무수히 많다. 필요한 것은 오직 두툼한 지갑과 결연한 의지뿐이다.

더 심란한 사실은, 신체변형 노력이 도덕적으로 훌륭한 일인

양 칭송된다는 점이다. 신체변형에 기꺼이 참여하지 않는 개인은 '이렇게 많은 수단들이 있는데 어째서 당신은 비만과 주름살을 방치하는가'라는 비난을 받는다. 신체변형은 또한 사회적 활동으로 간주된다. 특정 형태의 몸을 획득하는 것은 현대사회와 경제에 온전하게 소속되는 한 방편이라는 인식이 있다. 이런 시각에서는 빚을 내어 성형수술을 받는 것이 허황한 짓이 아니라 미래를 위한 투자다. 신체변형을 통해 경쟁력을 갖추고 자신감을 높일 수 있다면 그것이 왜 나쁘냐는 생각은 언뜻 자유롭고 민주적인 듯하지만, 실은 선택이라는 허울 아래 모든 짐을 개인에게 지우는 자충수다.

사회적·문화적 압박에 시달리는 몸들은 몸의 자연스러운 기능이었던 활동들을 더이상 자연스럽게 하지 못한다. 먹고, 치장하고, 접촉하고, 섹스하는 일들은 계획적으로 '연기'하고 '상연'해야 할 과제가 된다. 그런 의미에서, 본문에 나온 열한살짜리 여자아이들이 통학버스에서 남자아이들에게 구강성교를 제안하는 충격적인 현상을 단순한 성조숙증으로만 해석해서는 안된다. 그것은 아이들이 보다 근원적인 몸의 불안에 시달린다는 것을 보여주는 현상이다. 아이들은 그런 행위를 통해 어떻게든 섹슈얼리티를 쟁취해야만 제 몸을 인정받을 수 있다고 느끼는 것이다. 비슷한 맥락에서, 비만은 단지 저질스러운 음식문화나 부실한 자기관리의 문제만이 아니다. 비만이 드리운 그림자 속에는 훨씬 더 광범위한 식이장애가 숨어 있다. 근원적인 몸의 불안이 담겨 있는 것이다. 우리 시대의 몸들이 겪는 고통은 가히 '공중보건의 응급상황' 수준이라고 오바크는 경고한다.

물론 저자가 소개한 상담사례들은 극단적인 경우다. 제 다리를 절단하기를 소망한 앤드루, 학대의 기억에 성장을 멈춰버린 쌤, 면도날로 제 가슴을 긋는 제인에게 공감할 독자는 적을 것이다. 그러나 부모의 격려 속에 쌍꺼풀수술을 하는 한국 소녀들, 3년에 한번씩 미용성형 비용을 대주는 브라질의 의료보험, 아기의 돌사진을 포토샵으로 이리저리 다듬는 것을 기쁘게 받아들이는 부모들은 어떨까? 우리는 모두 그로부터 멀지 않다.

이처럼 이론적 분석과 사례연구를 통해 우리 시대 몸들의 불안정성을 적나라하게 진단해 보여주는 것은 큰 각성효과가 있다. 그렇지만 사실 요즘은 그런 이야기를 곳곳에서 쉽게 들을 수 있다. 그보다 더 주목할 대목은 저자의 처방일 것이다.

오바크가 독특하게 주장하는 내용은 크게 두가지다. 첫째는 몸의 문제들을 다룰 때 발달이론을 함께 고려해야 한다는 주장이다. 저자가 숱한 사례들을 겪으며 확신하게 된 바에 따르면, 우리는 유년기의 어느 '결정적 시기'에 자신의 몸에 대한 인식을 정립한다. 그때 '진정한 몸'이 형성되지 않고 '거짓된 몸'이 형성되면, 그 여파가 평생 지속되면서 여러 문제들을 일으킨다.

아이는 왜 거짓된 몸을 형성할까? 가장 중요한 요인은 부모다. 부모가 스스로의 몸에 대해 잘못된 인식을 품고, 그 인식을 암암리에 아이에게 전달하기 때문이다. 한마디로, 엄마가 늘 다이어트하는 것을 보면서 자란 요즘 10대는 몸에 대한 인식이 어려서부터 왜곡될 수밖에 없다는 것이다. 따라서 오바크는 예비부모들과 초보부모들에게 올바른 몸 인식을 심어주는 캠페인을 벌여야 한다고 주장한다. 부모들로 하여금 제 몸과 아이의 몸을 있는 그대로 받아들이게 하는 것이 오늘날의 문제들을 해결하는 가장 싸고 빠른 방법이라는 것이다.

두번째는 몸의 문제를 몸의 문제로 다루자는 주장이다. 이 무슨 뻔한 소리일까? 정신분석의 역사가 어느덧 100년을 넘기니, 정신분석가들은 물론이고 보통사람들도 몸의 문제를 자동적으로 마음의 문제로 치환하여 해석하곤 한다. 그래서 몸이라는 물리적 실재는 충분한 관심을 받지 못한다. 비만, 자해, 섹슈얼리티 문제 등은 무의식적 갈등으로 인한 문제일 수도 있지만, 그에 못지않게 몸이 몸의 고통을 주장하는 선언일 가능성도 있다. 저자에 따르면, 치료사들도 아직은 몸을 몸의 언어로 이야기하는 방법을 모른다. 그래서 더욱 통합적인 시각이 필요한 것이다.

귀한 지면을 사적인 감상에 할애하는 데 대해 미리 사과를 구하고, 짧게 내 독후감을 말해볼까 한다. 나는 불안정한 몸이라는 게 무엇인지 알겠다. 나는 다이어트와 폭식의 악순환을 경험한 일이 있다. 오만가지 다이어트를 시도했고, 쓸데없이 병원에도 걸음을 했다. 그러다가도 괴로운 일이 생기면 폭식으로 도피했다. 이것이 악순환임을 깨우치고는 여성의 몸과 심리에 관한 책들과 올바른 식단에 관한 책들을 찾아 읽었다. 직접 번역하기도 했다. 그래도 여전히 내게 내 몸은 안정되고 자유로운 공간이 아니다. 끊임없이 감시하고 다그쳐야 겨우 평균에 머무는 대상처럼 여겨진다. 내가 딱히 특이한 경우인가 하면, 결코 그렇지 않다. 주변을 둘러보아 판단하건대, 나는 지극히 평범하고 표준에 가까운 여성이다. 요컨대 불안정한 몸의 이야기에 대해서라면 나름 면역이 있는 사람이다. 그런데 이 책을 옮기면서는 흡사 몰랐던 사실을 처음 들은 사람처럼 마음이 요동쳤다. 왜일까?

그것은 아마 오바크가 이론가이기 전에 직접 환자를 대면하는 상담가이기 때문일 것이다. 오바크는 페미니즘, 정신분석, 발달심리학, 문화비평 이론을 뒤섞고, 줄리아 끄리스떼바(Julia Kristeva)나 주디스 버틀러(Judith Butler) 같은 페미니즘 이론가들의 개념들과 정신분석학의 용어들을 흔하게 끌어다 쓴다. 그러나 오바크의 목표는 우리 시대의 몸들을 이론적으로 분석하는 것이 아니다. 모든 독자가 제 몸을 평온하게 깃들여 사는 곳으로 여기도록 돕는 것이다. 이 책은 어조가 차분할지언정 어엿한 선동책자다. 몸에 대해 새롭게 생각하자고 쿡쿡 쑤셔대는 책이다. 그렇지만 가르치려 드는 태도는 아니다. 어느 인터뷰에서 저자가 직접 말했듯이, 오바크는 심리치료사의 직분 때문인지 도덕론자처럼 독자에게 무언가를 강제하는 입장에는 서지 못한다. 환자에게 이입하는 능력이야말로 치료사의 제일조건이기 때문이다.

  우리 시대에 만연한 몸의 문제들을 진단하고, 해결을 모색하는 책. 실제 상담사례들을 소개함으로써 경각심을 일으키는 책. 개개인의 숙제로 변화를 촉구하는 게 아니라, 어디까지나 정치적 공동과제로 변화를 선동하는 책. 분석하면서도 호소하고, 이론적이면서도 현실적이고, 냉철하면서도 따스하다는 것이 이 책의 특징이다. 그렇기에 여성에게든 남성에게든, 어려운 이론을 아는 사람에게든 모르는 사람에게든, 주저없이 이 책을 권한다.

2011년 7월
김명남

차례

감사의 말 · 7

한국의 독자들에게 · 8

옮긴이의 말 · 11

들어가며
우리 몸에 무슨 일이 일어난 걸까? · 23

1장　자기 다리를 자르고 싶어한 남자 · 43

2장　우리 몸에는 부모의 몸이 새겨져 있다 · 65

3장　몸의 소리에 귀기울이기 · 101

4장　전쟁터가 되어버린 몸들 · 151

5장　섹스는 연기가 되었다 · 211

6장　몸은 무엇을 위한 것일까? · 249

주 · 273

참고문헌 · 282

일러두기

옮긴이가 독자의 이해를 돕기 위해 본문의 괄호로 주를 달아놓은 경우
'―옮긴이'라고 표시했다.
나머지는 모두 저자가 달아놓은 주로, 내용 이해에 필요한 주는 본문 아래에,
그외 출처를 밝힌 주는 본문 뒤에 넣었다.
본문에서 고딕체로 표기한 부분은 원저자가 강조한 것이다.

| 들어가며 |

우리 몸에
무슨 일이 일어난 걸까?

내 이메일의 받은편지함은, 다른 사람들도 그렇겠지만, 음경이나 유방을 확대하라거나, 정력과 쾌락을 증진시켜주는 비아그라를 구입하라거나, 최신 허브요법이나 조제약으로 체중감량에 도전하라고 권유하는 메일들로 매일 가득 찬다. 그런 권고메일들은 스팸필터를 교묘히 통과하고, 대중과학 지면으로 침투한다. 그래서 요즘 신문이나 잡지에는 몸과 뇌의 능력을 향상시켜준다는 이식물이나 알약을 찬양하는 기사, 기존 생물학을 우회하는 새로운 생식방법을 소개하는 기사가 넘친다. 한편 소녀들은 '미스 빔보'(www.missbimbo.com, 자신의 아바타를 아름답게 꾸미는 온라인게임—옮긴이) 웹싸이트에서 가상의 인형을 만든 뒤, 그것에 다이어트약을 먹여 '비쩍' 마른 몸매로 만들고 가슴 확대수술이나 주름살 제거수술을 해준다. 그런 소녀들이 자라면 잡지를 넘겨보면서 허벅지나 코나 가슴을 성형하고 싶어하는 10대가 된다. 그 잡지에 페이지마다 실린 뼈만 남은 모델들의 사진은 10년 전만 해도 사람들에게 혐오감을 불러일으켰다. 기근으로 굶어죽은 사람을 연상시켰기 때문이다. 또 한편으로, 정부는 비만이라는 전염병을 음울하게 경고한다. 이런 현상들은 입을 모아 외친다. 당신의 몸은 고치고, 개조하고, 증강해야 할 캔버스다. 그러니 동참하라. 즐기라. 뒤처지지 마라.

현재 상담실을 운영하고 있는 심리치료사이자 정신분석가로서 나는 신체 변형, 증강, '완성 가능성'에 대한 압박이 사람들에게 가하는 충격을 매일 목격한다. 환자들이 늘 특정한 신체적 문제를 안고 나를 찾아오는 것은 아니지만, 그들의 감정적 곤란이나 갈등이 무엇이든, 그 안에는 거의 언제나 몸에 관한 걱정이 은근히 끼어 있다. 신체적 불만족이 이야기의 중심이 되는 경우가 일상다반사다. 대부분의 사람들이 그렇듯이, 내가 만나는 환자들은 크고 작은 방식으로 자신의 몸을 개조하기를 원하고, 실제로 그렇게 한다. 그들은 자신의 몸에서 흠을 찾아내고, 그것을 개선하면 기분이 좋아질 뿐만 아니라 스스로를 잘 통제하는 것처럼 느껴진다고 말한다. 대부분의 사람들처럼 내 환자들은 자신이 외부 압력에 지나치게 휘둘리는 것이라고는 생각지 않는다. 그들은 오히려 자신이 조작당하는 것일지도 모른다고 암시하는 설명에 반감을 느낀다. 패션이나 건강 분야의 유행을 따르는 사람이든 아니든, 우리는 어쨌거나 아름다워 보이는 것이 스스로에게도 기분좋은 일이라는 명제를 당연한 사실로 여긴다. 그렇지만 우리 몸들과 관계를 구축하는 과정에서 외부의 압박이 교묘하게 작용하는 것도 사실이다. 그리고 그 관계는 불만족스러울 때가 많다.

생물학적 조건이 개인의 운명을 더는 좌우하지 않는다는 생각이 널리 퍼짐에 따라, 신체적 문제가 있(다고 생각되)는 경우 얼마든지 해답을 찾을 수 있다는 생각도 함께 퍼지고 있다. 하지만 몸은 완성할 수 있는 것이라는 믿음, 그리고 우리가 몸을 개선하는 작업을 즐겨야 한다거나 적어도 기꺼이 용인해야 한다는 믿음은 문제를 해결해주지 않는다. 도리어 문제를 격화시켜 몸이 갈수록 불안정해지는 현상, 달리 말해 몸이 심각한 괴로움과 무질서의 장소가 되어가는 현상에 기여할 뿐이다. 오늘날 어디에서나 목격할 수 있는 이 현상은 실로 우려할 만한 수준이다.

갈수록 우리의 몸은 갈고닦아야 하는 대상으로 경험되고 있다. 남성들은 스테로이드, 성적 보조도구, 남성성을 지향하는 다이어트상품에 노출되어 있다. 아이들의 몸도 마찬가지다. 요즘은 사진관에서 아이들의 사진에 디지털 수정을 해준다. 미소를 교정하고, 치아 사이의 틈을 메우거나 오히려 만들고, 휜 무릎을 곧게 펴주면서 어린 소녀들을 똑같은 모양의 사기인형으로 만들어낸다. 이런 마법사들의 웹싸이트 주소는 절대로 아이러니를 의도한 표현이 아니다(일례로 다음 웹싸이트 주소의 뜻은 '자연미'다. www.naturalbeauties.homestead.com). 그들은 보정한 사진 또한 자연스러운 아름다움의 한 형태이고, 진실된 것이라고 믿는다. 갈수록 많은 사람들이 섹시함을 강조하는 문화에 매료된다. 몸을 남들 앞에서 전시하고 '매력적으로' 보이게 가꾸는 것은 재미있고, 바람직하고, 쉽게 할 수 있는 일인 것처럼 선전된다. 아름다운 몸이라는 가치와 몸의 완성이라는 목표는 이미 민주화되었다. 사는 곳이나 경제적 여건과 무관하게 누구나 옳은 몸이라는 목표를 달성할 수 있으며, 그 옳은 몸은 개인이 오늘날 이 세상에 온전하게 소속되는 한가지 방법이라는 생각이 널리 퍼져 있다. 그런데 당혹스럽게도, 누구에게나 민주적으로 아름다움을 요구하는 이 경향은 점점 더 단일한 형태로 사람들을 획일화시킨다. 세계적인 스타일 아이콘들의 이미지와 이름은 전세계의 젊은이들뿐만 아니라 그다지 젊지 않은 사람들의 눈길을 사로잡고 입에 오르내린다. 어떤 사람들은 그런 경향에 쉽게 동참할 수 있을 테고 나아가 즐기기까지 하겠지만, 대다수의 사람들은 그러지 못한다. 왜냐하면 그 민주적 사상이 다양한 미적 변이들까지 포함하도록 확대되지는 않았기 때문이다. 민주화는커녕, 사람들의 미의식은 지난 몇십년 동안 줄곧 편협해져왔다. 남성에게는 가슴근육을, 여성에게는 풍만한 유방을 요구하는 현재의 편협한 미의식은 그 기준에 합치하지 않는 많은 사람들을 고민에 빠뜨린다. 요행히 기준에 맞는 사람조차 자신의 몸에 불안감을 느낀다. 정말로 슬픈 일이다.

사람들은 아침에 눈뜰 때부터 잠자리에 들 때까지 내내 안절부절 경계를 늦추지 못한다. 몸들은 늘 긴장한 상태다. 걱정하는 것이 당연한 규범처럼 되었다. 이전 시대라면 우리는 이런 불안들을 질병으로 여겼을 것이다. 이토록 많은 사람들이 괴로워하는 것을 보면 전염병이라고 불렀을지도 모른다. 그러나 우리 시대는 다르다. 우리는 다양한 형태의 신체적 집착에 이미 길들어 있다. 소녀들과 여성들은 특히 더 사로잡혀 그런 집착이 제2의 천성이 되었다. 그것은 거의 '자연스러운' 일이 되었고, 너무 당연해서 눈에 보이지 않는다.

하지만 눈을 크게 뜨고 살펴보면 그런 몸에 대한 집착이 얼마나 심란한지 알 수 있다. 몸에 대한 집착은 유년기부터 노년기까지 거의 평생 우리의 삶에 영향을 미칠 수 있다. 뛰어난 운동선수의 민첩함을 모방하고 싶어하는 소년들의 열망은 이제 근사한 복근을 갖고자 하는 욕망으로 집중된다. 네살밖에 안된 어린 여자아이들이 신체적 자의식을 갖게 되면서 거울 앞에서 섹시한 포즈를 연습하는 것은 귀엽기보다 오싹한 광경이다. 한편 양로원에서는 장기적으로 식이장애를 겪는 여성들이 갈수록 많아지고 있다. 이런 현상들이 죄다 외부 압력 때문이라고 말할 사람은 없을 것이다. 우리는 더 완벽한 몸을 갖고 싶다는 소망을 더 없이 개인적인 욕망으로 경험하고, 그것은 실제로 개인적인 일이기 때문이다. 그렇지만 남들이 우리 몸을 보고 말하고 묘사하는 방식과, 우리가 자신과 타인의 몸을 개인적으로 인식하는 방식을 분리하여 이야기할 수는 없다. 몸은 여성과 남성 모두의 삶에서 새로운 초점으로 떠올랐다. 있는 그대로의 몸은 더이상 안전하거나 정상적인 것으로 간주되지 않는다. 디톡스, 근력운동, 치아관리, 장세척, 세정에 대한 새로운 수사들이 끊임없이 나오면서, 우리는 몸에 관해 언제나 신경을 곤두세우고 결단을 내려야 한다. 예전에는 패션이나 건강에 별 신경을 쓰지 않던 사람들도 요즘은 발을 뺄 수 없다. 누구나 멋지게 보이려고 노력해야 하고, 자신의 건강과 안녕을 스스로 책임져야 한다. 이제 개인이 자신의 몸에 책임을 지고 몸으로 평가받는 것은 당연한 일이 되었다. '스스로를 돌보는 것'은 도덕적 가치가 되었다. 몸은 투자할 만한 가치가 있는 개인적 프로젝트나 다름없다.

전문기고가들은 자기 자신을 관리하는 방법을 조언하는 기사들을 끝도 없이 쏟아낸다. 텔레비전 프로그램들은 개인의 건강과 아름다움에 신경을 쓰면 왜 좋은지, 왜 그래야 하는지, 그것이 도덕적으로 얼마나 우월한 일인지 이야기한다. 정치인들은 대중에게 기꺼이 개인적 책임을 지라고 촉구한다. 한편 우리 주변의 시각적 세계는 몸 전체나 일부를 재현한 이미지들에 의해 점차 변형되고 있는데, 그런 이미지들은 당장 우리 몸들을 개조하고 업데이트해야 한다는 뜻을 교묘하게 전달한다. 우리는 그런 의도를 눈치채지 못한 채 흔쾌히 초대를 받아들이고, 최신 유행에 뒤처지지 않으려고 안달한다.

날씬함과 아름다움에 대한 집착이 사람들의 자존감을 해치는 가운데, 최근에는 또다른 고착현상이 생겼다. 바로 비만율의 증가다. 몸이 보내는 정상적인 식욕에 따라 먹는 것은 이제 옛말이 된 듯하다. 대신 식사는 탐욕스러운 존재로 전락한 몸을 어떻게든 통제하려고 애쓰면서 늘 꼼꼼히 따지고 좌절하는 일이 되었다. 다이어트회사들은 빠르게 성장하고 있다. 신생기업인 뉴트리씨스템(NutriSystem)은 『포춘』(Fortune)이 선정한 500대 초고속 성장기업에 꼽혔는데, 회사의 이윤은 2004년에 100만 달러였던 것이 불과 2년 만에 8,500만 달러로 늘었다. 새로운 헬스클럽이나 건강식 전문식당도 속속 문을 열고, 새로운 음식이 끊임없이 개발되고 있다. 근력운동, 몸매관리, 건강을 다루는 잡지들의 발행부수는 갈수록 늘어난다. 몸을 개조하려는 부단한 욕망들이 어디에서나 표출된다. 몸을 다시 만드는 일이 쉬울 뿐만 아니라 자존감을 표현하는 방법이라는 생각이 퍼지면서 성형수술은 점점 텔레비전 화면과 사람들의 지갑을 장악해간다(연간 성장규모가 10억 달러나 된다). 그리고 무엇보다도, 생식(生殖)이 재구성되고 있다. 미래에 쓰기 위해 난자를 얼려두는 젊은 여성들이 많아지고, 체외수정을 택하는 부모들의 나이가 갈수록 어려진다. 성전환한 남성이 임신을 시도하는 현상도 등장했다.

후기자본주의 덕분에 우리는 생존, 종족 번식, 주거지 확보, 허기 충족에 집중했던 과거 수백년 동안의 신체적 관행에서 벗어났다. 물론 출산, 질병, 노화는 여전히 삶의 정상적인 주기의 일부지만, 그것들은 이제 개인이 발전된 의학이나 외과적 수술 기법을 총동원해 노력하면 얼마든지 중단하거나 바꿀 수 있는 사건들이 되었다. 몸은 개인의 생산물로 평가된다. 인공기술을 이용할 수도 있고, 유기농제품 같은 자연주의적 경로를 택해서 빚어낼 수도 있고, 두가지 방법을 조합해서 쓸 수도 있다. 방법이야 어떻든, 몸은 곧 우리의 명함이다. 우리가 열심히 노력하고 신경 쓴 결과를, 혹은 게으름 부리고 실패한 결과를 보여주는 작품이다. 한때는 육체노동자들의 몸만이 쉽게 구별되었다. 근력과 근육이 두드러졌기 때문이다. 그런데 요즘은 중산층 사람들이 헬스나 요가 같은 갖가지 신체단련을 통해 그런 몸을 가져야 한다. 육체적 단련의 목표는 꾸준한 운동을 통한 개인적 성취를 자랑하는 것이다. 특히 젊은이들은 더 신경 쓰고 주의해야 한다. 쏘셜네트워크 싸이트(온라인, 주로 인터넷상에서 인적 네트워크를

---

* 예를 들어 『뉴욕타임즈』 2008년 6월 22일자에 실린 토머스 비티(Thomas Beatie)의 이야기를 보라.

구축하는 싸이트―옮긴이)의 사용자가 간혹 호감가지 않는 사진을 올리면, 다른 사용자들이 벌떼처럼 달려들어서 부정적인 '악성 댓글'을 단다. 월드 와이드 웹을 통한 이미지 유포가 쉬워짐에 따라 몸에 대한 대중의 혹평도 늘고 있다.

쎌러브리티 문화나 브랜드산업은 현대인의 몸을 불안정하게 만듦으로써 이익을 얻는다. 그런 상업적 압력 때문에 사람들은 몸을 느끼고 이해하는 능력을 잃어버렸다. 몸들은 더이상 무언가를 만들어내지 않는다. 서구에서는 로봇공학, 기계화된 농장설비, 식품에서 건축자재까지 반가공된 상품들, 자동차, 첨단무기 등이 일상적인 육체적 활동과 노동을 대부분 대체했다. 이제는 물건을 고쳐 쓰는 일도 거의 없다. 대량생산시대에는 고치느니 새것으로 바꾸는 게 더 저렴하기 때문이다. 과거에는 노동자 계급의 몸에 고된 육체적 작업으로 인한 근육이 형성되었지만, 요즘의 저소득 써비스산업 종사자들이나 계급 스펙트럼 전반에 걸쳐 있는 컴퓨터 관련업 종사자들에게는 그런 육체적 표식이 없다. 대부분의 사람들은 일상에서나 일터에서 일부러 몸을 움직이려고 노력해야 할 지경이다. 재미나 사회적 표지(social marker)를 위해 스스로를 꾸몄던(육체노동을 하지 않았던) 유한계급층의 습관이 업그레이드되고 민주화됨에 따라, 요즘은 누구 할 것 없이 그런 활동을 권유받는다. 그리하여 아주 새로운 현상이 우리 눈앞에 펼쳐지게 되었다. 몸이 일의 한 형식이

된 것이다. 즉, 몸이 생산의 수단에서 생산 그 자체로 바뀌었다.

이런 변화들로 인한 부작용이 심리치료사, 심리학자, 카운슬러, 정신분석가, 의사 들의 상담실에서 가시적으로 드러난다. 내가 '신체적 불안정성'과 '신체 수치심'이라고 이름 붙인 사례들이 엄청나게 늘어나는 추세다. 몸을 이해하는 새로운 설명과 이론의 필요성이 갈수록 분명해지고 있다. 음경, 유방, 엉덩이, 배의 크기와 모양을 바꾸고 싶어하는 수많은 사람들의 욕망과 의지를 이해하는 데 있어서든, 환각지(幻覺肢, 수술이나 사고로 갑자기 손발이 절단되었을 경우, 없어진 손발이 마치 존재하는 것처럼 생생하게 느껴지는 일—옮긴이)를 지닌 남성의 경험을 헤아리는 데 있어서든, 심각한 심신의 증상들을 해독하는 데 있어서든, 거식증·폭식증·신체이형장애(실제로는 정상적인 외모인데도 자기가 흉하거나 장애가 있다고 느끼는 심리현상—옮긴이)를 다루는 데 있어서든, 기존의 데까르뜨나 프로이트적 신체관념은 적절하지 않은 것 같다. 마음과 몸의 관계는 변하고 있다. 때문에 마음이 몸을 장악한다는 전통적인 정신분석 이론의 견해로는 한계가 있다. 요즘 같은 신체 불안정성의 시대에 점점 더 확연해지는 사실이 있다면, 자연스러운 몸이란 허구에 지나지 않는다는 것이다. 우리는 오늘날의 몸들을 철저히 재고해야 한다. 그것은 시급한 과제다.

물론 전세계의 다채로운 몸짓언어들과 몸을 치장하는 풍습들을 둘러보노라면,[2] 몸은 언제나 특정 시대, 지리, 성, 종교, 문화를 반영하는 수단이었음을 쉽게 알 수 있다. 목을 늘이고, 얼굴을 장식하고, 머리를 천으로 가리고, 발목을 드러내고, 정장을 입고, 머리를 염색하고, 팔에 문신을 새기고, 소녀의 발을 묶어 전족을 만들고, 금니를 끼우고, 정수리를 가리고, 할례를 하고, 특별한 방식으로 손톱을 칠하는 것은 모두 몸에 표지를 새김으로써 그 개인이 특정 집단에 속한다는 것을 직접 드러내는 기호다. 몸은 복장이나 태도를 통해 인식되고, 복장이나 태도는 그 사람의 출신집단 혹은 그 사람이 소속되기를 바라거나 동일시하는 집단에 따라 달라진다. 신체적 암호들과 행위들이 우리를 구성하는 것이다. 설령 그런 관행들이 의도적인 게 아니라 해도 마찬가지다. 어쨌든 우리가 당연시하는 몸은 결코 자연스럽거나 순수한 몸이 아니고, 특정 문화의 사소한 관행들이 무수히 많이 축적됨으로써 각인되고 형성된 몸이다. 어떻게 보면, 단순하고 '자연스러운' 몸 따위는 애초부터 존재하지 않았다. 우리는 이제 그 사실을 똑똑히 알 수 있다. 세상에는 언제나 사회적·문화적 지시에 의해 형성된 몸이 있었을 뿐이다. 하지만 내가 이 책에서 주장하려는 것은, 몸에 대한 현재의 문화적 담론을 볼 때 우리는 신체 불안정화의 시대라는 새로운 단계로 접어들었고, 우리의 몸은 뭔가 새로운 광란의 분위기에 둘러싸였다는 것이다. 사회적 힘들이 이끌어낸 그 분위기를 우리는 가족을 통해 흡수하고 전달한다. 우리가 최초로 신체적 감각을 습득하는 공간이 바로 가족이기 때문이다.

그렇다고 해서 우리가 자신의 신체적 관행을 낯설게 경험한다는 뜻은 아니다. 운동을 하거나 머리를 다듬거나 옷을 고를 때, 우리는 남들에게 보여주고 싶은 모습과 자기 자신을 바라보는 방식을 스스로 결정한다. 우리는 즐거운 마음으로 단장을 한다. 신체적 관행들은 무슨 교리문답처럼 하늘에서 뚝 떨어진 지침이 아니다. 문화적 정체성은 인간의 가장 일상적이고 기본적인 아기와 부모 간의 상호작용을 통해 전달된다. 그것은 부모 자식 관계의 핵심내용이다. 부모나 유모, 조부모가 아기를 안고, 기르고, 말을 걸고, 쓰다듬고, 먹이고, 관계 맺는 방식은 그들이 과거에 흡수했던 특정 문화적 관행들의 재현이고, 그것이 이제 아이의 신체적 경험에서 핵심이 되는 것이다.

과거에는 상황이 늘 그런 식이었기 때문에 구태여 거기에 신경을 쓸 필요가 없었다. 소년들은 전사로 키워지면서 그에 필요한 육체적·감정적 속성들을 발달시켰고, 소녀들은 다리를 오므리고서 조용히, 예쁘게 앉아 얌전하게 행동하도록 키워졌다. 아이들의 몸은 그에 따라 적절하게 표현을 했고, 아무도 그것에 이의를 제기하지 않았다. 1960년대 영국의 남학생은 그의 자세와 옷차림과 그의 몸이 차지한 육체적 장을 통해 한눈에 알아볼 수 있었을 것이고, 독일 남학생이나 중국 남학생과는 쉽게 구별되었을 것이다. 소년이 몸으로 체현한 것이 곧 그의 자의식을 구성한다. 몸은 영아기에 처음 만들어지고, 그가 속한 가족 특유의 사회적·개별적 관습에 따라 형성되어나간다. 그러면서 그가 앞으로 살게 될 삶에 적합한 종류의 몸을 반영하게 된다.

물론, 몸들도 가끔 실수를 한다. 의학적으로나 조직적으로 문제가 있는 것은 아닌데도, 어쩐 일인지 몸들이 주어진 목표대로 행동하기를 거부할 때가 있다. 적절한 작동을 멈춰버리는 것이다. 가령 팔다리가 마비되는 경우도 있고, 여성이 수태는커녕 성교도 하지 않았는데 임신부처럼 배가 부풀어오르는 경우도 있다. 어떤 남성은 하이힐에 성적으로 집착하게 되어, 하이힐을 눈으로 보거나 만져야만 사정할 수 있었다. 그런 현상들에 호기심을 느낀 사람이 바로 19세기 말의 지그문트 프로이트(Sigmund Freud)였다. 그는 마음과 몸의 관계에 매료되었다. 구체적으로 말하면, 문제를 일으키는 몸이 어떤 경로를 통해서 마음의 작동과 관계를 맺는지 궁금해했다. 그는 환자들과 대화를 나누면서, 신체적 구성이나 유전 면에서 이렇다 할 의학적 근거가 없는 육체적 증상들이 왜 나타나는지 그 기원을 추적해보았다. 프로이트는 결국 개인의 경험과 그 경험을 구성하고 기억하는 방식은 그가 자신의 무의식적 갈망이나 갈등에 비추어 그 경험을 이해하는 방식과 관계있다고 결론 내렸다. 프로이트는 마음이 몸에 강력한 영향력을 발휘한다는 사실을 설득력있게 보여주었다. 사람들은 그의 연구를 처음에는 쉽게 받아들이지 못했다. 하지만 결국 그의 연구는 마음과 몸의 관계와 상호작용에 대한 사람들의 시각을 혁명적으로 바꿔놓았다.

프로이트의 통찰은 100년 넘게 우리를 인도해왔고, 그럴 만했다. 그것은 정신분석가들에게 유용한 시각과 도구를 제공했을 뿐만 아니라, 의료계 전반에 침투했다. 그래서 요즘은 스트레스가 면역계, 내분비계, 소화계, 나아가 몸에서 가장 큰 기관인 피부에 영향을 미친다는 사실을 당연하게 여긴다. 습진이 심리적 고통과 관련있다는 사실을 누구나 인정한다. 가려움과 발진의 원인이 화학적 자극물질이라는 사실을 믿지 않는 것은 아니지만, 거기에서 한발 더 나아가 신체의 다양한 기관들이 감정이나 개인적 사연과도 관계있는지를 살펴보는 것이다.

프로이트가 우리에게 알려준 사실들 중 무엇보다 중요한 것은 '자연스러운' 섹슈얼리티란 개념은 잘못이라는 사실이다. 성적 욕망은 갈등과 갈망, 환상으로 점철되어 있다. 그런데 오늘날에는 몸 그 자체가 프로이트시대의 섹슈얼리티만큼이나 복잡한 것이 되어버렸다. 이것이 내 주장의 핵심이다. 섹슈얼리티와 마찬가지로, 몸도 부모나 다른 보호자와의 최초의 접촉을 통해 올바로 형성되거나 잘못 형성된다. 그 보호자들의 몸에도 우리 문화의 영향력과 명제들이 담겨 있다. 몸을 드러내고 관리하는 방식에 대한 문화적 지령들이 그들의 몸에도 갖춰져 있다. 어른들이 의식하는 자기 몸의 결핍과 장점, 신체적 특징에 대한 기대나 두려움은 아이를 대하는 행동에서 저절로 드러나고, 아이의 신체적 의식에 큰 영향을 미친다. 아이가 어른이 되었을 때 신체적 불안정성을 낳는 요인이 되기도 한다. 나는 그 사실을 상담실에서 똑똑히 목격한다. 내가 볼 때 최근의 우려할 만한 경향은, 성인환자의 신체경험에 그 부모의 괴로운 몸들이 담겨 있는 경우가 점점 많아진다는 점이다. 불안의 체현이 세대에서 세대로 전달되는 경향이 생겨난 것이다.

심리치료사로서 일을 시작했을 무렵, 나는 환자들이 식이장애나 신체이미지장애(외모의 결함을 지나치게 과장해서 받아들이거나 외모 자체에 지나친 스트레스를 받는 것—옮긴이)를 통해 자신의 신체적 고통을 토로하는 것임을 깨달았다. 사람들이 차마 직접 표현하지 못하는 복잡한 사회적·심리적 관념과 감정들이 날씬함과 뚱뚱함에 대한 개념에 욱여넣어진 채 간접적으로 드러나고 있었다. 나는 그런 현상을 책으로 썼고, 내 책 『비만은 페미니즘의 주제다』와 『단식투쟁』에서 묘사했던 문제들은 머지않아 현실에서 걷잡을 수 없이 번져나갔다. 요즘 식이장애와 신체적 고통은 대다수의 개인과 가족들의 삶에서 일상적인 부분으로 자리매김되었다. 글로벌 문화에 진입하는 나라들이 많아짐에 따라, 뚱뚱함과 날씬함에 결부된 상징적 의미들은 인류 공통의 중대사안이 되었다. 역사적으로 극히 최근까지만 해도 인류의 관심사는 충분한 식량 확보에 집중되어 있었는데 말이다. 요즘 '옳은' 음식과 '옳은' 신체싸이즈는 모더니티의 기호가 되었고, 옳은 음식과 싸이즈를 갖지 못하는 것은 수치심, 실패, 혹은 누구나 갈망하는 가치들에 대한 거부를 뜻하게 되었다. 이런 맥락에서, 상징적 의미들이 개인의 삶에 중요한 영향을 미친다고 했던 프로이트의 통찰은 여전히 유효하다. 하지만 한계도 있다. 신체변형이 갈수록 흔해지고 사람들이 개인적으로나 집단적으로 그것을 욕망하는 현상황을 볼 때, 우리는 동시대 사회적 관행들의 영향만을 고려할 것이 아니라 영아기에서 성인기로의 진행과정을 연구하는 발달이론도 함께 생각해야 한다.

지난 30년 동안, 우리는 마음의 갈등이 몸에 어떤 영향을 미치는가를 깊이 이해하게 되었다. 그에 따르면, 현재 우리 몸 자체에 닥친 위기는 이미 예고된 일이나 다름없다. 그래서 나는 몸이 타고난 유전적 각인에 의해 출생 이후 유기적으로 발달한다는 생각, 또한 마음은 (그리고 영양은) 그 발달의 핵심단계들에만 영향을 미친다는 생각을 의심하게 되었다. 이제 몸은 더이상 본질적으로 안정적인 것이 아니다. 사람의 신체적 특징이 구현되는 일차적 영역을 제대로 다루기 위해서는, 새로운 심리발달 이론이 필요하다. 이 책에서 나는 몸에 관한 새로운 사고방식을 제안할 것이다. 그것을 토대로 현존하는 심리이론들만큼이나 설득력있는 신체발달 이론을 구축할 수 있으리라 믿는다. 우리가 몸의 심리학에 관해 더 많이 알게 되면—요즘은 심리치료사나 신체치료사뿐만 아니라 신경정신분석학자나 신경심리학자의 실험실에서도 그런 지식이 생산된다—좀더 완전한 정신신체적 발달이론을 제안할 수 있을 것이다. 나아가 이미지로 포화된 현대문화가 사람들의 시각피질에 미치는 영향과 그 메커니즘을 이해할 수 있을 것이고, 그로 인해 풍부하고 다채로운 신체표현들이 빠르게 격감하는 현상도 볼 수 있을 것이다. 요즘은 다양한 신체형태들이 사라지고, 그 자리에 소수의 이상화된 신체유형만이 살아남아 모두에게 그것을 추구하도록 강요하는 분위기다. 2주에 하나씩 세상에서 언어가 사라지듯이,[*] 신체 다양성도 거의 절멸을 앞둔 상황이다.

내가 임상적으로 고민하고 이론적으로 해결하려 애쓰는 것은 바로 이런 주제들이다. 나는 갈수록 획일화되는 시각문화에 대해 도덕적 차원에서 화가 나고 심란해진다. 사람들의 신체 불안전성에서 이익을 얻는 기업들이 그런 문화를 조장하고, 그로 인해 너무나 많은 사람들이 아름다움에 관해 두려움을 느낀다. 말 그대로 수백만명의 사람들이 매일 자기 몸이 어떻게 보일까를 걱정하고, 수치심을 느끼는 것이다. 이것이 개인적인 분투라는 점에서 많은 사람들이 사소한 문제로 여기고 심지어 허영의 발

---

[*] AP통신 2007년 9월 18일자 뉴스에 따르면, 현재 지구상에서 2주마다 하나씩 언어가 사라진다.

로라고까지 생각하지만, 이것은 결코 사소한 문제가 아니다. 이 문제는 우리 생각보다 훨씬 더 심각하다. 얄궂게도 몸 전체나 일부에 대한 고통이 오늘날 너무나 보편적으로 퍼져 있기 때문에 이런 신체문제들의 중대성을 쉽게 간과하지만, 이것이야말로 공중보건의 숨겨진 응급상황이다. 자해, 비만, 거식증 통계에서 간접적으로 드러날 뿐, 대체로 사람들의 시선에서 벗어나 있지만 말이다. 오늘날의 신체문제들은 그보다 더 광범위한 현상인 신체적 불편장애(dis-ease, '편하지 않음'과 '질병'의 뜻을 동시에 의도했다—옮긴이)의 감정을 가장 뚜렷하고 분명하게 보여주는 징후다.

후기근대사회가 빚어낸 지금 상황은 불가피한 것이 아니다. 디지털 문화와 이미지 과잉의 문화가 반드시 현재의 결과만을 낳으라는 법은 없었다. 어쩌면 미의식을 협소화하는 데 기여했던 바로 그 수단들을 이용해 사람들이 실제로 갖고 있는 다양한 몸들을 포괄하는 미의식을 만들어낼 수 있을지도 모른다. 스타일산업의 입장에서도 편협한 미의식을 장려하는 것은 장기적으로 불리하다. 오히려 다양성과 변이를 찬양하고, 오늘날 너무나 많은 사람들이 겪는 신체적 고통을 해소하는 것을 윤리적 목표로 삼는 편이 그들에게도 더 이득이 될지 모른다.

이 책은 우리 시대의 몸들에 어떤 일이 벌어지고 있는지, 그 이유는 무엇인지를 살펴볼 것이다. 몇몇 극단적인 사례들도 소개될 텐데, 그것을 통해 여러분은 자기도 모르게 습관적으로 취하는 아주 일상적인 행동들을 되짚어보게 될 것이다. 나는 몸의 관점에서 보는 발달이론을 제안할 것이다. 유년기의 가족생활이 갖가지 신체 불안전성을 싹틔울 수 있다는 것, 그래서 지금의 내 몸은 진짜 몸이 아니라는 느낌을 줄 수 있다는 것을 살펴볼 것이다. 또한 시각문화에 대해서도 말할 것이다. 시각문화는 우리로 하여금 주변에 보이는 이미지들을 몸소 복제하는 것이 세상에 소속되는 방법이라고 믿게 만든다. 관련하여 특정한 서구적 신체에 대한 시각적 재현이 세계화를 통해 막 근대에 진입한 나라의 젊은이들을 사로잡음으로써, 그들의 진짜 몸과는 다른 몸을 원하게 만드는 현상도 살펴볼 것이다. 일본, 피지, 싸우디아라비아, 케냐의 젊은이들이 자기 몸을 개조하려고 애쓰는 모습을 보면 전세계의 혼란스러운 몸들이 겪는 슬픔을 느낄 수 있다. 신체혐오는 서양의 은밀한 수출품이다.

몸에 집중된 만족감을 찾아헤매는 것은 우리 시대의 특징이다. 그런 신체 불만족의 다양한 표현들을 알아보고 그 해법을 찾는 것이 바로 이 책의 주제다. 정신분석은 우리에게 마음의 문제가 육체적 증상으로 표현될 수도 있다는 사실을 알려주었다. 나는 거기에서 더 나아가 습진이나 비만 같은 육체적 증상이 한편으로는 몸 그 자체가 사회적 압력, 가족의 집착, 세대간에 전달된 신체 트라우마 때문에 겪게 되는 신체적 고통의 표현이라고 주장하고 싶다. 왜 신체적 만족은 이토록 얻기 힘들까라는 질문에 답하고 싶다. 왜 트랜스섹슈얼, 신체절단, 성형 등 다양한 신체변형 사례들은 어디에나 널린 것은 아닐지언정 점차 수가 늘어가고 대중에게도 분명하게 인식되고 있는 걸까? 왜 섹스는 반드시 필요한 것, 수행해야 하는 것, 프로이트마저 어지럽게 만들었을 법한 환상들로 채워진 것이 되었을까? 몸의 구원을 약속하는 리얼리티 텔레비전쇼들이 대중에게 먹히는 현상은 어떻게 이해해야 할까? 있는 그대로의 몸들에 무슨 문제가 있는 것일까? 그리고 왜 그런 문제가 일어난 걸까?

나는 이런 의문들을 탐색함으로써 우리 시대의 몸들을 묘사하고 이론화하고 싶다. 몸들은 결코 어떤 면에서도 DNA의 단순한 결과라고 할 수 없다. 우리는 더이상 제품 생산에 몸을 쓰지 않는 시대, 머리카락에서 발가락까지 모든 신체부위들을 교체할 수 있고 개인화된 약물 처방이 가능한 시대 사이에 끼어 혼란스러운 상태다. 우리가 깃들여 살려고 노력하는 몸들의 **정체**는 무엇일까? 몸들은 우리에게서 어떤 부분을 차지하고 있을까? 우리는 몸들과 어떤 관계를 맺으려는 것일까? 나는 이 책을 통해 우리 몸들에 관한 이해를 넓히고 싶다. 유례없는 공격에 직면한 몸들의 회복력을 높여주고 싶다. 몸들의 지속가능성을 추구하고 싶다. 그리하여 우리가 몸들과 더불어, 몸들 속에서 보다 평온하게 살아가도록 하고 싶다.

1장

자기 다리를
자르고 싶어한
남자

1

팔다리를 없애고 싶어하는 상태를 상상할 수 있을까? 건강한 두 다리가 있지만, 그것이 당신을 괴롭히기만 한다면? 그 정도가 심해서 당신의 몸이 잘못 만들어졌거나 완전하지 않다는 기분이 들고, 원래 주어졌어야 할 몸과 다른, 잘못된 몸에 갇혔다는 기분이 든다면? 여섯 아이를 키우면서 평범하게 50년 인생을 사는 동안 내내 속으로는 두 무릎 위를 잘라내야만 자신이 온전하고 완전해질 것 같은 생각에 시달린다면?

앤드루는 그런 딜레마에 처해 있었다. 그는 처음에는 한쪽 다리를, 다음에는 다른 쪽까지 모두 없애고 싶다는 생각에 사로잡혔다. 그러나 거추장스럽기만 한 다리를 잘라내는 것을 도와주려는 사람은 없었다. 그는 인터넷에 의지하여, 절단수술을 원하는 사람들의 커뮤니티에 가입했다.

자기 다리를 없애고 싶어하는 남자를 만난다면, 대개는 당장 어딘가 잘못된 사람이거나 미친 사람이라고 생각할 것이다. 그런 욕망은 너무나 이상하고 정상에서 한참 벗어난 것처럼 느껴지기 때문에, 우리는 본능적인 반응을 억누르기 힘들다. 그러나 밀워키(Milwaukee)의 재향군인병원에서 앤드루를 만난 심리학자 버트 버거(Bert Berger) 박사는 그 어려운 일에 성공했다. 여느 분별있는 의사들처럼, 버거 박사는 환자의 괴로움에 자신의 마음을 대입해보았다. 그러나 앤드루가 아무리 절단수술만이 온전한 몸을 찾게 해줄 것이라고 우겨도, 박사는 의료심리학적 윤리를 지켜야 하므로 수술을 해줄 수는 없었다. 대신에 박사는 이 역설적인 욕망을 빚어낸 감정상태는 도대체 어떤 것인지 파헤쳐보기로 했다.

프로이트는 신경증에 관한 초기 저술에서, 심리적 원인 때문에 팔이 마비되거나 갑자기 외국어를 술술 말하는 것 같은 기묘한 신체적 증상들을 우리가 충분히 이해할 수 있을 뿐 아니라 고칠 수 있다고 주장했다. 그는 마녀나 주술사를 끌어들였던 민간의 설명을 거부하고, 대화치료를 제안했다. 특수한 경청기법을 통해 의사와 환자가 그 증상을 낳은 비생물학적 원인, 즉 무의식적 이유를 함께 찾아내는 방법이었다. 프로이트는 대화중에 증상에 가려졌던 고민들이 드러나기 마련이고, 그러면 증상도 해소될 것이라고 주장했다. 그가 1895년부터 발표하기 시작한 증례들은 혁명적이었고, 설득력이 있었다. 그의 연구는 많은 사람들을 정신분석이라는 새로운 과학으로 끌어들였다. 그래서 버트 버거 박사가 앤드루를 만날 무렵에는 심리학적 기법들이야말로 신체적 곤란들을 가장 효과적이고 윤리적으로 해결하는 방법이라는 믿음이 분파를 불문하고 모든 심리치료사들 사이에 널리 퍼져 있었다. 정신분석 이론에 따르면, 앤드루는 자신의 욕망에 불을 지핀 요인이 무엇인지 깊이 이해하는 순간 수술을 원치 않게 될 것이다. 더 구체적으로 말하면, 그가 자신의 감정적 고통과 절단 이후의 상태에 대해 어떤 심리적 그림을 그리고 있는지 더 잘 묘사하게 된다면, 있는 그대로의 자기 몸을 새롭게 받아들이게 될 것이다.

이런 시각은 100년 넘게 유효성을 인정받아왔다. 그리고 신체적 곤란을 겪는 많은 사람들로 하여금 자기 몸 안에서, 몸과 더불어 새롭게 살아갈 방법을 찾도록 도와주었다. 하지만 절단이나 트랜스섹슈얼을 욕망하는 사례에 대해서라면, 대화기법만으로는 충분하지 않다. 앤드루의 경우에는 분명 그랬다. 그가 원하는 것은 대화만이 아니었다. 그는 수술을 원했다. 그리고 스코틀랜드의 로버트 스미스(Robert Smith) 박사가 발표한 논문을 보고는 더욱 의지를 굳혔다. 스미스 박사는 앤드루와 비슷한 사례를 두번 접했는데, 결국에는 절단수술이 모든 치료법들 중에서 가장 인도적인 길이라는 결론을 내리고 수술을 해주었다.

신체적 어려움으로 고생하는 사람들을 수십년 동안 만나온 나조차도, 다리 절단을 꿈꾸는 앤드루의 욕망 앞에서 호기심이 동한다. 물론 그저 호기심만 동하는 것은 아니다. 심란하고, 놀랍기도 하다. 그런 욕망을 다급하고 절실한 것으로 만드는 환경이란 무엇일까 짐작하려면 나 또한 엄청난 상상력을 발휘해야 한다.

요즘은 앤드루의 경우와 정반대의 현상이 꽤 널리 알려져 있다. 환각지, 즉 존재하지 않는 신체부위에 대해 계속 물리적 감각과 불편을 느끼는 현상이다.[2] 남편을 잃은 여인이 커피잔이나 씨리얼 접시를 계속 두개씩 상에 차리더라는 이야기를 들어본 적이 있을 것이다. 우리는 그녀의 행동을 쉽게 이해할 수 있다. 그러나 존재하지 않는 팔로 종업원을 부르려 하거나 전화기를 쥐려고 애쓰는 남자의 당혹스러운 경험은 언뜻 이해가 안된다. 남자가 겪는 그 괴이한 감각은 너무나 수치스럽고 심란한 것이어서, 그는 존재하지 않는 신체부위에 감각을 느끼는 것이 혹 정신병 증상이 아닐까 고민할지도 모른다.[*]

우리가 이해하는바, 남편을 잃은 여인은 탈습관화 과정을 겪는 것이다. 그녀는 남편과 함께 살았던 긴 인생과 정체성으로부터 서서히 벗어나는 중이다. 그녀가 새로운 현실을 늘 제대로

---

[*] 흥미롭게도, 사고로 사지를 잃는 일이 드물지 않은 아프리카 남부 광산에서는 광부들이 환각지를 별로 부끄러워하지 않는다. 오히려 환각지에 별명을 붙여 부를 정도다.

받아들이게 된다는 법은 없다. 억압기제가 작용하여 그녀를 망각상태로 유인할지도 모른다. 환각지로 괴로워하는 사람은 자신에게 신체 일부가 없다는 사실을 잘 안다. 하지만 몸은 사라진 팔다리가 여전히 붙어 있다는 듯 독자적으로 행동한다. 그의 마음은 분열되어 있다. 인지적으로는 물리적 현실을 지각하고 있지만, 이미 사라졌으나 여전히 존재하는 듯한 팔다리에는 계속 물리적 감각이 느껴진다. 정말이지 미칠 노릇이다. 환각지 분야의 셜록 홈즈라고 불리는 빌라야누르 라마찬드란(Vilayanur Ramachandran) 박사의 연구가 공개되기 전에는 더욱 그랬을 것이다.

라마찬드란 박사는 환각지 환자들이 결코 미친 게 아님을 증명했다. 환자들의 뇌는 사지 절단 이후에 신기한 적응양상을 보였다. 사라진 팔다리나 손가락에 해당하는 신경경로들이 몸의 다른 부위로 재배치되었던 것이다. 라마찬드란이 환자들의 볼에서 특정 영역을 자극하자, 사라진 부위에 경련이나 가려움, 저린 느낌이 완벽하게 재현되었고, 그밖에도 온갖 특이하고 황당한 행동들을 했다. 얼굴신경에 연결된 뇌감지기들이 과거에 존재했던 팔다리의 감각을 모방한 것이다.

많은 사람들이 라마찬드란의 연구에 안도했다. 그의 놀라운 사례보고들 덕분에, 우리는 실제로 존재하지 않는 것을 감각하는 신체의 능력이 상상을 초월할 만큼 탁월하다는 사실을 알게 되었다. 라마찬드란이 보고한 사례들 중에 아칸소(Arkansas)주의 어느 기술자가 있었다. 그 남성은 한쪽 다리를 무릎 아래에서 절단했는데, 그뒤에 감각이 엄청나게 확장되었다. 음경에서 시작된 오르가슴이 환상다리 부위까지 퍼진다고 했다.[3]

라마찬드란의 선구적인 연구를 통해 우리는 인간의 적응력이 실로 경이롭다는 것을 알게 되었다. 환각지를 물리적으로 경험하는 현상은 상상이나 정신병이 아니라, 뇌의 신경회로라는 물질적 기반을 갖고 있었다.[*]

그런데 앤드루가 '잉여의' 두 다리를 없애고 싶어하는 것은 환각지보다 더 이해하기 어려운 현상이다. 라마찬드란에 따르면, 뇌에는 몸의 체계에 상응하는 지도가 그려져 있다. 팔다리가 사라져서 그에 해당하는 뇌부위가 자극을 덜 받게 되면, 뇌는 신경회로를 재배치한다. 때문에 사라진 부위에 물리적 감각이

---

[*] 라마찬드란은 신경과학적 설명을 제시했을 뿐만 아니라, 거울을 써서 환각지 통증을 해결하는 단계적 처치법을 고안했다. 실제로는 존재하지 않지만 신경적으로 존재하는 사지에 통증을 느끼던 여러 환자들이 그 기법으로 치료되었다. 조너선 밀러(Jonathan Miller)는 2003년 리스(Reith) 강연에서 라마찬드란의 연구를 언급하면서, 몸-뇌의 관계에 관한 한가지 심오한 지적을 했다. 밀러에 따르면, 우리는 누구나 환각지를 갖고 산다. 그러다 실제로 사지를 잃은 후에야, 사지에 대한 생각과 경험은 모두 뇌에서 벌어지는 일이라는 사실을 깨닫는다는 것이다. P. Haggard, M. Taylor-Clarke and S. Kennett, "Tactile Perception, Cortical Representation and the Bodily Self," *Current Biology*, Vol. 13, Issue 5, 4 March 2003, R170~73면 참조.

생겨나는 것이다. 그런데 앤드루의 경우는 그런 현상이 거꾸로 된 것일까? 그의 문제는 다리를 느끼지 못하는 것일까? 다리가 자극을 받아도 그에 상응하는 뇌영역에 적절한 전기신호가 전달되지 않는 게 문제일까? 아니다. 그렇다면 훨씬 간단했을 테지만, 앤드루의 문제는 오히려 다리가 너무 예민하게 느껴진다는 것이었다. 그의 해결책은 절단이었다. 하지만 해결책은 그렇다 쳐도, 그의 문제는 애초에 왜 생겼을까? 사람의 삶에서 필수불가결한 두 다리가 어째서 거치적거린다고 느끼게 되었을까?

사랑받지 못한다고 느끼는 아이들은 자신에게 뭔가 잘못된 점이 있어서 남들이 받아주지 않는다고 믿는다. 뭔가 옳지 않다는 그 통렬한 느낌은 혼란과 상처를 불러오지만, 아이들은 그래도 사랑과 포용을 얻고픈 욕망을 포기하지 않는다. 분명 체념을 하지만, 그러면서도 갈망하고 겁도 낸다. 그런 아이들이 사랑과 포용을 추구하는 방식은 남들이 인정해줄 만한 사람으로 스스로를 바꾸는 것이다.

앤드루는 어렸을 때나 성인이 되어서나 자기 몸을 무난하게 받아들인 적이 없었다. 그에게 다리는 너무나 성가신 존재였다. 버거 박사를 찾아가는 등 숱하게 타인의 도움을 구하려고도 해보았으나, 그는 이미 자기수용 능력이 심각하게 훼손된 상태였다. 결국 그는 압박스타킹 한쪽에 두 다리를 쑤셔넣고 드라이아이스를 가득 채운 채, 혈액순환이 멎을 때까지 내버려두었다. 의

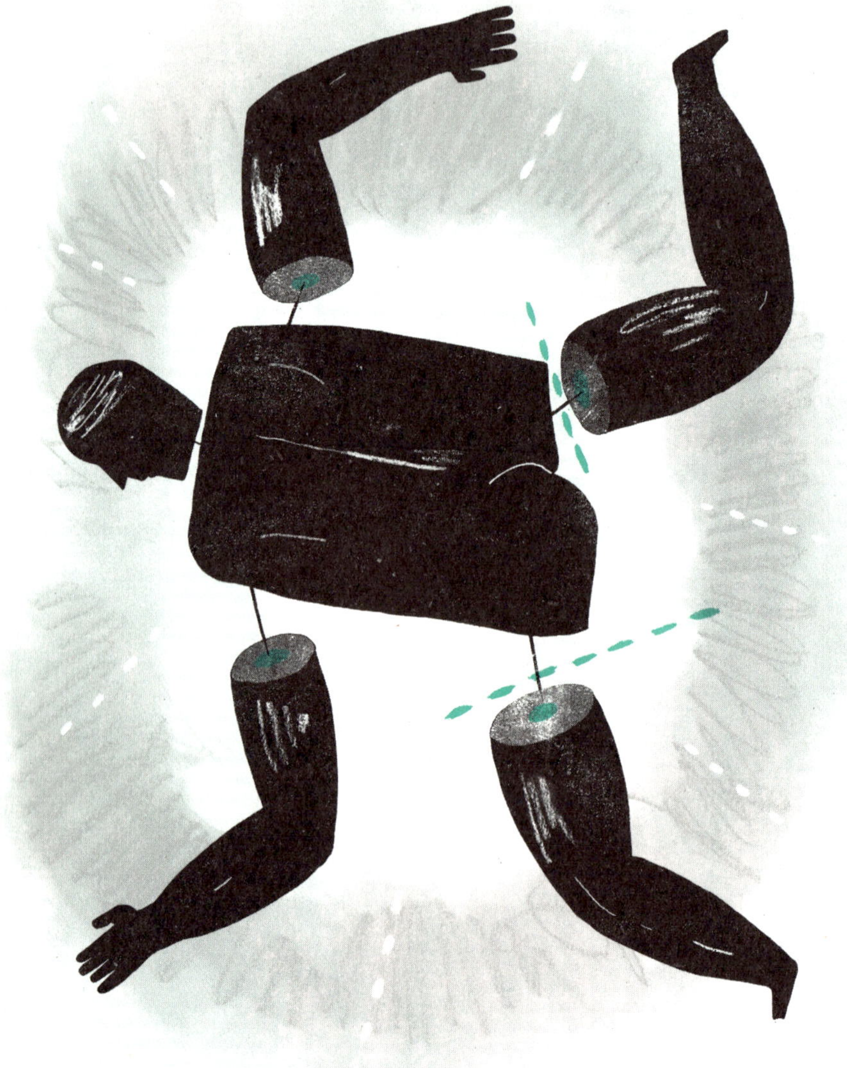

사는 위축된 두 다리를 제거할 수밖에 없었다.

이 이야기를 들은 사람들은 질겁을 한다. 절단이 얼마나 고통스러웠을까, 중년남성이 자신을 도무지 인정하지 못해서 결국 두 다리를 잘라내기까지 그 심적 고통이 얼마나 심했을까 하는 생각에 말이다. 우리는 그런 극단적인 행동을 이해하지 못한다. 신체 멀쩡한 남자가, 군대를 다녀왔으니 격렬한 육체적 훈련도 받아보았을 남자가, 대체 왜 다리가 없어졌으면 좋겠다고 욕망하는 데 그치지 않고 실제로 잘라내게 되었을까? 앤드루의 사연이 어떤 결말인지도 궁금해진다. 과연 절단이 문제를 해결해주었을까? 그는 자신이 상상하던 평화와 만족감을 얻었을까? 다리가 절단된 사람으로서의 삶이 만족스러울까?

지난 30년 동안, 우리는 '잘못된 성별에 갇힌' 사람들에 대해 위와 같은 질문들을 던지는 데 익숙해졌다. 몸을 바꾸려는 욕구가 자신들에게는 너무나 절실한 문제임을 그들이 이야기하기 시작했기 때문이다.* 나는 유죄를 선고받은 수형자들이 머무르는 병원에서 수습 심리치료사로 일을 시작했다. 그곳에는 야만스럽기로 유명한 뉴욕 교도소로 보내기에는 너무 연약한 사람

---

* 우리는 이제 성전환이 실제로 효과가 있다는 대답에 익숙해졌다. 영국에서는 특히 잔 모리스(Jan Morris, 1926~ , 훈작사 작위를 받은 영국의 작가로, 남자에서 여자로 성전환했다—옮긴이)의 글이 사람들의 인식전환에 크게 기여했다.

들이 왔다. 여자처럼 옷을 입고, 자신에게는 필요없다고 여겨지는 음경을 잘라낼 궁리에 빠진 남자들이었다. 다른 수감자들이 절대 그들을 받아들일 리 없었기 때문에, 그들은 보호관찰을 받는 조건으로 그 치료시설에 수용되었다.

내 첫 환자 미카엘라가 음경을 질로 바꾸고 싶다고 말했을 때, 나는 감방 동료가 보였을 반응보다는 덜 야만적이었겠지만 좌우간 상당히 신경질적인 반응을 보였다. 나는 사람이 어떤 사회적·심리적 과정을 거쳐서 남성과 여성으로 빚어지는가에 대한 문제에 관심이 많은 젊은 페미니스트였기에, 미카엘라에게 흥미와 불편을 동시에 느꼈다. 당시 페미니즘은 우리가 생물학적으로 주어진 성(性)에 따라 규정되거나 제약될 필요가 없다는 주장을 힘겹게 펼치던 터였다. 미카엘라는 타고난 성별이 자신을 잘못 규정하고 제약한다고 느끼는 것이었고, 결국에는 나도 그를 어느정도 이해하게 되었다. 미카엘라만이 아니었다. 루비, 마리아, 조지아 같은 다른 환자들도 여성성을 뽐내는 옷과 신발, 핸드백, 보석, 화장으로 한껏 치장한 채 상담실에 나타났다. 나는 그들을 인정하게 되었다. 그들은 자신의 본질이 잘못된 틀에 담겼다고 생각했다. 그들은 잘못된 몸에 든 사람들이었다.

내가 그들의 극심한 딜레마에 공감하게 되자, 역겨운 느낌이 사라졌다. 그들의 몸은 생물학적으로, 심리학적으로 그들의 기대에 맞지 않게 형성되었다. 미카엘라는 자신을 바꿔야 했다. 앤드루가 다리를 갖고는 살 수 없다고 느꼈듯이, 미카엘라는 음경을 갖고는 살 수 없다고 느꼈다. 음경은 그가 극복할 수 없는 불가능성이었다. 30년 전의 그 시절에는 미카엘라나 나나 적절한 표현을 찾지 못했지만, 2006년에 배우 알레시아 브레바드(Aleshia Brevard)의 인터뷰를 보면서 나는 바로 이거다 싶었다. 브레바드의 표현에 따르면, 그녀가 달고 태어난 남성 성기는 "창피한 것을 넘어서 가끔은 생명에 위협이 된다고 느껴지는 선천적 결함"이었다.

사실 이것은 상당히 충격적인 발언이다. 그러나 브레바드의 표현이 참으로 설득력있기 때문에, 너무나 당연한 사실을 말하는 것처럼 들린다. 덕분에 우리는 편견이나 거부감 없이 그녀의 요지에 주목하게 되고, 찬찬히 귀를 기울이게 된다. '결함'이라는 단어에서 우리는 "(그녀가) 살면서 겪었던 혼란과 (…) 당혹감"을 상상할 수 있다.[4] 혼란에 가로막힌 그녀는 심리적 자기인식과 일치하는 육체적 자기인식을 도저히 찾아낼 수 없었다.

미카엘라와 마찬가지로, 알레시아 브레바드에게는 자신의 몸을 바꿔야겠다는 욕구가 아주 구체적인 것이었다. 태국의 여장남자들처럼 여성 복장을 하는 것만으로는 부족했다. 여담이지만, 태국의 젊은 남성들이 아름다운 여성으로 가장하고 공연하는 것은 주로 서양남자들을 위해서인데, 이들은 자신의 동성애 성향을 부끄럽게 여기기 때문에 젊은 여성으로 가장한 남자의 몸을 찾는 것이다. 좌우간, 알레시아 브레바드는 성별을 바꿨다. 그녀는 배우 겸 연출자로 일하다가 작가가 되었다. 그녀가 '선천적 결함'을 바로잡은 것은 20대였던 1960년대였다. 수술은 그녀에게 엄청난 위안을 안겨주었다.

앤드루가 차라리 없애고 싶어하는 다리 때문에 50년 동안 괴로워한 것도 브레바드와 비슷한 선천적 결함일까? 그렇게 보기는 어렵다. 우리의 상상력은 얄팍하다. 우리는 대부분 육체적 장애를 두려워한다. 우리가 생각할 때 제한된 움직임, 신체의 한계, 곱사등이처럼 굽은 등은 노화와 관련있을 뿐, 새로운 삶의 전망과는 연결되지 않는다. 하지만 우리 생각이 어떻든, 다리를 성가시게 여기는 앤드루의 심리가 잘못된 몸에 갇혔다고 느끼는 트랜스섹슈얼의 심리와 비슷하다고 가정하면, 트랜스섹슈얼을 욕망하는 사람들에게 던졌던 유용한 질문들을 앤드루에게도 던져볼 수 있을 것이다. 그의 욕망은 어떻게 생겨났을까? 가족 배경은 어땠을까? 어째서 그의 다리는 원치 않는 음경과 비슷한 의미를 띠게 되었을까?

얼핏 보기에는 도저히 감정적으로 공명할 수 없을 것만 같은 앤드루의 생각을 파악하기 위해 다음과 같은 질문들을 던져보자. 이 질문들은 그의 갈망과 행동이 어디에서 비롯되었는지 밝히는 데 도움이 될 것이다.

앤드루가 아기였을 때 부모가 아장아장 서툰 그의 걸음을 놀렸을까? 부모가 어딜 가나 그를 안고 다녀서 다리 따위는 필요 없다고 느끼게 된 걸까? 거꾸로 그는 부모의 품에 안기고 싶었지만 부모가 억지로 걷게 했을까? 그러니까 그의 다리는 스스로 전혀 준비하지 못한 채 맞이한 독립을 상징하는 것일까? 부모나 친척, 선생님 중에서 장애를 겪는 사람이 있었을까? 그는 감정적으로 무릎 아래가 잘려나간 것처럼 느끼는 것일까? 나는 이런 질문들을 하나하나 떠올리면서, 내가 그의 상황에 처했다고 상상해보았다. 내 다리를 한껏 경멸해보기도 하고, 다리가 없다고 상상해보기도 했다. 당장 지나치게 노출된 듯한 기분이 들었다. 내 섹슈얼리티가 세상에 적나라하게 공개된 느낌, 내 하복부가 지나치게 두드러지는 느낌이었다. 놀라운 점은 자신이 연약하다거나 속수무책이라는 느낌이 지배적인 감정은 아니라는 것이었다. 물론 잠깐의 상상에 불과했지만 말이다. 내 개인적 탐색은 그 이상 나아가지 못했다. 내게는 너무 생소한 상황이라서, 마음속으로 충분히 공명할 수 없었다. 그래서 나는 1950년대 미국 사람들의 몸에 어떤 일이 있었기에 앤드루가 제 몸을 모욕이라 여기고 절단에 매력을 느끼게 되었는지 살펴보기로 했다.

앤드루는 긴장감이 흐르는 가정에서 자랐다. 그에 따르면, 학교선생님이던 어머니는 엄한 사람이었고, 아버지는 가족에 무관심했다. 외롭고 불행한 아이였던 그는 창밖을 내다보면서 뭔가 새로운 사건이 벌어지기만을 바랐다. 그러나 교외의 백인 거주지역에서는 그의 흥미를 사로잡을 만한 사건이 좀처럼 일어나지 않았다. 이 집이나 저 집이나 사정은 비슷했다. 적어도 겉으로는 그렇게 보였다.* 그때 소아마비라는 무시무시한 예외가 등장했다. 감염의 공포가 온 동네를 휩쓸었고, 보건당국은 모두에게 예방주사를 맞히는 것을 목표로 삼았다. 그러던 중 앤드루 어머니의 친구들 중에서 유독 그에게 친절했던 분이 다리를 절게 되었다. 학교에서도 한 친구가 목발을 짚고 다녔다. 당시 영향력있는 계간지 『라이프』(Life)에는 소아마비에 걸린 아이들이 즐겁게 공놀이하는 사진들이 실렸다. 앤드루는 그 사진들에 매료되었다. 그것은 우중충하기만 한 그의 일상과 대비를 이루는, 생동감 넘치는 광경이었다.

앤드루는 자신의 감정적 좌초상태를 해소할 해결책을 마음속으로 그려내기 시작했다. 그는 남들은 물론 자기 자신으로부터도 연민을 끌어낼 만한 몸으로 제 몸을 바꿀 것이었다. 그는 사랑받지 못하고 인정받지 못하는 감정적 상처를 몸으로 드러내고 싶었다. 그가 원하는 것은 감정적 상처와 손상을 거울처럼 반영하는 몸이었다. 남들의 관심을 조금이라도 끌 수 있는 몸 말이다. 사춘기가 되자 그는 남몰래 바짓가랑이 한쪽에 두 다리

---

* 몇년 뒤에도 사정은 마찬가지였다. 피트 씨거(Pete Seeger)가 부른 말비나 레이놀즈(Malvina Reynolds)의 노래 「작은 상자들」(Little Boxes)의 가사를 보라. 순응성에 관한 노래다.

를 모두 넣고 목발을 짚는 연습을 하기 시작했다. 40년이나 더 기다린 뒤에야 갖게 될 미래의 몸을 예행해본 것이었다.

앤드루의 상황은 우리에게 만만치 않은 과제다. 그것을 단순히 집착으로, 현실에 대한 신경질적인 오인으로, 기이한 증상으로 규정해버린다면, 우리는 아무것도 알아낼 수 없다. 문제를 간단히 정리하고 우리의 불편함과 경각심을 잠재울 수는 있겠지만, 이해할 수는 없다. 반대로, 우리의 불편한 감정을 비롯한 개념적 도구들을 장애물이 아니라 탐색의 수단으로 삼으면 어떨까? 여전히 단박에 이해할 수는 없겠지만, 우리 시대의 몸들에 관한 몇몇 유효한 질문들을 떠올릴 수 있을 것이다. 그리고 그 질문들은 비단 앤드루가 처한 딜레마뿐만 아니라 현실에서 더 폭넓게 적용될 수 있을 것이다.

버트 버거 박사의 보고에 따르면, 그토록 바라던 절단수술을 교묘하게 달성해낸 앤드루는 드디어 자신에게 어울리는 삶을 찾았다. 과거에는 도저히 손에 넣을 수 없었던 신체적 충족을 얻은 것이다. 앤드루에게 정신적 장애가 있는 게 아니라고 진단했던 버거 박사의 말은 이런 의미에서 옳았는지도 모른다. 그에게는 다리 절단이 진짜 해결책이었으니 말이다. 덕분에 그는 자기에게 알맞은 몸을 가졌다는 기분을 느끼게 되었다. 알레시아 브레바드도 물리적 해결책을 찾아낸 뒤에 고요한 만족감을 느꼈다고 말했다. 그녀의 말이라면 우리도 충분히 이해한다. '선천적 결함'을 일찌감치 고쳤기 때문에, 그녀는 현대여성들이 겪는 이런저런 정상적인 불만들까지 고스란히 경험하면서 오랫동안 여성으로 살 수 있었다.

앤드루와 알레시아는 신체적 곤란의 극단적인 사례들이다. 하지만 많은 사람들이 신체적 괴로움에 집착하는 요즘의 현실, 몸을 개인적 프로젝트로 간주하고 누구나 그 프로젝트를 수행할 수 있으며 수행해야만 한다고 생각하는 현실을 상징적으로 대변하는 사례들이기도 하다. 몸을 변형할 수 있게 되자, 몸은 당장 극복 가능한 온갖 불만들의 온상이 되었다. 불만족스러운 몸을 극복하는 일은 만인의 관심사가 되었다. 이제 몸은 사적인 고민, 개인적 책임, 정치적 관심의 중심이다. 특히 '뚱뚱해지는' 몸이나 성적으로 활동적인 몸이 그렇다. 언젠가 영국의 아동학교가족부(The Department for Children, Schools and Families, 2007년부터 2010년까지 존재했던 부로, 2010년에 교육부로 바뀌었다—옮긴이) 장관이 비만의 위험을 지구온난화의 위험에 빗대어 말했는데, 아무도 그 표현을 비웃지 않았다. 그것만 보아도 몸에 대한 현재의 혼란과 공황이 심각하고, 그로 인해 참으로 무지하고 한심한 시각이 만들어진다는 것을 알 수 있다. 가령 이 일화에서는 비만에 대한 오해를 읽을 수 있다. 몸에 대한 그런 태도야말로 우리 시대의 징표다. 우리는 몸을 통제할 수 없는 것, 엄하게 다스려야 할 것으로 본다. 그런 태도가 먹는 것으로 드러나고,

섹슈얼리티, 술, 마약으로도 나타난다. 그런 태도의 이면에는 몸에 관한 모든 것을 개인이 바꿀 수 있다는 믿음이 깔려 있다. 생물학적 조건과 무관하게 피부색부터 코, 입술 윤곽, 노화의 징후까지 죄다 개량할 수 있다고 믿는 것이다. 개조의 유혹은 우선 몸들을 인종에 따라 백인, 흑인, 히스패닉, 아시아인으로 분류하는 데서 시작된다. 다음은 계급이다. 한때는 노동계급˚, 중간계급, 상류계급의 몸들이 서로 다르게 보고 움직이고 입고 말했다. 그다음은 나이, 싸이즈, 미의식에 따라서 몸 하나하나를 차별적으로 수용하고 취급한다. 어떤 사람의 몸이나 얼굴의 특징이 그중 불리한 집단에 속한다고 확인되면, 그런 신체적 특징들은 경멸을 일으키는 낙인이 된다.˚˚ 그리고 이 지점에서 산업이 개입

˚ 한때는 튼튼한 청바지가 산업노동자나 건설노동자의 상징이었다는 사실을 떠올려보라. 그러나 탈산업시대에 와서는 모든 계급의 사람들이 적당히 찢어지고 해진 청바지를 입게 되었다. 오늘날 청바지에 관련된 육체적 수고라면 리바이스, 아베크롬비, 갭, 미스식스티 같은 브랜드들 중에서 어떤 것이 내게 더 잘 맞는가를 결정하는 일뿐이다.

˚˚ 하비 몰로치(Harvey Molotch) 교수는 다음과 같은 점을 지적했다. 노동계급 남성들의 몸에 근육이 발달한 것은 그들이 큼직큼직한 동작으로 몸을 움직이기 때문이다. 과거에는 그런 특수한 몸짓들(몸짓들은 작업에 따라 차별화됐는데, 가령 들어올리는 몸짓도 있고 크게 휘두르는 몸짓도 있다)을 뛰어난 지구력을 뜻하는 것으로 보아 높이 평가했고, 과잉의 몸짓들을 동경하는 경향도 있었다. 하지만 써비스 경제에서는 움직임을 높이 사지 않는다. 오히려 그런 존재양식은 경제적·사회적으로 불리한 짐이다. 근력이나 근육의 문제만이 아니라, 그에 연관된 습관화된 움직임들의 문제이기도 한 것이다.

한다. 산업은 우리더러 그런 육체적 표지를 바꿈으로써 낙인에서 벗어나라고 유혹한다.

차별에 도전하고, 타인과 함께 혹은 타인을 대신하여 사회적 평등을 추구하는 기풍은 점점 사라지고 있다. 이제는 개개인이 스스로의 발전과 위치를 책임져야 한다는 훈계만 남았다. 건강한 육체와 준수한 외모는 최우선과제가 되었지만, 개인의 몸은 조작을 동원하지 않고는 도저히 그 무게를 버틸 수 없다. 재료과학, 뇌연구, 약학과 미용산업의 화학적·물리적 성형기술 등은 우리더러 몸을 개인의 신뢰도와 진실성이 드러나는 장소로 보라고 부추긴다. 외모는 물론이고 어떤 질병에 걸리는지까지도 개인적 책임으로 간주된다. 암을 예로 들어보면, 사실 대부분의 암은 환경적 요인에서 발병하는 것인데도 말이다. 이제는 개개인이 건강과 아름다움에 대한 의무를 져야 한다. 우리의 욕망과 야심은 육체적 언어 속에 잠복하게 되었다. 몸은 개개인이 길들이고, 확장하고, 완성해야 하는 임무가 되었다.

삶의 가장 기본적인 차원에서조차 선택은 우리 시대의 만트라다. 출산을 예로 들어보자. 파트너가 있는 30대 이성애 여성들이 불임문제가 발생하기 전부터 생식 보조기술에 의존하는 사례가 늘고 있다. 아이를 낳는 수단으로 성행위를 이용하지 않는 것은 합리적이고 효과적인 선택이라고 말하는 사람도 있다. 한편, 예전에는 주로 출산의 도구로 쓰였던 섹슈얼리티가 이제는 도처에서 목격된다. 섹슈얼리티는 누구나 소유하고 생산해야 하는 필수품이다. 섹스에는 이제 아무런 도덕적 함의가 없다. 언제나 섹스를 원해야 하고 경험해야 한다는 의무가 있을 뿐이다. 섹스는 모든 사람에게 인생의 전부가 되었다. 하지만 이런 선동에도 불구하고, 무분별한 섹스는 결코 갈등 없고 즐겁기만 한 경험이 아니다. 또 한편으로, 사람들은 등산이나 마라톤처럼 육체적 지구력을 발휘하는 활동들에 도덕적 의미를 부여하고 아낌없이 칭찬한다. 그런 활동들의 목표는 살아있는 감각을 맛보는 것이다. 그런 활동들은 사람들의 감탄과 존경을 끌어낸다. 우리 대부분은 엉덩이를 붙인 채 몇시간이고 앉아 있기만 하므로, 그런 육체적 도전을 해내는 사람들을 보면 놀라워한다. 물론 싸이버세상에서는 우리도 할 수 있다. 실제의 몸과 전혀 다른 가상의 몸을 화면에서는 아무런 제약 없이 마음대로 만들어낼 수 있다.

그러니 우리 몸들은 입술을 꽉 깨물고 견딜 수밖에 없다. 우리는 몸들에게 점점 더 철저함을 요구하고, 탄탄하고 건강하고 아름다운 몸이 가져다줄 잇점에 대해 높은 기대를 건다. 하지만 현실에서는 성적 불만족에서 식이장애, 노화에 대한 두려움, 신체이형장애, 싸이버공간에서의 탈체현(disembodiment)에 대한 중독까지, 사람들이 각자 어떻게든 자기 존재의 물질적 토대를 이해하고자 발버둥친다는 것을 보여주는 징후들이 점점 늘고만 있다.

2장

우리
몸에는
부모의 몸이
새겨져 있다

2

토니 벨은 낮에는 양복을 입고 지내지만, 집에 돌아오면 바로 옷을 벗고 맨몸으로 시원하게 다닌다. 그는 양복을 편하게 느낀 적이 단 한번도 없었다. 양복은 너무 갑갑했다. 60대에 접어든 토니는 남아프리카공화국에서 가까운 짐바브웨 서부의 마타벨렐란드(Matabeleland) 지역에서 은데벨레(Ndebele) 부족과 함께 살았던 유년기의 기억을 여태 품고 있다. 그는 네살까지는 지극히 평범한 영국 중산층가정에서 자랐지만, 전쟁중에 부모가 죽는 바람에 당시 로디지아(Rhodesia, 지금의 짐바브웨―옮긴이)에 살고 있던 고모에게로 보내졌다.

토니는 자신이 어떻게 근처의 은데벨레 부족과 함께 살게 되었는지 정확하게 기억하지 못한다. 짐작건대 아이를 맡을 준비가 안된 냉담한 친척과 살다보니, 차라리 주변 원주민들과 더 친해지게 되었을 것이다. 어쩌면 그가 달아났던 것인지도 모른다. 어쨌든 토니는 열살이 될 때까지 6년 동안 은데벨레 부족과 함께 살았고, 그들의 생활방식과 전통을 받아들였다. 아이를 중요하게 생각하는 요즘 사람들에게는 토니의 이야기가 통 믿기지 않을 것이다. 남몰래 고아가 되기를 꿈꾸는 아이의 환상이라고 생각할지도 모른다.* 하지만 1940년대 말에 식민지에 나가 살았던 독신의 고모 입장을 한번 상상해보자. 감정적으로 준비되지 않은 상태에서 덜컥 아이를 맡게 된 그녀에게는 부모를 잃은 조카가 상당히 귀찮은 존재였을 것이다. 쉽게 상상할 수 있는바, 아이는 하인들이나 농장 일꾼들과 점점 더 많은 시간을 보내게 되었을 것이고, 그러다보니 자신에게 좀더 호의적인 환경에 동화되었을 것이다.

토니는 새로 얻은 대가족에 자신을 동화시켰고, 자신을 입양한 부족의 관습을 받아들여 빨리 달리는 법과 강에서 놀거나 이야기꾼의 말에 귀기울이는 법을 배웠다. 50년이 지난 지금, 그는 은데벨레 부족과 함께 보냈던 시간을 천국에서의 일처럼 미화하여 떠올린다. 반면 식민지 정착자들에게 도로 잡혀왔던 일은 충격적인 경험이었다. 수색에 나선 사람들은 토니가 동물이라

---

* 많은 아이들이 어느 발달단계에서는 자기 부모가 친부모가 아니라는 환상을 품는다. 현실보다 더 흥미진진한 가정을 소망하고, 머릿속으로 그려본다.

68

도 되는 것처럼 그물까지 동원하여 뒤쫓았다. 결국 그는 우스꽝스럽게 옷을 차려입은 두 여인에게 인도되었다.

미혼 고모에게는 돌아온 소년의 모습이 참으로 당황스러웠을 것이다. 그가 발길질을 해대며 저항했지만 고모는 그를 박박 문질러 씻겼고, 흰 침구가 깔린 침대가 있는 방에서 재웠다. 땅바닥에서 자는 데 익숙해진 그에게 침대는 불편하고 거칠었다. 요즘이라면 사회복지사나 상담가가 아이에게 붙어서 그간의 경험을 말하도록 유도함으로써, 아주 어릴 적 떠난 사회에 다시 적응하도록 도와주었을 것이다. 하지만 1950년대는 달랐다. 그는 영국으로 돌려보내졌고, 당연하다는 듯이 다시 영국 소년의 삶을 살게 되었다. 약간의 독서 외에는 그를 안내해주는 것이 아무것도 없었다.

나는 은데벨레 부족과의 경험이 토니의 몸에 어떤 자취를 남겼는지 알고 싶었다. 그는 아주 어릴 적 반바지, 셔츠, 흰 양말, 쌘들이라는 전형적인 영국 소년의 복장으로 은데벨레 부족에 합류한 뒤, 서서히 자신의 정체성과 소속감을 서양인 부모에서 은데벨레 부족으로 바꿔나갔다. 부족과 함께 보낸 기간은 그에게 결정적인 시기였다. 아이들은 4세에서 10세 사이에 점점 더 넓은 환경을 탐색하면서 자신의 신체적 특징을 시험해나간다. 서구에서라면 그는 자전거를 타고, 수영을 하고, 축구공을 차고, 그네나 미끄럼틀이나 회전목마를 타고, 캠핑을 가면서 지저

분하게 뛰노는 것을 즐겼을 것이다. 복장으로 말하자면 전후의 영국에서는 선택의 폭이 그다지 넓지 않았으니, 비슷한 또래의 수많은 소년들과 구별되지 않는 복장을 했을 것이다. 하지만 실제 토니의 삶은 희한한 변화를 겪었다. 그는 평범한 영국 소년이 아니었다. 집안에서 살지 않았고, 뜨거운 수돗물로 목욕하지 않았으며, 식탁에 앉아 칼과 포크, 숟가락으로 밥을 먹지 않았다. 그랬던 그가 이제는 '불쾌한 냄새'가 나는 비누로 목욕해야 했다. 낯선 비누냄새는 그의 감각을 마비시키는 듯했고, '있는 그대로의 냄새'를 맡지 못하게 만들었다. 그는 우울하게 말했다. "비누를 쓰기 시작하면, 후각을 잃게 됩니다. 풀냄새를 못 맡게 되지요. 지금이 몇시쯤 되었나 하는 냄새도 못 맡게 됩니다. 결국에는," 토니는 잠깐 멈췄다가 이어 말했다. "적응하게 되지만요."[1]

그러나 토니 벨의 적응에는 한계가 있었다. 그는 은데벨레 부족의 환경에서 형성된 그의 신체적 특징들을 1950년대 영국 미들랜즈(잉글랜드 중부―옮긴이)에서 다시 만들어야 했다. 책상에 앉아 펜을 쥐고, 크리켓을 하고, 양말과 신발과 사춘기 소년의 전형적인 옷가지를 걸치는 데 적응하면서 말이다. 하지만 세월이 흐른 뒤, 토니의 딸은 이상하게도 집안에서는 항상 나체로 돌아다니는 아버지를 보게 되었다. 아프리카에서의 시간은 그의 몸에 서구인에게는 어울리지 않는 각인을 남겼다. 물론 그는

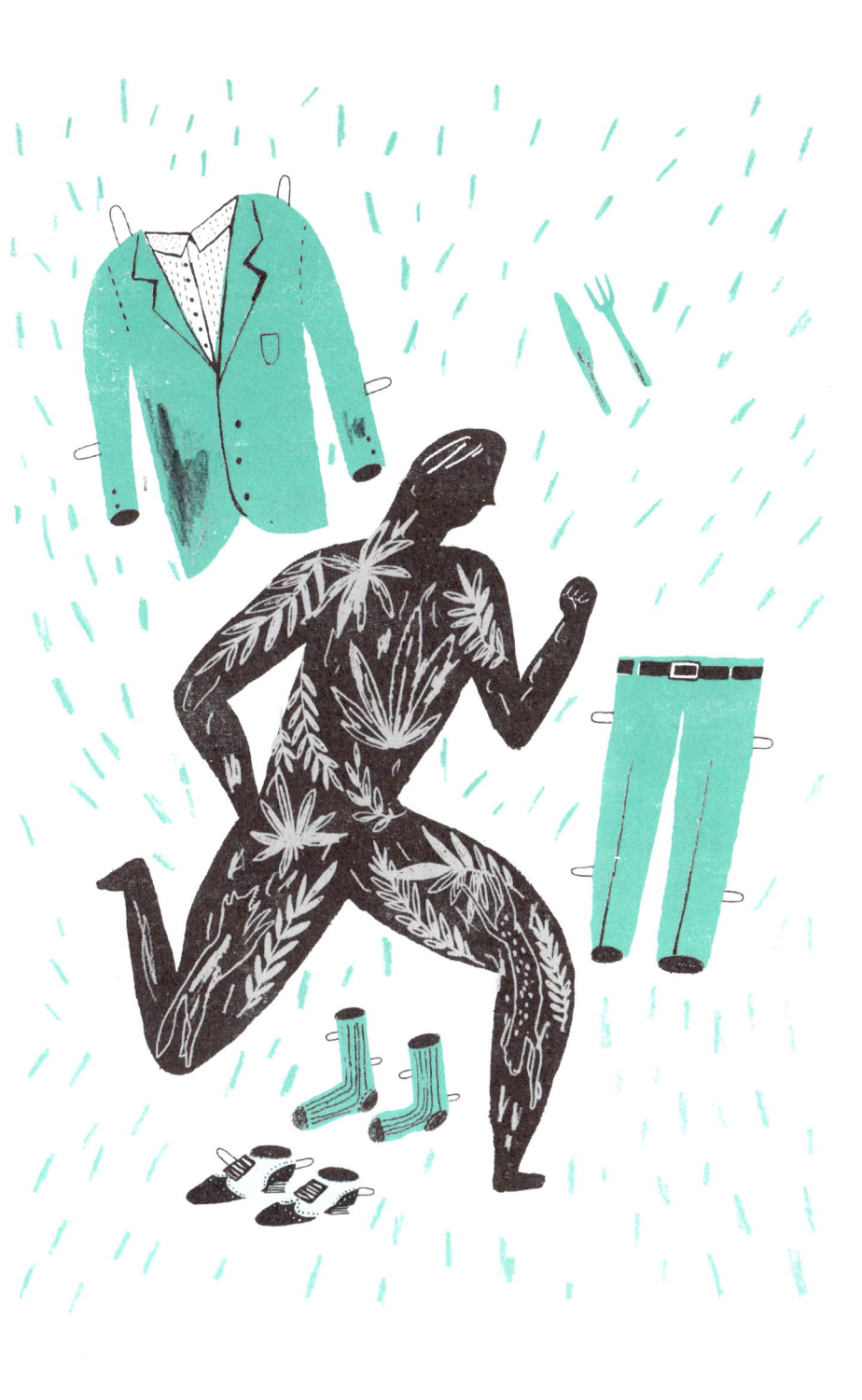

양복을 입을 수 있었다. 실제로 잘 입고 다녔다. 하지만 그에게 양복은 덮개일 뿐, 그것에 소속감을 느낄 수는 없었다. 옷을 입고 있으면 그는 어딘가 나사가 풀린 것 같았고, 친밀한 관계를 맺기도 어려웠다. 때문에 그는 실내로 돌아와 당장 옷을 벗는 편이 좋았고, 여자친구 역시 자기처럼 무장해제시키곤 했다. 그가 느끼는 부조화와 육체적 불편은 우리가 몸에 대해 정상적이고 자연스럽다고 생각하는 것들이 사실은 신체적 특징을 형성하는 과정에서 작용했던 개인적 환경의 결과임을 보여준다.

토니의 사연을 생각하다보면, 프랑스의 숲에서 오랫동안 동물들과 함께 살아 '아베롱(Aveyron)의 야생아'라고 불렸던 빅또르와 그를 돌봤던 사람들의 노력이 떠오른다. 이후 '발견된' 수많은 비사회화된 야생아의 사례들은 학계에서 그 진위 여부로 논란이 되곤 했지만, 빅또르의 사례만큼은 분명한 사실로 인정된다. 빅또르는 1799년에 쌩쎄르냉쒸르랑스(Saint-Sernin-sur-Rance)에 있는 숲 근처의 시골에서 발견되었다. 그는 토니 벨과 비슷한 방식으로 사람들에게 붙잡혀 집안에서 살게 되었고, 그곳에서 두번 도망쳤다. 1800년 1월 8일 빅또르는 다시 숲에서 끌려나왔고, 그때부터는 죽을 때까지 사람들에게 검사당하고, 교육받고, 나름대로 사회화를 겪고, 대중에게 전시되면서 살았다. 아베롱의 빅또르는 당시 대중에게 상당한 관심사였다. 마침 그가 뚤루즈(Toulouse) 근처에서 발견된 19세기 초라는 시대는 사람의 의식은 무엇으로 구성되는가, 사람과 동물의 차이는 무엇인가와 같은 계몽주의적 의문들이 떠오르던 시기였다. 이런 의문들은 이후 빈번하게 유전과 유전학, 본성과 양육에 대한 논쟁으로 제기되었고, 후대의 철학자, 정책입안자, 과학자들의 손에서 늘 이데올로기적으로 새롭게 정식화되었다.

젊은 의학도 장 마르끄 가스빠르 이따르(Jean Marc Gaspard Itard, 1775~1838. 그의 야생아 연구는 후세의 장애아 교육에 큰 영향을 주었다─옮긴이)는 빅또르에게 사람다운 행동거지를 가르치려고 노력했다. 빅또르는 말을 할 줄 몰랐다. 소리를 내뱉을 뿐이었다. 똑바로 서지도, 걷지도 못했다. 네발로 기는 것처럼 구부정한 자세로 움직였다. 사람들은 그가 동물들 사이에서 자라며 동물의 행동거지를 흉내내게 된 것이라고 짐작했다. 토니 벨과 달리, 빅또르는 평생 조리된 음식을 먹는 법을 익히지 못했다. 또한 식탁에 앉아 접시와 나이프, 포크 등을 써서 식사하지도 못했다. 그의 삶은 야생에 있었다. 그의 체온은 사회화된 인간이라면 옷가지의 보호 없이는 견디지 못할 극한의 환경에 맞게 적응되어 있었다. 한번은 프랑스의 저명한 박물학자 아베 삐에르 조제프 보나떼르(Abbé Pierre Joseph Bonnaterre)가 맨몸의 빅또르를 데리고 눈밭에 나갔는데, 빅또르는 펄쩍펄쩍 뛰면서 대단히 즐거워했다. 그의 몸은 겉으로만 비인간적인 모습을 띤 게 아니었다. 놀랍게도, 체내의 온도조절장치 역시 한때 동물들과 더불어 살았던 야생의 조건에 맞게 조정되어 있었다. 동물들이 가죽과 털로 체온을 조절하듯이, 빅또르의 몸은 엄청난 적응력을 발휘하여 비슷한 방식으로 작동되었던 것이다. 그래서 사람에게 필수불가결한 옷가지가 그에게는 필요없었다.

당시 최초로 뚜렛증후군(Tourette's syndrome, 근육경련 및 음성경련을 나타내는 유전적 장애―옮긴이)을 보고하는 업적을 이룬 헌신적인 청년의사 이따르는 이후 청각 분야에서 명성을 쌓게 된다. 그는 몇년간 빅또르에게 언어와 말을 가르치려고 노력했다. 숲에서 나왔을 당시 열두살 정도로 보였던 빅또르는 이후 엄격한 교육 프로그램에 따라 사람답게 행동하는 법을 배웠다. 과학자들과 철학자들은 그를 별스러운 동물처럼 취급했지만, 이따르의 가정부 게랭 부인은 그를 평범한 아이로 대했다. 그런 극단적인 반응 속에서 살았던 빅또르는 향후 200년 동안, 인간의 본질에 대한 개념들을 분석하려는 사람들에게 최초의 준거자료가 되었다.

물론 예전부터 인류학자들은 우리에게 인간성이 다양한 방식으로 표현된다는 것을 알려주었고, 사회학자들은 맨해튼이나 런던의 같은 동네에서 자란 사람들이라도 서로 굉장히 다른 삶을 살아간다는 것을 보여주었다. 하지만 빅또르는 날것 그대로의 몸과 마음에 대한 통찰을 안겨주었고, 몸이 양육을 통해 형성되는 방식을 생각해보게끔 해주었다. 요즘은 언어발달에 결정적인 시기가 있다는 사실이 널리 알려져 있다. 사람은 어릴 때 말하는 법을 배우지 못하면, 평생 배울 수 없다. 아기와 엄마가 서로 옹알거리는 것은 원시언어나 마찬가지다. 그 과정에서 특정한 얼굴근육들이 다듬어지고, 혀, 입술, 뺨, 턱이 만들어내고 귀가 처리하게 될 언어의 형태가 잡혀간다. 아기는 자기가 듣는 소리를 따라한다. 아기의 혀, 입, 턱, 뺨근육이 귀로 들은 소리를 정확히 모방하게 되기까지는 상당한 조정연습이 필요하다.

당신이 중국어나 코사(Xhosa, 남아프리카공화국의 공용어 중 하나―옮긴이)어로 된 문장을 발음한다고 상상해보자. 설령 당신이 그 언어를 알아들을 수 있더라도, 정확히 발음하는 것은 다른 문제다. 특정한 나이를 넘어선 뒤에는 호된 훈련을 거쳐야만 정확한 발음이 가능하다. 아무리 성실한 학생이라도 어릴 때 모국어로 자연스럽게 습득하지 않은 외국어를 잘하게 되기까지는 애를 먹는다. 우리는 영어를 유창하게 구사하는 이스라엘 사람이나 프랑스어를 완벽하게 말하는 이딸리아 사람을 쉽게 가려낼 수 있다. 소리를 내는 데 쓰이는 턱과 얼굴, 목구멍의 근육이 그들의 모국어에 맞는 구조를 취하고 있기 때문이다. 물론 누구나 다중언어 사용자가 될 수 있다. 하지만 어린 나이에 여러 언어들에 노출되지 않는 이상, 외국어를 발음할 때는 모음이나 억양, 강세가 아주 조금이나마 반드시 어긋나기 마련이다. 이처럼 언어를 말하는 것과 듣기만 하는 것은 큰 차이가 있다. 요즘 아기들의 어휘습득을 빠르게 해준다는 언어 DVD가 유행하고 있는데, 실제로 그런 DVD는 언어습득을 촉진하기는커녕 오히려 늦춘다는 사실이 밝혀졌다. 언어발달을 촉진하려면 아기가 말을 다 알아듣는다는 듯이 부모가 율동감있게 '대화'를 시도하는 것이 중요하다. 미국인 어머니와 웨일스 출신 아버지에게 처음 배운 내 영어는 런던과 뉴욕에 살면서 영국 영어와 미국 영어에 모두 익숙한 사람 특유의 순음화 경향을 보인다. 1940년대 말 노동계급 부모에게서 태어난 아이가 런던에서 중고등학교를 다니며 친구들의 말투를 따라하면서 청중에 따라 두가지 말투, 두가지 강세, 두가지 표정과 몸짓을 바꿔 쓰는 것과 같다. 이처럼 하나의 신체적 특징과 목소리에 어울리는 환경이 있고, 또다른 신체적 특징과 목소리, 억양에 어울리는 환경이 있다. 내 친구는 좀 다른 사례인데, 12세에 남아프리카공화국을 떠나온 그녀는 단어에서 'a'를 길게 발음하는 그 나라 영어의 특징을 여태 갖고 있다. 그녀는 자신의 'a'와 내 'a'의 차이를 귀로는 느낄지 몰라도, 입으로는 쉽게 나를 따라하지 못한다. 그녀의 'a'는 40년 인생에 새겨진 소리의 각인이다. 빅또르가 옷 없이 눈과 태양과 바람을 겪으면서 습득한 체온조절 능력만큼이나 깊이 새겨진 표지다.

우리의 다른 육체적 측면들도 언어, 피부와 비슷한 방식으로 구조화된다. 이제 몸속으로 좀더 깊이 들어가서, 빅또르와 토니

벨, 우리 모두가 어떻게 몸의 움직임에 대한 감각을 발달시키는지 살펴보자. 널리 알려진바, 그것은 모방과 연습을 통해 다듬어진다. 부탄에 사는 18세 여성의 걸음걸이와 밀라노에 사는 18세 여성의 걸음걸이에는 서로 다른 특징들이 있다. 나중에 더 이야기하겠지만, 요즘은 세계화 때문에 이런 차이가 점점 사라지고 육체의 모든 측면들이 획일화되는 추세다. 비교적 고립된 부탄에서조차 말이다. 그럼에도 불구하고 여전히 젊은 부탄 여성들의 행동거지는 독특하고, 쉽게 구별이 된다. 그들은 자신의 몸이 언니, 어머니, 친구들의 행동거지를 따라야 한다고 생각한다. 그 내적인 깨달음은 어떻게 외적으로 드러날까? 그들은 어떻게 그 구체적인 몸짓들을 익히는 것일까? 어떻게 어머니, 언니, 친구를 관찰하는 것만으로 그들의 신체적 특징을 자신의 존재에 통합할 수 있을까?

오리건대학의 교육학과 명예교수 로버트 씰베스터(Robert Sylvester)는 부모와 아기의 평범한 상호작용을 떠올려보라고 말한다. 어른이 아기에게 혀를 내밀면, 아기도 똑같이 응수한다. 사람들은 그 광경에 웃고 말 뿐, 깊이 생각해보지 않는다. 하지만 '어떻게 아기는 그런 복잡한 움직임을 보자마자 곧바로 익혀

부탄에는 1999년에야 텔레비전이 도입되었다. 비교적 최근까지 외부의 영향을 강하게 받지 않은 셈이다.

서 따라할까?'라는 질문은 아주 유용하다. 혀 내밀기는 까다로운 작업이다. 우리에게 즐거움을 안겨주는 아기의 행동을 한번 곰곰이 따져보자. 아기가 어른과 똑같은 행동으로 반응하려면, 틀림없이 아기의 마음속에서는 여러 복잡한 과정들이 진행되어야 할 것이다. 우선 아기는 관찰해야 한다. 다음에는 관찰을 해석함으로써 그것이 자기더러 반응하라는 뜻임을 알아차려야 한다. 그리고 혀와 입을 통제하는 근육들을 움직여서 혀를 앞으로 내밀어야 한다.

우리 뇌의 운동피질에는 한쪽 귀에서 다른 쪽 귀까지 가는 띠처럼 이어진 특수한 세포들이 있는데, 몸이 움직일 때 활성화되는 영역이다. 운동피질 앞쪽으로 이마에 가까운 부분은 전운동피질이라고 하는데, 이 부분은 몸이 움직임을 준비할 때 활성화된다. 지금으로부터 10년 전, 빠르마(Parma)의 실험실에서 원숭이를 연구하던 자꼬모 리쫄라띠(Giacomo Rizzolatti)와 비또리오 갈레제(Vittorio Gallese)는 우연히 관찰과 행동이라는 이중 현상에 관여하는 특수한 뉴런들을 발견했다. 두 사람은 원숭이들이 팔을 뻗어 땅콩을 집을 때 발화하는 뇌세포들을 관찰했다. 원숭이들이 움직일 때 뇌에서 어떤 일이 벌어지는지 알고 싶었던 것이다. 관찰 결과, 원숭이가 땅콩으로 손을 뻗을 때마다 이마엽에 있는 일군의 세포들이 발화했다. 그러던 어느날, 다른 실험실의 과학자가 두 사람의 실험실에 들렀다가 무심코 땅콩을 하나 집어들었다. 그런데 그가 땅콩을 집는 것을 본 원숭이들의 뇌에서 원숭이들 자신이 땅콩을 집을 때처럼 똑같은 세포들이 발화하는 게 아닌가![2] 땅콩을 집는 사람을 관찰하는 것만으로도 원숭이들의 뇌에서는 자신이 직접 행동할 때와 똑같은 신경활동이 일어났던 것이다. 이 예상 밖의 놀라운 결과에 따르자면, 자신이 직접 그 행동을 하든 하지 않든 원숭이의 뇌는 눈으로 관찰한 행동을 거울처럼 반영하는 셈이었다.

이후 사람이 타인의 행동을 관찰할 때 뇌에서 어떤 활동이 일어나는지 촬영하는 등 많은 실험들이 뒤따랐고,[3] 그 특수한 세포들에는 거울뉴런이라는 이름이 붙여졌다. 다른 사람이 혀를 내밀고, 짐을 나르고, 방향을 틀고, 춤을 추고, 음식을 먹고, 손뼉을 치는 것을 볼 때, 내 뉴런들은 마치 내가 그런 움직임을 하는 것처럼 발화한다. 리쫄라띠와 갈레제의 발견에 따르면, 뇌의 관점에서는 관찰과 행동이 거의 같은 일이다. 뇌는 타고난 이입과 모방 능력을 갖고 있다. 뇌는 눈으로 본 것을 동일한 행동으로 해석한다. 그럼으로써 아직 완전히 익히지 못한 활동을 서서히 흡수하고, 스스로 그렇게 할 수 있도록 준비해나간다.

그렇다면 어른을 관찰하는 아기의 뇌는 아기가 운동능력을 갖추기 전부터 이미 그런 움직임들의 감각을 세워나가는 것이다. 사람의 뇌에서는 아직 하나의 특정한 거울뉴런 세포가 발견되지는 않았지만, 직접 움직이지 않고도 관찰을 통해 배우는 능력에 관여하는 일군의 세포들이 있다는 것은 확인되었다. 동시에 발화하는 세포들 수백만개로 구성된 거울세포계가 있는 것이다. 이 거울세포계는 모든 영역에서 작동한다. 스포츠를 볼 때든, 뒷자리에 앉아 운전자를 관찰할 때든, 무대나 화면에서 펼쳐지는 배우의 연기에 감정이입할 때든 말이다. 빅또르의 경우에는 동물들의 걸음걸이가 그의 거울뉴런들에 신경적으로 저장되었을 뿐만 아니라, 실제 몸으로도 복사되었다. 다리 없는 몸이 자기에게 어울린다고 믿게 된 앤드루의 경우에는, 어머니의 친구나 급우가 절뚝거리는 것을 볼 때마다 그의 거울뉴런들이 발화했을 것이다. 앤드루는 그들의 움직임에 매료되었고, 아마 그들의 몸을 자기 몸에 '적용'해보았을 것이다. 그의 욕망은 40년 동안 심리적으로는 물론이고 신경적으로도 표현되었을 것이다. 우리도 마찬가지다. 부모 형제의 어떤 몸짓과 움직임은 우리에게 시각적/신경적 본보기가 된다. 아이들의 행동거지가 제 부모를 반영하는 것도 그 때문이다. 유전자보다는 시각적 노출이 더 큰 영향을 미친다. 젊은이들이 드라마「프렌즈」의 레이철처럼 능숙하게 머리카락을 쓸어넘기는 것, 모델들이나 아프리카계 미국인 래퍼들의 태도를 잘 모방하는 것을 보면 알 수 있다. 젊은이들이 몇시간씩 그들을 따라 연습하는 것은 아니다. 그들은 보는 것만으로도 이미 그 움직임의 감각을 흡수하고, 어떻게 해야 자신도 똑같아 보일지 깨우친다. 의식적으로 알지 못하는 상태에서도 말이다. 집에서는 히잡을 쓰지만 무슬림이 아닌 친구들을 만날 때는 히잡을 벗고 나가는 젊은 여성을 생각해보자. 그녀가 체득한 두가지 신체적 태도는 그녀가 몸담은 두가지 문화적 하위집단들을 표현한다. 이런 유연성은 자신이 맡은 배역을 감정적·육체적으로 재현하는 배우에게서 잘 드러난다.[4] 배우는 스스로 다른 사람의 몸에 들어간 것처럼 느끼고, 자신이 체현한 느낌을 관객에게 전달한다. 그래서 관객은 배우가 연기하는 인물을 진짜처럼 느끼게 된다. 이때 배우는 그런 행동들을 암호화한 신경구조들을 활성화시키는 것이다. 그렇다면 우리가 타인과 깊은 유대를 맺는 것은 거울뉴런계 덕분이라고 할 수 있다. 거울뉴런계 덕분에 우리는 남의 얼굴을 보고서 그가 지금 무엇을 경험하는지 짐작하고, 그에 상응하는 느낌을 스스로도 갖는 것이다.*

거울뉴런은 우리가 신체감각을 획득하는 과정의 미시적 차원인 셈이다. 비어트리스 비브(Beatrice Beebe), 미리엄 스틸(Miriam Steele)과 하워드 스틸(Howard Steele) 같은 정신분석

---

* 자폐진단을 받은 아이들이 온전한 사회적 능력을 갖춘 아이들과 다른 점은 거울뉴런계가 없다는 것일지도 모른다는 가설이 있다. 논쟁의 여지가 있지만, 흥미로운 가설이다. 실제로 자폐진단의 기준들 중에는 관계맺기를 거부하는 성향, 타인을 바라보는 것을 내켜하지 않는 성향, 타인을 위하는 감정이 없는 성향 등이 있다. 타인의 몸과 마음에 이입하는 것은 인간의 관계맺기에서 중요한 요소다.

학자들에 따르면, 사람은 남들에게 비치는 제 몸과 마음을 보면서 자신이 정신적·육체적으로 누구인지를 배워간다. 그 연구자들은 엄마와 아기가 상호작용하는 장면을 하나하나 분석해봄으로써 일견 너무나 평범한 그 과정이 사실은 매우 정교하다는 사실을 알아냈다. 부모나 보호자는 아기의 행동에 반응하고, 아기에게서 본 것을 아기에게 도로 보여준다. 그런데 어른들은 아기에게서 무엇을 보는 걸까? 나는 내 아기에게서 무엇을 볼까? 내 친구의 아기에게서는 무엇을 볼까? 아기에게 있거나 없는 그 무엇이란 뭘까?

아기는 우리의 마음을 사로잡는다.[5] 아기가 우리를 보면, 우리도 아기를 본다. 얼굴을 맞댄 부모와 아기는 좀처럼 상대에게서 벗어나지 못한다. 서로가 서로를 빨아들인다. 부모는 아기의 세상이 되고, 아기는 부모의 세상이 된다. 그들의 눈맞춤은 사랑에 빠진 연인의 눈맞춤과 다르지 않다. 그들의 눈동자는 서로에게 고정된다. 연애하는 사람들이 서로에게 적응하려고 자신의 세상을 심대하게 변화시키듯이, 그리고 연인의 눈동자에 비친 사랑의 감정을 받아들이고 자신도 똑같이 돌려주듯이, 아기를 보는 어른들은 자기 존재를 녹여 더 확장시킴으로써 가족의 세계에 새로 등장한 존재를 위한 자리를 만들어낸다. 가족의 삶에서 새로운 중심이 된 존재, 즉 아기에게 가족의 유대감을 불어넣는다. 아기가 할아버지의 눈썹을 닮았다느니 엄마의 손가

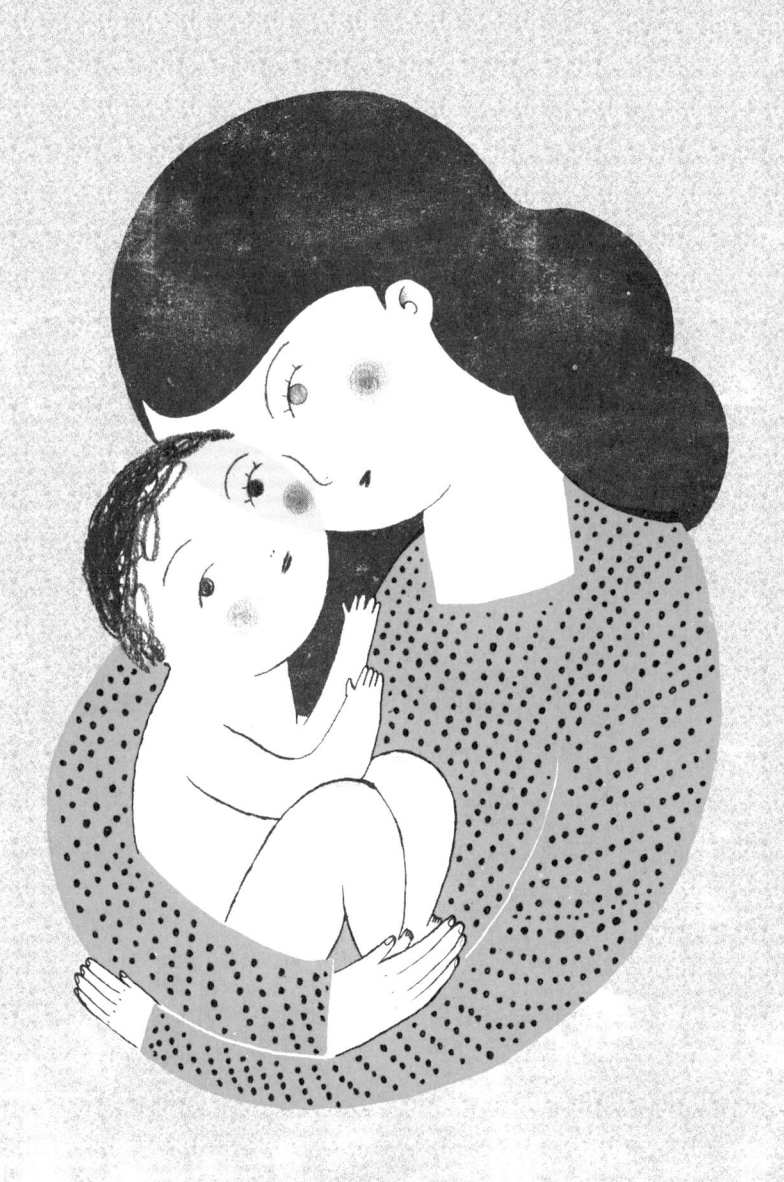

락을 닮았다느니 하면서 다른 가족구성원들의 특징을 아기에게 부여한다. 그런 방식으로 자신들에게 맞게 아기를 개인화하고 생명을 부여하는 것이다. 아기를 환영하고 받아들인다는 것을 그렇게 표현함으로써 가족은 비로소 아기를 살아있는 몸과 마음으로 경험한다.

이것은 정확하게 무슨 뜻일까? 구체적으로 어떻게 벌어지는 일일까? 앞서 말했듯이, 이 활동은 너무나 평범해 보이지만 사실은 몹시 정교한 과정이다. 아직 온전하게 형성되지 않은 아기는 이 관계맺기 활동을 거치면서 차차 형성되어나간다. 아기의 개성과 신체적 특징은 잠재된 가능성들이다. 우리가 아기와 어떤 관계를 맺는가, 우리의 어떤 부분을 아기에게 제공하는가 하는 것이 아기의 발달을 둘러싼 물리적·정신적 환경이 된다.

부모는 아기와 관계를 맺을 때 많은 일을 한다. 아기의 상태에 반응하고, 아기에게 필요한 접촉과 놀이와 보살핌을 제공한다. 그중 가장 중요한 것은 아기가 자신들과의 관계에서 어떤 존재가 될 것인지를 상상하고 그 기분을 아기에게 전달하는 것이다. 아기는 실재하는 아기인 동시에 상상의 아기다. 아기는 부모나 다른 가족들의 희망인 동시에 두려움이다. 아기가 번듯하게 자라려면 잘 먹이고 깨끗하게 돌봐주는 것 이상이 필요하다. 아기를 안아줘야 하고, 살아있는 아기처럼 대해줘야 한다. 이 말은 정신 나간 소리로 들릴지도 모르겠다. 아기가 당연히 살아있는 아기이지, 달리 무엇이란 말인가? 하지만 생각해보자. 아기가 기계적인 보살핌만을 받는다면 어떨까? 밥, 물, 기저귀 교체의 욕구를 생산라인처럼 건조하게 충족시킨다면? 차우셰스쿠(Ceauşescu, 1918~89, 24년간 루마니아를 통치하다가 민중혁명에 의해 처형된 독재자―옮긴이)가 실각한 뒤 루마니아 고아원들에서 실제 그런 일이 있었다. 그런 환경에서는 아기가 잘 자라지 못한다. 심지어 죽을 수도 있다.

헝가리 출신의 정신과의사이자 정신분석학자 르네 스피츠(René Spitz)는 1940년대에 전쟁고아들을 돌보는 병원에서 한동안 일했다. 그의 기록에 따르면, 간호사들은 병동의 아기들을 모두 똑같이 먹이고 똑같이 기저귀를 갈아주었다. 하지만 간호사실과 가장 가까이 있어 지나가는 간호사들로부터 단 몇차례라도 더 손길을 받은 아기들이 가장 잘 살아남았다. 멀리 있는 아기들은 그렇지 못했다. 쥐꼬리만큼이나마 더 개인적 접촉을 경험한 아기들, 간호사들이 조금이라도 더 눈길을 주고 놀아준 아기들이 육체적으로도 정신적으로도 더 잘 컸다. 그런 아기들은 살려는 의지를 흡수했다. 접촉을 누리지 못한 아기들은 그렇지 않았다.

한발 더 나아가 스피츠는 형무소에 갇힌 여성들에게서 태어나 생후 일년 동안 생모의 손에서 자란 아기들과 간호사 한명이 아기 여덟명을 담당하는 고아원에서 자란 아기들을 비교해보았다. 결론인즉, 형무소의 아기들이 더 잘 자랐다. 고아원 아기들은 육체적·감정적 유대가 부족해서인지 자주 앓거나 습진 같은 피부병에 잘 걸렸고, 운동능력과 언어능력의 발달이 눈에 띄게 늦었다. 물리적 환경은 깨끗하고 따뜻했으며 영양이 풍부한 음식을 먹었지만, 일단 (유모에 의한) 수유기가 끝나면 아기들의 육체적·정신적 활력은 내리막길을 걸었다. 그 결과 발달에 참혹한 부작용이 미쳤다.

10년 뒤, 스탠퍼드대학에서 공부한 심리학자 해리 할로우(Harry Harlow, 1905~81, 애착심리학을 연구했다—옮긴이)는 사회성 발달이라는 주제에 관심을 갖게 되었다. 그는 원숭이를 대상으로 한 실험을 통해 접촉과 온기가 유대감 형성에 얼마나 중요한지를 보여주었다. 새끼 붉은털원숭이를 어미에게서 떼어낸 뒤 작은 젖병으로 우유를 먹여 키웠더니, 원숭이는 우리 바닥에 깔린 부드러운 거즈천에 애착을 보였다. 원숭이들은 '천에 꽉 매달렸고', 누군가 천을 치우거나 바꾸려고 하면 '격렬하게 짜증'을 냈다. 아기의 손에서 아끼는 물건이나 동물을 빼앗으면 심하게 화를 내는 것과 비슷했다. 거즈천 없이 우리 바닥이 철사로만 되어 있는 환경에서 자란 새끼 원숭이들은 첫 닷새의 생존률이 낮았다. 할로우는 헝겊으로 어미 원숭이를 본뜬 인형을 만든 뒤, 그 속에 전구를 넣어 복사열을 내뿜게 해보았다. 그러자 새끼 원숭이들은 인형에 달라붙었고, 그 따스한 품에서 안정을 찾았다.* 갓 태어난 새끼 원숭이들을 어미로부터 떼어놓은 그의 실험은 요즘 같으면 커다란 윤리적 논쟁을 일으켰겠지만, 어쨌든 접촉과 애착, 온기의 중요성을 보여주었다는 점에서 아주 의미심장한 실험이었다. 리쫄라띠와 갈레제의 연구, 스피츠의 연구와 일맥상통하는 결과였다. 그들의 연구는 몸의 형성에서 촉감을 통한 물리적 관계가 얼마나 중요한지 각자의 방법으로 보여주었다. 우리가 받는 대우나 보는 광경에 따라 몸이 형성되고 구조화된다는 사실을 보여준 것이었다. 사실 할로우와 스피츠의 연구는 대상의 감정적·정신적 발달에 주로 집중되었지만, 나는 그것을 몸의 시각에서 바라봄으로써 육체적 접촉이 사람에게 얼마나 근본적인 욕구인지를 깨우칠 수 있다고 생각한다.

그들의 연구가 다양한 방식으로 암시한 내용을 이어받아, 과학자들은 지난 20여년간 신체접촉을 점점 더 중요시하게 되었다. 신체접촉은 이제 인간의 심리적 안녕에 핵심적인 요소로 인정된다.[6] 신체접촉은 가장 기초적이고 근본적인 경험이다. 우리는 젖을 빨거나 눈을 뜨기 전부터 엄마의 따뜻한 팔에 둘러싸인

* H. Harlow, "The Nature of Love," *American Psychologist*, Vol. 13, 1958, 673~85면 참조. 아이가 안전함과 행복함의 감각을 형성하는 데 있어 어머니의 형상이 중요하다는 것을 처음 밝힌 사람은 존 보울비(John Bowlby)였다. 할로우는 보울비의 선구적인 애착이론을 받아들였다. Ashley Montagu, *Touching: The Human Significance of the Skin* (New York: Columbia University Press 1971) 참조.

다. 엄마의 몸에 아늑하게 안겨 규칙적인 심장박동을 느끼고 엄마의 체취를 맡으면서, 세상의 횃불이나 다름없는 엄마에게 자신을 소속시킨다. 우리는 엄마의 몸, 엄마의 목소리, 엄마의 살갗, 엄마의 촉감에 이끌려 영아기, 유아기, 그 너머까지 개인적인 발달의 길을 밟아나간다. 촉감은 그중에서도 가장 결정적인 요소다. 사랑을 가득 담은 접촉은 우리 몸에 안전함과 편안함을 줄 뿐만 아니라, 생리활동과 신경회로를 형성한다. 나아가 평생의 기질과 개성에 영향을 미친다.

1980년대 말 꼴롬비아 보고따에서는 뒤떨어진 기술로 인해 우연히 한가지 발견이 이루어졌다. 빠듯한 재정 때문에 조산아를 위한 인큐베이터가 부족했던 병원이 있었다. 의사들은 그 대안으로 하루에 몇시간씩 아기를 부모의 배 위에 눕힌 뒤, 부모의 심장 가까이 귀를 대고 쉬게 했다. 그러자 조산아 사망률이 70퍼센트에서 30퍼센트로 떨어졌다. 신생아 전문의 에드가르 레이(Edgar Rey)와 엑또르 마르띠네스(Hector Martinez)가 이 현상을 보고한 이래, '캥거루 안기'라고 불리는 이 활동은 널리 보급되었다. 요즘 신생아실에서는 부모와 미숙아가 피부접촉을 하는 일이 보편화되었다. 충분히 예상할 수 있듯이, 신체적 접촉을 통해 부모와 아기 사이에 유대가 쌓인다. 나중에 수유도 쉬워지고, 아기의 호흡기 질환도 줄어든다. 더욱 흥미로운 사실은 부모의 체온이 조산아의 체온에 맞추어 조절된다는 것이다. 산모의 체온은 아기의 체온에 조응하듯이 바뀌었다. 캥거루 안기를 실시한 산모들과 아기들의 체온을 잰 결과, 아기의 몸이 차가워지면 즉각 엄마의 체온이 높아져서 아기를 따스하게 보호했다.[7] 거꾸로 아기의 몸이 더워지면 캥거루 안기를 하는 엄마의 가슴체온이 재빨리 낮아져서 아기를 시원하게 만들어주었다. 조산아들은 이런 특수한 피부접촉을 통해 보통 아기가 산달을 다 채울 때까지 뱃속에서 누리는 체온조절 메커니즘을 제공받았다.

우리는 몸을 당연히 존재하는 것, 적당한 영양이 주어지면 타고난 유전적 기질에 따라 저절로 자라는 것이라고 생각한다. 하지만 심리치료사로서 몸의 문제로 고민하는 수많은 사람들을 만나본 내 경험에 따르면, 사람이 신체적 감각을 발달시키는 데는 어릴 때 경험한 신체접촉과 그 어머니가(혹은 다른 보호자가) 스스로 품었던 육체적 자의식이 아주 중요한 영향을 미친다. 몸은 DNA의 청사진이 충실히 이행된 결과 이상의 무엇이다.

우리의 몸짓, 몸을 움직이는 방식, 고상하거나 천박한 태도, 육체적 자신감이나 거북함은 한편으로는 우리가 자란 나라와 지역의 문화를 반영하고, 다른 한편으로는 어머니나 가까운 사람들이 우리에게 물려준 몸짓들에 대한 나름의 해석을 드러낸다. 그들은 우리에게 소통에 필요한 단어들과 언어를 알려주듯이, 특수한 몸짓과 움직임을 세세히 안내해준다. 개인의 신체감각은 그의 어머니가 가졌던 신체적 특징들을 일부나마 체현한다. 엄마가 육체적으로 수줍음을 많이 타고 어색해하는 편이었다면, 자식에게도 그런 태도가 전해진다. 엄마가 대담하거나 함부로 끼어드는 편이었다면, 자식의 신체감각도 그런 형식에 익숙해진다. 엄마가 확고하면서도 부드러운 방식으로 자식을 만져주지 않았다면, 자식은 자신의 신체적 감각들에 대해 혼란과 두려움을 느낄지도 모른다. 자기 몸이 어디에서 시작되고 어디에서 끝나는지를 모르게 될 수도 있다. 여러분은 누군가 불쑥 너무 가까이 다가와 반사적으로 한발 물러나고 싶었던 적이 있을 것이다. 그런 사람들은 자기 몸의 경계가 어디인지를 확실히 인식하지 못한다고 할 수 있다. 그래서 그들은 주변의 다른 몸들까지 끌어들여서 일종의 대리적 신체경계를 구축한다.[8] 극단적인 경우에는, 자기 몸이 자신에게 속해 있지 않다고 느낄지도 모른다. 자기 몸을 외부에서 바라보듯이 보고, 뭔가 손질을 가해야 할 대상으로 보게 되는 것이다.

내 심리학자 동료인 웬디의 이야기를 하자면, 그녀는 지나라는 열살짜리 소녀를 입양했다. 지나는 세살 때까지 억압적인 문제가정에서 자란 뒤, 이후로 여러 위탁가정을 전전했다. 아이는 매번 좋은 관계를 맺지 못했고, 사회복지사들에게도 골칫거리였다. 그러다가 결국 웬디와 살게 되었다. 입양 당시 웬디는 쉰살이었고 아기를 낳아 기른 경험은 없었다.

지나는 성깔이 대단한 꼬마였다. 무례하고, 뻔뻔했으며, 조숙하고 반항적인 사춘기 소녀처럼 옷을 입었다. 스타킹에는 일부러 구멍을 냈고, 머리는 젤을 발라 뾰족뾰족 세웠고, 통 어울리지 않는 옷들을 걸쳤다. 아이는 쉽게 애정을 줬다가도 쉽게 폭발했다. 웬디는 그런 복잡한 조합에 울화통이 터졌고, 두 사람이 진정할 방법을 찾기 위해 옛 교과서들을 뒤지기 시작했다. 지나는 어릴 때 줄기차게 구타를 당했기 때문에, 유치원과 학교에서도 줄곧 싸움을 일으켰다. 웬디의 집에 올 때부터 차림새가 영락없는 불량소녀였다. 아이는 좌절감을 느낄 때마다 몸을 던지며 날뛰었다. 그 아이를 그저 좀 성가신 꼬마라고 말하는 건 턱없이 부족한 표현이었다.

임페리얼칼리지 의대의 비베트 글로버(Vivette Glover) 교수는 산모들의 산후우울증을 연구하던 중, 우울해하는 엄마에게 아기 마싸지 수업을 듣게 하면 산모와 아기 모두에게 좋다는 사실을 발견했다. 엄마는 아기에게 애정어린 손길을 주는 법을 배움으로써 아기의 신호에 잘 반응하게 되었고, 아기를 잘 다룰 수 있다는 자신감을 갖게 되었으며, 따라서 스스로에게 더 만족하게 되었다. 온화한 선생님이 친근하고 섬세하게 초보엄마들을 가르치는 환경에서 엄마와 아기 사이에 긍정적인 피드백이 형성된다는 것쯤은 충분히 합리적으로 이해되는 현상이었지만, 정말 놀라운 발견은 따로 있었다. **육체적으로** 접촉하는 행동 자체가 유대감 형성에 중요한 호르몬인 옥시토신(oxytocin)의 농도를 높여주었던 것이다. 옥시토신이 구축하는 신경반응 덕분에 엄마들은 자칫 위험한 상황에 놓였을지도 모르는 아기들을 더 쉽게 달랠 수 있었고, 안정시킬 수 있었으며, 서로 가까워질 수 있었다.

그와 반대로, 지나치거나 지속적인 스트레스에 노출된 아기들, 육체적 접촉을 간헐적으로 경험하거나 거친 접촉을 경험한 아기들은 옥시토신의 농도가 낮아졌다. 유대를 맺어주는 호르몬 대신에 스트레스와 관련된 호르몬인 코르티솔(cortisol)의 농도가 높아졌다. 코르티솔에 자주 노출된 사람은 생리적으로나 정신적으로나 스트레스를 추구하는 경향을 보이기 쉽다. 이 효과는 영구적일 수도 있다. 코르티솔 수치가 높은 사람이 스트레스를 해소하려면, 역설적으로 스트레스를 줄이는 게 아니라 가중시켜야 한다. 스트레스가 높아지면 몸이 알아서 진정제를 배출하기 때문이다. 잔인하게도, 스스로를 단단하게 감아버린 사람은 엄청나게 긴장된 상태에서만 위안을 느낄 수 있다. 그런 사람은 평소의 스트레스 문턱을 넘어서기 위해 점점 더 심한 긴장을 추구한다(스스로 긴장을 유발하는 경우도 있다). 그래야만 몸의 자연적 마취체계가 가동해 긴장이 풀리기 때문이다.

지나도 그랬다. 아이는 어릴 때부터 남이 자기를 잡아당기거나 발로 차는 데 익숙했다. 아이는 지칠 만큼 오랫동안 싸우고난 뒤에야 안도감을 느끼곤 했다. 아이가 자라는 동안 그런 신경활동이 아이의 뇌에 각인되었던 것이다. 이제 아이는 일부러 주변사람들을 도발해 자기를 구속하게 한 뒤, 외려 더 성질을 내고 거칠게 몸으로 부딪쳤다. 지나의 새 엄마 웬디는 평화주의자였다. 웬디는 매를 들지 않고도 아이를 키울 수 있다고 믿었고, 문제아를 둔 부모들을 돕는 데 능숙했다. 때문에 그녀는 몸싸움을 벌이지 않고는 지나와 거의 접촉할 수 없는데다가 아이가 학교에서 심각한 싸움에 휘말리면 찾아가서 데려와야 하는 상황에 몹시 실망했다. 아이를 훈육하려 들면 사태가 더 나빠졌다. 방에 들어가 있으라고 벌을 준 다음에 가보면, 아이는 사방에 옷을 흩뜨려놓거나 아끼던 새 장난감을 망가뜨리기 일쑤였다. 아이의 몸은 긴장을 갈망하는 듯했다. 핫초콜릿이나 새 자전거를 사주겠다는 약속 따위는 아이의 관심을 끌지 못했다.

두 사람은 리듬을 찾지 못하고 절망했다. 웬디는 이런 도전을 받아들인 게 실수가 아니었을까 하는 생각을 한두번 한 게 아니었다. 그녀는 어루만지고 안아주고 다정하게 노래 불러줄 어린 딸을 원했다. 화가 났고, 죄책감도 느꼈다. 지나 같은 배경을 지닌 아이를 키우는 게 어려울 것이라는 각오는 미리 했지만, 학생들이나 고객들과 워낙 잘 지냈던데다 다른 엄마들도 잘 도왔기 때문에 지나가 자신에게 이런 좌절감을 안기리라고는 전혀 예상하지 못했다. 웬디의 마음은 피폐해져갔다.

두 사람이 함께 산 지 1년쯤 지났을 때, 지나가 사춘기에 접어들었다. 웬디는 더 나빠지려야 나빠질 것도 없다고 생각했다. 입양담당자들이 지나를 자기에게 보낸 게 과연 현명한 일이었을까 하는 의문도 들었다. 지나는 심하게 망가지고 상처입은 상태였다. 이 집에서 저 집으로 넘겨질 때마다 나름대로 적응하려 해봤지만 결국에는 모두 자신을 버리고 마는 상황에 깊이 실망한 상태였다. 적어도 지나로서는 그렇게 해석할 수밖에 없었다. 그래서 웬디가 아무리 대화를 시도해도 아이에게 가닿을 수 없었고, 어떤 위로나 안전도 제공할 수 없었다.

어느날 웬디는 지나에게 월경에 대해 설명해주었다. 아이는 다 아는 내용이라고 말했지만, 웬디가 갖가지 위생용품들을 설명하면서 냉소적인 유머감각을 발휘한 덕에 그만 웃음을 터뜨렸다. 웬디는 이미 폐경기였다. 두 사람은 여성의 변덕스러운 월경주기와 그에 관련된 위생조치들에 관해 이야기하면서 육체적으로나 감정적으로 좀더 친밀한 관계의 싹을 틔우게 되었다.

지나가 열두살이 되던 해였다. 어느날 아침, 갈색 머리카락을 길게 늘어뜨린 지나가 웬디에게 빗을 가져와서 머리를 땋아달라고 했다. 거칠고 저돌적인 소녀가 뜻밖의 요청을 해오자 웬디는 굉장히 기뻤다. 웬디는 아이의 머리카락을 부드럽게 빗어주었고, 머리를 땋는 복잡한 기교는 미용책을 참고하여 공부한 뒤 저녁에 해주겠다고 약속했다.

이렇게 둘의 관계는 새로운 국면으로 접어들었다. 아침마다 지나와 웬디는 거의 한시간을 들여서 아이가 원하는 스타일로 머리를 매만졌다(그러기 위해 매일 한시간씩 일찍 일어났다). 웬디는 입에 실핀을 문 채 전신거울 앞에 세워둔 높은 의자에 앉았고, 지나는 그보다 낮은 의자에 앉아서 웬디의 무릎에 등을 기댔다. 그들이 찾아낸 친밀한 육체적 활동은 두 사람 모두를 만족시켰다. 웬디가 지나의 머리카락을 다정하게 빗는 동안 둘은 짧게나마 대화를 나누었고, 나중에는 웬디가 아이의 어깨를 주물러주기 시작했다. 지나는 점차 성질이 누그러졌다. 웬디는 마침내 육체적·감정적으로 딸을 돌보는 경험을 하게 되었다. 둘 사이에 사랑이(즉 옥시토신이) 흐르기 시작한 것이었다. 웬디가 구태여 함께하는 활동을 멈추고 아이의 호르몬 수치를 재보진 않았지만, 매일 머리를 빗는 의식은 분명 아이에게 심리적·화학적 변화를 가져왔다. 웬디도 마찬가지였다. 그들은 신체적으로 서로 얽히는 방법을 찾아냈고, 육체적으로나 감정적으로 신뢰하는 관계를 쌓아갔다.

지나가 영리하게 먼저 손을 내밀었기 때문에, 딸과 엄마는 신체접촉을 통해 한단계 한단계 더욱 친밀하고 풍부한 육체적 관계를 맺게 되었다. 이로써 웬디는 사춘기 자녀를 둔 부모가 어지간해서는 누리기 힘든 경험을 하게 되었다. 아이와 육체적으로 친밀하고 다정한 관계를 갖는 것 말이다. 지나 역시 아마도 난생처음으로 꾸준하고 믿음직하고 안전한 신체접촉을 경험했을 것이다. 이제 아이에게는 친밀감과 위로를 받아들일 공간이 생겨났다.

환자들이 던지는 힌트를 잘 알아차린다면, 거기서 그들의 치료를 도와줄 단서를 찾게 되는 경우가 아주 많다. 상담실에서는 그런 일이 좀더 쉽게 일어난다. 애초에 상담실이란 잘못된 것을 바로잡는 공간이고, 어긋난 것을 바로잡을 메커니즘이나 기법을 치료사가 충분히 활용할 수 있는 공간이기 때문이다. 반면 가정에서는 신뢰할 수 있는 치료가 어렵다. 집이라는 공간에서는 불행했던 옛 가정에 대한 감정들이 떠오르기 때문이다. 입양되었거나 위탁가정에 맡겨진 아이들 중 일부는 과거의 가정환경에서 배웠던 것들을 현재의 상황에 자동적으로 적용한다(그것은 새로운 환경에 익숙해지기 위한 방법일지도 모르지만, 그보다는 원래 어떤 상황에 대한 이해나 감정을 다른 상황에 덧씌우는 것이 사람의 습성이기 때문이다). 만약 아이가 처음 경험한 가족관계가 까다로운 것이었다면, 아이는 그것을 기억했다가 그렇지 않은 가족에 대해서도 그런 관계를 기대하고 투사한다. 지나는 그런 상태를 극복하고 용감하게 웬디에게 빗을 가져왔다. 그러면 뭔가 좋은 일이 벌어질 거라고 믿었던 것이다. 그리고 웬디는 딱 적당한 수준의 다정함과 진지함으로 그 믿음을 받아들였다. 웬디에게 그 사건은 좋은 기회였다. 사실 그때쯤에는 그녀도 별수없이 포기하고 싶다는 생각에 시달리고 있었지만 말이다.

성인들은 경험을 통해 신체접촉의 중요성을 깨닫는다. 성적 접촉만을 말하는 것이 아니다. 껴안고, 다독이고, 쓰다듬는 행동은 받는 사람만큼이나 하는 사람에게도 좋은 영향을 미친다. 하지만 오늘날의 상황은 조금 혼란스럽다. 영국 사람들은 그러잖아도 육체적으로나 감정적으로 과묵하다는 평을 받는 편인데, 최근에는 어른과 아이의 신체접촉이 소아성애나 부적절한 성적 접촉으로 오해받을지도 모른다는 걱정 때문에 접촉을 한층 꺼리게 되었다. 영국만 그런 것은 아니다. 미국에서는 교사들에게 오해받을 만한 신체접촉을 삼가라는 지침을 내렸고, 아빠들은 딸과의 자연스러운 신체접촉마저 문제가 될까봐 걱정한다. 저녁모임이 끝나면 우리는 방금 만난 사람들과 작별인사를 할 때 키스를 해도 될지 고민한다. 해도 된다면, 한번 해야 할까, 두번 해야 할까, 네덜란드 사람들처럼 세번 해야 할까?

내 상담실을 찾은 한 중년여성은 병원에 계신 87세의 어머니를 방문한 경험을 털어놓았다. "어머니는 무척 연약해 보였어요. 안아드리고 싶었지만, 그러지 못했어요. 안되더라고요." 감정적으로 취약해진 듯한 어머니의 모습에 그녀는 살을 맞대고 싶었지만, 뼛속 깊이 느껴지는 냉담한 기운 때문에 그러지 못했다. 어렸을 때 어머니에게 안긴 기억이 없었기 때문에 저도 모르게 얼어붙은 것이었다.

웬디와 지나가 함께 보냈던 황폐한 첫 1년 동안, 웬디는 지나가 10대가 되면 몸 여기저기에 피어싱과 문신을 하고 껄렁한 옷을 입은 거친 도시아이가 될 것이라고 상상했다. 실제로는 몹시 연약한 딸이 겉으로는 그처럼 거칠게 자기를 표현한다면 대체 어떻게 감당해야 좋을지 걱정스러웠다. 어떻게 아이의 스타일을 받아들일까? 어떻게 하면 아이가 인정받는다는 느낌을 갖게 될까? 웬디는 보란 듯이 불만을 표출하는 딸과 함께 길을 걷게 될까봐 두려웠고, 아이의 외모가 사람들에게 적대감을 불러일으킬까 두려웠다. 물론 이런 걱정이 과잉보호는 아닐까 하는 생각도 했지만, 그녀의 걱정에는 그럴 만한 이유가 있었다. 위탁가정을 전전한 소녀는 자기 같은 문제아들에게 끌리기 쉽다는 것, 그래서 위태로운 삶을 살기 쉽다는 것을 웬디는 너무도 잘 알았다. 그녀는 지나를 끌어당기는 온갖 위험들을 자신이 충분히 견제해주지 못할까봐 걱정되었다. 그래서 14세가 된 지나가 한층 부드러워져서 학교 친구들과 비슷한 옷을 입기 시작했을 때, 웬디는 무척 놀랐을 뿐만 아니라 기쁘고 안심되었다. 아이는 자신을 거칠게 꾸며보았지만, 그것은 한가지 선택지일 뿐이었다. 아이는 점점 자신이 환경에 잘 녹아들었고 더는 소외된 상태가 아니라는 것을 표현하는 복장으로 안착했다. 내면의 육체가 차분해지면서 몸도 긴장을 풀었고, 자기 몸을 안전하게 느끼게 되자

아이는 옷과 태도를 통해 편안함과 자신감을 드러내기 시작했다. 아이가 편안하게 제 몸과 옷에 깃들인 것을 보고 다른 사람들은 기쁜 반응을 보였다. 아이는 존중을 받았고, 그것이 아이를 더욱 고무시켰다. 지나는 웬디와의 관계를 통해 겉에서 속으로, 속에서 다시 겉으로, 육체적으로나 정신적으로나 자신을 다시 만들어가고 있었다. 새로운 내부의 몸을 키우게 된 것이다.

3장

몸의
소리에
귀기울이기

3

위탁가정에 왔을 때 쌤은 여섯살이었다. 앙상하고 창백한 얼굴에 신경질적인 꼬마 쌤은 갑자기 북적거리는 가족 속에 던져졌다. 사랑 넘치는 새엄마와 새아빠, 성인으로 가는 길에 막 접어든 연상의 두 10대 형제들이 있는 집이었다. 엄마는 그보다 더 친절할 수 없었다. 그녀는 오랫동안 수십명의 아이들에게 소박한 제집을 개방해왔다. 어떤 아이는 고작 며칠이나 몇달을 머물렀고, 어떤 아이는 몇년을 머물렀다. 내가 쌤을 만난 것은 아이가 거의 열세살이 다 된 무렵이었지만, 아이는 아홉살쯤으로밖에 보이지 않았다. 새엄마는 만약 당신이 지옥에서 방금 구출된 아이라면 꼭 그녀에게 입양되고 싶다고 생각할 만큼 좋은 사람이었다. 풍채가 좋고 온화한 40대 여성으로, 무릎도 마음도 넉넉했다. 그녀는 똑똑하고 사려깊었다. 그녀의 단단함을 마주하면,

지금 순간이 아무리 가망없게 느껴지더라도 어쨌든 삶을 이어 갈 수 있으리라는 확신이 저도 모르게 들 정도였다.

새엄마 앤은 켄트 카운티(Kent County) 위원회의 위탁부모 명단에서 가장 유능한 여성이었고, 20년 동안 가장 고통스러운 상황에 처한 아이들 130명을 맡았다. 아이를 떠나보낼 때마다 마음이 찢어지곤 했지만, 그래도 그녀는 언제나 끝까지 아이를 책임졌다. 특히 어린 아기 이선의 경우가 그랬다. 이선은 생후 첫 6주 동안 심각하게 학대당했다. 생모가 그의 다리를 비틀어 부러뜨리는 바람에 두 다리가 골절된 상태로 앤에게 왔다. 이선은 깁스를 풀고 나서도 딱딱하게 굳어 있었고, 쉽게 망가질 듯했다. 아기는 다른 사람이 자기를 안거나 만지는 것을 견디지 못했다. 앤의 가족은 다 함께 차분하게 자장가를 불러주었다. 앤은 북슬북슬한 토끼인형으로 아기의 다리를 부드럽게 어루만졌다. 서서히, 아주 서서히, 아기는 몸을 열었다. 빗으로 자기 머리카락을 빗어달라고 했던 지나처럼, 이선은 앤이나 자기 몸의 일부가 아닌 제3의 물체를 다정한 육체적 관심의 통로로 택했다. 곧 이선은 앤이 손으로 쓰다듬어도 잠자코 있었고, 나중에는 포옹도 받아들였다. 앤의 집에 온 지 다섯달쯤 지났을 때, 이선은 미소짓기 시작했다.

쌤이 힘난했던 과거에서 '회복'하는 과정은 이선보다 더 길고 힘들었다. 쌤은 이선보다 훨씬 늦은 발달단계에 앤에게 왔기 때문이다. 앤과 사회복지사들의 걱정은 무엇보다도 쎔의 몸이 자라지 않는다는 것이었다. 쎔은 몇년 동안 소아과에 다니면서 성장호르몬을 맞았지만, 기대했던 효과는 없었다. 쎔의 몸은 자라지 않기로 단단히 결심한 것 같았다. 앤은 유능한 치료사의 도움을 빌려 아이가 생모의 남자친구에게 당했다는 성적 학대에 대해 아이와 잘 이야기할 방법을 찾아보려고 노력했다. 그러나 아이는 이야기를 듣지 않으려고 움츠렸다. 스스로도 어떻게 그 이야기를 해야 할지 모르는 게 분명했다. 자신에게 벌어졌던 일을 지워버리고 싶어하는 폐쇄된 상태에 갇힌 채, 아이는 육체적 성장마저 정체되어 스스로 무너져내릴 듯했다. 앤은 어떻게 하면 그 위기에서 아이를 끌어낼 수 있을지 고민했다. 과거의 사건에 대해 대화할 가능성을 열어두고 학대가 아이의 잘못이 아니었다는 것을 설명해줄 수 있다면, 아이가 누그러질지도 모른다고 생각했다.

  나는 앤의 이야기를 듣고 쎔을 만나보았다. 그뒤로 나는 쎔의 무의식에 어떤 생각이 담겨 있기에 성장까지 철저히 차단되었는지 짐작해보려 노력했다. 학대당하고 혼란스러운 상태로 생모와 떨어지게 된 여섯살 소년을 상상해보면, 아이가 겁에 질렸으리란 것쯤은 쉽게 이해된다. 비록 아이를 보호해주지 못하는 엄마라 하더라도 아이에게는 생모가 안전한 존재로 느껴졌을 테니 말이다. 또한 자신에게 어떤 일이 벌어졌고 또 벌어지고 있는지 표현할 단어를 모르면, 누구나 마음을 닫는 법이다. 하지만 발육정체는 어떻게 설명할 수 있을까? 우리는 그것을 어떻게 이해해야 할까?

샘은 내 담당이 아니었기 때문에 평소 환자들에게 적용하는 여러 도구들을 활용할 수는 없었다. 흔히들 정신분석가는 환자의 태도를 사회적 맥락에서 분석하는 것이라고 생각하지만, 사실은 그렇지 않다. 정신분석가는 상담실과 분석적 관계라는 특수한 맥락에서 환자를 이해한다. 그것이 가장 분명하고 확실하게 환자를 이해할 수 있는 환경이기 때문이다. 그렇지만 나는 우연히 샘과 앤을 알게 된 뒤, 맥락이야 둘째치고 어쨌든 다음과 같은 짐작과 추측들을 해보지 않을 수 없었다. 샘의 발달과정은 어릴 때 받은 학대 때문에 돌이킬 수 없이 망가진 것일까? 샘이 안정적이고 안전한 환경에서 충분히 오래 지내면 결국 안심하게 되어 몸이 다시 자라지 않을까? 샘은 자신의 성장 때문에 애초에 문제가 일어났다고 생각하는 것일까? 자기도 어른이 되면 아이들을 해치는 남자가 될까봐 걱정할까? 영영 자라지 않고 생모를 떠나왔을 때의 어린 소년으로 계속 남아 있으면 언젠가 생모에게 돌아갈 수 있다고 생각하는 걸까? 내가 이런 질문들을 직접 던져보았거나 그에 대한 대답을 들어본 적은 없다. 하지만 앤과 함께 샘의 성장을 되찾아주려 노력한 사람들의 마음속에도 분명 이런 질문들이 있었을 것이고, 샘이 제 몸의 격렬한 반항을 조금쯤 인정하게 되어 치료사와 대화를 나누게 된다면 반드시 이런 질문들을 포함해야 할 것이다. 그러나 쌤의 새엄마는 지금으로서는 아이의 발육정체를 불가해한 슬픔의 표현으로 생각하기로 하고, 아이가 머물고 싶어하는 어린 소년의 모습 그대로 아이를 사랑해주었다.

환자들과 상담하다보면, 들고양이 감각이라고밖에 달리 표현할 말이 없는 느낌이 내 몸에 깃들 때가 있다. 나는 그 느낌에 꽤 익숙하다. 그것은 상담중인 환자가 스스로는 쉽게 느끼지 못하는 모종의 육체적 상태를 무의식중에 내게 전달한 것일 가능성이 높다. 나만 이런 생각을 하는 게 아니다. 모든 심리치료사들은 환자의 느낌을 읽어내는 능력을 활용한다. 그것은 환자의 경험 중에서 반드시 다뤄야 할 부분을 지목해주는 단서나 마찬가지인데, 치료사가 아닌 사람이 보기에는 기이할지도 모르는 방식으로 표현되는 것뿐이다. 여러분 중에서도 내 말뜻을 아는 사람이 있을지 모르겠다. 꽤 재미있는 사람과 대화를 나누다가 난데없이 졸리는 경험을 해본 적이 있을 것이다. 아니면, 한창 활기차게 수다를 떨다가 갑자기 자신이 한심하게 느껴지는 경험을 해본 적이 있을 것이다. 뭐라고 뚜렷하게 설명하기 어렵고 대화내용에서도 이유를 집어낼 만한 부분이 없지만, 하여간 미묘한 느낌이 공기를 통해 당신에게 전달되어 눈 녹듯이 활력이 사라지고 무기력해진다.

정신분석가는 그런 갑작스러운 기분 및 감정 변화를 단서로 활용한다. 상호 기분전이는 깐깐하게 따져볼 만한 특이한 현상이 아니다.[*][**] 오히려 늘 있는 일이다. 하지만 치료사가 환자와 마주 앉아 있다가 제 몸에서 난데없는 기분변화를 감지한다면, 치료사는 그 의미를 알기 위해 머릿속으로 다음과 같이 자문자답해본다. 우선 치료사는 자신을 연구대상처럼 객관적으로 점검한다. 환자가 내게 어떤 자극을 주었나? 내가 왜 그때 긴장을 했나? 환자는 대수롭지 않게 말하고 있었을 뿐인데 왜 내가 갑자기 슬퍼졌나? 환자가 뭔가 내 개인적인 감정을 건드렸나? 치료사가 경험하는 그런 감정상태를 역전이라고 한다. 치료사는 역전이된 감정들을 포획해서 곰곰이 반추해본다. 이 불협화음은 치료사에게 바로 이 대목에 뭔가 까다로운 문제가 있음을 경고한다. 치료사의 몸과 감정상태가 흡사 청진기처럼 환자의 어긋난 부분을 감지하는 도구로 쓰이는 것이다.

[*] 뭔가 신비스러운 현상처럼 보일지도 모르겠지만, 실제로 물리적 근거가 있다. 뇌의 좌반구에 있는 언어중추를 건너뛰고서 우뇌-우뇌가 곧바로 소통하는 것이 여기에 관련된 신경학적 현상이다. Allan Schore, *Affect Regulation and the Origins of the Self: The Neurobiology of Emotional Development* (Hillsdale, NJ: Lawrence Erlbaum 1994) 참조.
[**] 어쩌면 치료사와 환자가 환자의 방어기제를 교란하지 않기로 무의식중에 합의한 공모현상처럼 보일지도 모르겠지만 말이다. 치료사가 경험하는 현상에 대한 상세한 논의와 사례들에 대해서는 다음을 참고하라. S. Orbach, *The Impossibility of Sex*, London: Scribner 2000.

내가 들고양이 역전이를 처음 경험한 것은 네덜란드 림뷔르흐(Limburg) 출신인 마흔살의 바이올리니스트 헤르타와 면담하던 때였다. 헤르타의 단정하고 차분한 몸가짐을 보면 그녀의 몸이 극도로 괴로운 상태라는 것을 전혀 눈치챌 수 없었다. 하지만 헤르타는 평생 괴로움에 시달렸다. 그녀의 몸은 언제나 앓는 상태였고, 언제나 아팠다. 몸에는 항상 궤양이 있었다.

헤르타는 전후 독일에서 자랐다. 그녀의 부모는 두차례의 세계대전에서 살아남았고, 평생 가난의 장막에 덮인 채 살았다. 헤르타의 사연은 부모의 신체적 불편이 어떻게 아이에게 흡수되고 고착되는지를 생생하게 보여주는 사례다. 헤르타가 아기일 때, 우유를 조금 토한 적이 있었다. 딸에게 매번 충분한 우유를 먹여야 한다는 강박을 갖고 있었고, 아기들에게는 '젖 토하기'가 지극히 정상적인 일이라는 사실을 몰랐던 그녀의 엄마는 아기의 행동에 경각심을 느꼈다. 엄마는 거부당했다는 기분과 함께 걱정을 느꼈고, 자신의 실망감을 아기에게 전달했다. 아기는 그저 과잉섭취한 우유를 조금 밀어냈을 뿐인데 말이다.

헤르타는 약간의 과잉섭취로 감정적 스트레스를 받은데다, 아기가 배고프면 어쩌나 전전긍긍하고 자기는 나쁜 엄마인지도 모른다고 자책하는 엄마의 불안까지 받아안았다. 이후 그녀는 자신이 소화할 수 있는 양만을 먹으려고 노력하게 되었고, 그것은 결국 반사적인 구토습관으로 발전했다. 헤르타가 지나치게 자주 토했기 때문에, 그녀의 엄마는 다섯살짜리 아이를 프랑크푸르트로 데려가서 최신 행동치료를 실시한다는 심리학자에게 진단받게 했다. 심리학자는 병원의 텅 빈 식당에서 헤르타에게 음식을 먹였다. 아이가 토하면, 토사물을 대야에 받아 도로 먹였다. 이 야만적인 치료법 때문에 헤르타는 구토를 멈췄다. 그러나 얼마 뒤, 그녀는 신체적 고통을 표현하는 다른 육체적 증상을 드러냈다. 밤마다 오줌을 싸기 시작한 것이다. 내가 그녀를 만날 즈음, 그녀는 20대부터 줄곧 앓아온 궤양성 대장염에 여태 시달리고 있었다.

헤르타의 치료를 맡은 지 2년째 되던 어느날, 그녀와 함께 상담실에 앉아 있다가 나는 내 몸에서 생경한 감각을 느꼈다. 마치 가르릉거리는 고양이가 된 것처럼 온몸이 강한 육체적 쾌락으로 가득 찼다. 몸 구석구석에서 생기와 만족감이 느껴졌다. 전에는 한번도 못 느껴본 감각이었다. 확신할 수는 없지만 어쩌면 불교에서 말하는 열반이 그런 상태일지도 모르겠다. 그전에 딱히 불만족스러운 상태로 있었던 것은 아니다. 오히려 내 몸을 별반 의식하지 않는 상태였다. 내 관심은 헤르타에게 쏠려 있었고, 그녀의 몸이 그녀에게 얼마나 상처가 되는가 하는 문제에 집중하고 있었다.

극도의 행복감을 곱씹으면서, 나는 이것이 대체 무슨 일일까 스스로 묻기 시작했다. 헤르타는 내게 무엇을 전하고 싶었을까?

그녀가 내 안에 무엇을 만들어낸 것일까? 그녀는 내 몸에게 무엇을 원했을까? 나는 그녀에게 무엇을 원했을까? 헤르타에게는 이미 외부의 몸이라고 할 만한 대상이 있었다. 바이올린이었다. 그녀는 바이올린에 활을 그어 더없이 감동적이고 아름다운 소리를 만들어냈다. 여성의 육감적인 몸매를 닮은 작은 나무악기를 완벽하게 장악한 그녀의 솜씨는 엄마에게서 받았던 관심 중 애정어린 부분을 상징하는 것일지도 몰랐다. 또한 헤르타의 몸에서 살아있는 부분, 즉 신체적 고통에 얽매이기를 거부하는 부분을 상징하는 것일지도 몰랐다. 나는 내 가르릉거리는 기분을 잠시 밀어두고서 헤르타의 몸과 증상을 좀더 생각해보기로 했다.

헤르타와 몸의 관계는 이중적이었다. 몸은 그녀에게 하나의 대상이자 골칫거리였다. 그녀는 몸 안에 평온하게 깃들여 산 경험이 없었다. 그녀는 자기 몸을 '그것'이라고 불렀는데, 그녀가 아는 그것은 늘 말썽을 부리는 존재였다. 그것은 끊임없는 주의를 요했다. 대장염 때문에 수시로 설사가 찾아왔고, 때로는 변에 피가 섞이는 불쾌한 증상까지 있었으며, 대장염의 특징인 극심한 복통도 잦았다. 나는 만족에 겨워 가르릉거리는 내 몸의 느낌에 잠깐이나마 집중함으로써, 그녀의 몸인 '그것'을 하나의 몸으로서 다룰 수 있게 되었다. 잠깐, 이게 무슨 뜻일까? 몸을 몸으로 다루다니?

정신분석학의 100년 역사에서 가장 핵심적인 공리는 마음이 몸에 영향을 미친다는 것이다. 때문에 증상에 연관된 갈등적 사고를 밝혀내면 증상이 해소되리라는 것이다. 프로이트와 요제프 브로이어(Josef Breuer, 1842~1925, 프로이트의 스승으로 정신분석의 창시자 중 한명—옮긴이)는 신경증 환자들에 관한 사례연구를 많이 남겼다. 그들은 자신들이 개발한 대화치료를 통해 신경증적 증상의 원인이 된 무의식적 사고들을 드러낼 수 있고, 이로써 증상을 해소할 수 있다고 믿었다. 가령 쌤의 발육정체에 대해서라면, 프로이트식 접근법을 상세하게는 아니더라도 대강의 개요를 적용해볼 수 있을 것이다. 아마도 아이의 감정이 원인이 되어 몸이 휴업을 선언했다고 해석될 것이다. 하지만 헤르타의 경우에는, 특히 내가 헤르타에 대한 반응으로 가르릉거리는 쾌락을 느낀 것에 대해서는, 그런 접근법만으로 충분하지 않았다. 나는 헤르타의 몸 자체가 품고 있는 욕구에 집중해야 한다는 생각이 들었다. 헤르타가 아기 때 보였던 구토반응에 그녀의 어머니가 불안감을 표현함으로써 헤르타에게는 혼란스러운 신체적 특징이 자리잡았고, 그것이 신체적 질병으로 발전했던 것이다.

헤르타는 극심한 신체혐오로 괴로워했다. 오늘날 나이를 불문하고 많은 여성들에게서 찾아볼 수 있는 평범한 종류의 신체혐오가 아니었다. 헤르타의 신체적 특징에서 가장 기본이 되는 토대는 자기 몸이 전혀 옳지 않다는 감각이었다. 그 점에서 헤르타는 제 다리를 자르려고 안달했던 앤드루와 닮았다. 둘 다 자신의 실제 신체적 특징을 거부했다. 헤르타는 구토를 통해 반항했고, 앤드루는 다리 없는 몸을 만들겠다는 집착을 통해 반항했다. 임상적인 관점에서, 나는 헤르타의 신체혐오 속으로 곧장 파고들어갈 필요가 있었다. 그녀는 항의의 표시였던 구토물을 억지로 삼켜야 하는 경험을 통해 제 몸에서 나온 것을 더는 믿지 못하게 되었을 뿐만 아니라, 미워하게 되었다. 우리는 먼저 그녀의 몸이 그녀에게 미움의 대상일 뿐이라는 사실을 인정해야 했다. 그러고 나서 그녀가 감정의 밑바닥까지 내려가보도록 설득해야 했다. 그래야만 그녀는 그 감각을 극복하거나 바꿔낼 수 있었다. 그렇지만 자신의 신체적 감각이 혐오로 가득 차 있다는 사실을 인정하는 순간, 그녀가 극심한 불안 속에 그대로 갇혀버릴지도 모른다는 게 문제였다. 그녀에게는 출구가 없을지도 몰랐다. 자신의 몸을 보살필 방법을 영원히 못 찾아낼지도 몰랐다.

　헤르타의 대장염은 변덕스러웠다. 증상이 불쑥 나타났다가 불쑥 사라지곤 했다. 그녀는 대장염 때문에라도 몸의 요구에 귀 기울이지 않을 수가 없었다. 대장염을 진정시키기 위해 도움이 된다는 음식은 뭐든 시도해보았다. 순회공연중에는 잊지 않고 약을 챙겼고, 어디에 가든 화장실부터 알아두었다. 마치 대장염이 잘 보살펴야 할 대상인 것처럼 자기 자신을 시중들었다. 그녀는 언제나 경계를 풀지 않았다. 역설적이게도, 대장염이 초래하는 성가심과 불편함이 그녀에게는 자기 몸을 돌보는 계기가 되었다. 그 골치 아픈 증상들은 그녀에게 자기 몸에 신경 쓸 기회를 주는 동시에 신경을 쓰라고 강요했다. 돌려 말하면, 그녀의 증상은 무시하고 싶지만 끊임없이 주의를 요함으로써 도저히 무시하지 못하게 만드는 메커니즘이었다(정신분석가들은 이것을 절충형성이라고 부른다).

다시 가르릉거리는 감각으로 돌아가자. 이후 나는 여러달 동안 헤르타와의 상담시간에 간간이 그 감각을 느꼈다. 그리고 그런 역전이감각은 헤르타가 자신의 욕구를 내게 암시하는 것이라고 이해하게 되었다. 미움받는 몸에 깃들여 산다는 감각을 버리기 위해, 헤르타는 상담실에 앉은 우리 둘 사이에 더없이 편안하고 활기찬 새 몸을 만들어낸 것이다. 그녀는 처음부터 다시 시작하는 것이나 마찬가지였다. 다만 이번에는 가난과 전쟁의 기억, 아기의 영양에 대한 걱정으로 고민하는 어머니가 아니라, 만족스러운 상태로 차분하게 이야기를 들어주는 모성적인 대체자, 모성적인 정신분석가와 함께였다. 그녀는 자신의 욕구를 독창적으로 형상화했다. 자기 자신에게는 멋지고 행복한 몸은커녕 중립적인 몸조차 줄 수 없었지만, 그 대신에 내게 그런 몸을 일깨워주었던 것이다. 그럼으로써 내가 그것을 도로 그녀에게 부여해주기를 바랐다.

헤르타가 내 몸에 가르릉거리는 신체적 만족감을 만들어냈다니, 좀 괴상한 소리로 들릴지도 모르겠다. 하지만 심리치료사들은 상담중에 특수한 종류의 '감정적 건강'을 느끼는 일에 아주 익숙하다. 그것은 환자가 자신의 혼란스러운 정신상태를 해체하고 재구성할 때 치료사의 감정을 일종의 보조정신처럼 사용하기 때문이다. 심리치료의 효과는 부분적으로는 바로 그런 점에서 비롯한다. 치료사와 환자라는 든든한 관계를 통해 좋은 부모의 대역을, 달리 말해 감정적으로 안전하게 느껴지는 보조적 자아를 얻는 것이라고 보면 된다. 헤르타의 경우에는 내 몸이 보조몸으로 기능했다. 그녀는 새롭고 믿음직한 몸을 추구했으므로, 치료의 공간 속에서 자신이 생각하는 만족스럽고 믿을 만하고 견고한 몸의 감각을 내 몸에 유도해냈던 것이다. 결국 그녀는 스스로도 그런 몸을 발달시키게 되었다.

치료가 왜 그렇게 오래 걸리는지 의아하게 생각하는 사람이 많을 것이다. 일단 고통을 파악하고 그것을 다루는 데 성공했다면, 육체나 정신의 바탕이 곧장 다시 씌어져서 얼른 위안을 느껴야 하는 것 아닐까? 그러나 현실은 실망스럽다. 사람의 뇌는 현상 파악에는 잽싼 듯하지만, 변화에는 느린 것 같다. 이 점을 이해하려면, 인간은 자궁 밖으로 나와서도 한참을 더 잉태상태로 지내는 동물이라는 사실을 떠올려야 한다. 그동안 아기는 주변을 흡수하고 개인화하여 인간이 되어간다. 언어를 예로 들면,

아기가 언어를 자신의 일부로 받아들이기까지는 2년에서 4년이 족히 걸린다. 치료가 언어학습과 비슷하다고 말하면 이해가 쉬울 것이다. 환자는 우선 기존의 존재방식에서 탈피해야 하고, 그다음 보다 지속가능한 새로운 존재방식을 발달시켜야 한다. 그런 과정은 새 언어를 배우고 그것을 자연스럽게 쓰는 데 오랜 시간이 걸리듯이 적어도 두배의 시간을 요한다. 따라서 헤르타가 혐오대상이던 망가진 몸을 대면한 뒤, 보다 만족스러운 새 몸이나 최소한 의학적·감정적으로 중립적인 새 몸을 찾는 과정에는 오랜 시간이 걸릴 수밖에 없었다.

헤르타의 고투를 보면서, 나는 유년기의 경험이 사람의 신체감각 형성에 얼마나 중요한지 새삼 느꼈다. 르네 스피츠를 비롯한 여러 연구자들이 밝혀낸바, 부모가 아기를 다루는 방식은 아기의 성별에 따라 다르다. 그들의 연구를 볼 때, 소년 소녀들의 감정 구조화는 영아기부터 시작되는 게 틀림없다. 프로이트가 주장했던 것처럼 오이디푸스 콤플렉스가 개입하는 네살 무렵부터 형성되는 게 아니라는 말이다. 나뿐만 아니라 대부분의 심리치료사들이 그렇게 생각한다. 조사에 따르면, 남자아이의 수유기간과 한번 젖 먹일 때의 시간은 여자아이보다 더 길었다. 남자아이는 여자아이보다 더 늦게 젖을 뗐고, 배변훈련도 더 늦게 받았으며, 안겨 있는 시간도 더 길었다. 이것은 여성의 심리가 겪는 감정적 경험들을 뒷받침하는 내용이다. 그렇다면 이제 이해가 된다. 젠더 불평등 때문에 여자아이들이 아기 때부터 줄곧 양육자의 관심을 덜 받는 게 사실이라면, 여성들은 자신에게 부여된 권리가 한정적이고 제한적이라는 감정을 느낄 수밖에 없다. 육체적인 측면을 보면, 소녀들은 얌전해야 하고 소년들은 진취적이어야 한다는 전통적인 훈육방식이 분명 아이들의 신체구조에 영향을 미친다. 자신의 몸에 대한 아이들의 경험은 생물학적으로만 결정되는 게 아니다. 부모가 아이의 몸을 어떻게 다루는가, 아이에게 육체적으로 어떤 기대를 하는가, 부모 자식이 어떤 육체적 관계를 맺는가 하는 점에도 달려 있다.

생애 첫 시기에, 아기의 수면과 식사 패턴은 양육자에 의해 조절된다. 유모, 산부인과의 야간간호사, 할머니, 방문간호사(영국에는 각 가정을 방문하며 건강을 관리해주는 방문간호사가 있다—옮긴이) 등은 아기의 수면과 식사 리듬을 잘 세우려면 어떻게 해야 하는지 조언을 해준다. 사람들은 아기의 생물물리학적 감정 구조화가 자연스럽게 전개되는 과정이라고 생각하지만, 몸이 어떻게 만들어지는가에 초점을 맞춰 바라보면 결코 그렇지 않다는 것을 알게 된다. 결국 신생아의 실제 신체적 특징과 자기 몸에 대한 내적 감각은 어른들이 만들고 유도하는 방향으로 형성된다.

몸은 말 그대로 물리적인 측면에서 차차 만들어지는 것이지만, 감정적인 측면에서도 만들어진다. 우리가 무엇을 먹었는지, 어떻게 먹었는지, 으깬 음식을 먹었는지, 음식을 먹인 사람이 재

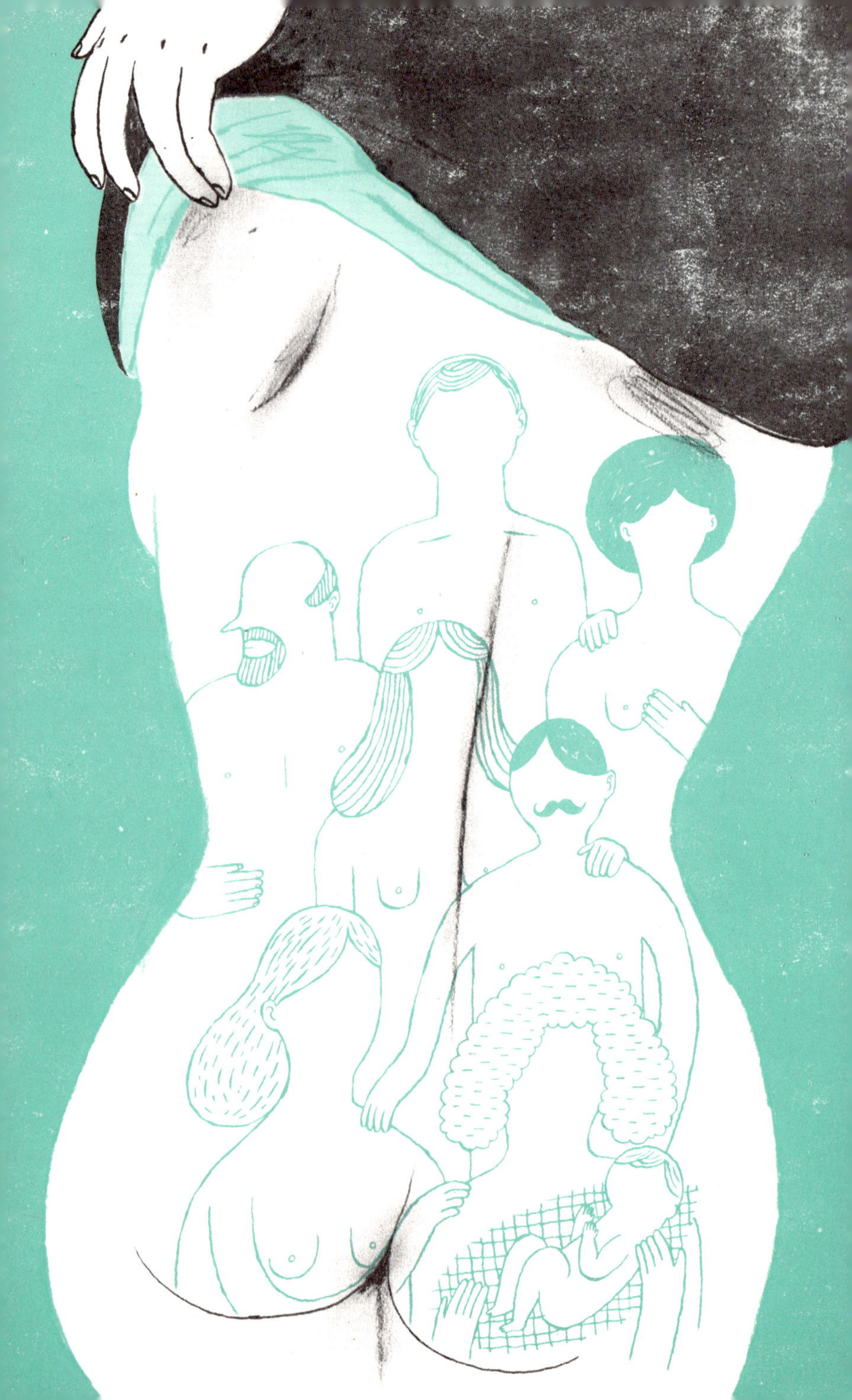

미있게 먹였는지 산만하거나 초조한 태도로 먹였는지, 보호자가 우리를 따뜻하게 안아주었는지 우악스럽게 안았는지 전혀 안아주지 않았는지, 보호자가 간지럼을 태우거나 쓰다듬어주었는지, 자주 기저귀를 갈아주었는지 충분히 갈아주지 않았는지…… 이와 같이 우리 몸이 다뤄지는 방식에 대한 수많은 변수들이 양육의 물리적 환경으로서 우리 몸을 형성한다. 사전에 주어진 몸이란 없다. 그것은 지나치게 단순한 생각이다. 모든 몸에는 그 가족의 몸 이야기가 남긴 은밀한 각인이 찍혀 있다. 딸이 자기 몸에 자신감을 갖기를 바라는 엄마는 딸의 몸을 다룰 때 그 바람을 전하려고 노력하겠지만, 만약 엄마 자신이 육체적으로 소극적인 편이라면 제아무리 노력해도 그 기질이 조금은 딸에게 전달된다. 딸의 몸을 자신의 것과는 다르게 형성하려고 의식적으로 노력하는 와중에도, 엄마 자신의 다층적인 욕망들과 실제 신체적 경험들은 딸에게 전달되기 마련이다. 딸의 신체감각에는 엄마가 발달중인 딸의 몸을 느끼고 다룬 방식에 대한 경험이 각인되어 있는 것은 물론이고, 엄마가 자신의 몸에 대해 느낀 감정들도 포함되어 있다. 후에 딸이 엄마가 되어 제 딸을 돌보게 되면 상황은 더 복잡해진다. 그녀는 자신에게 독자적인 양육태도가 있어 그에 따라 움직이고 행동한다고 생각하지만, 그와 동시에 무의식에서 비롯된 양육태도도 있다고 느낄 것이다. 이처럼 복잡하게 뒤엉킨 육체적 관계맺기의 패턴들이 개개인의 독특하고 특징적인 몸을 창조해낸다. 그리고 부모가 아이의 육체를 어떻게 다루는가 하는 개별 가족의 몸 이야기에는 부모와 자녀가 소속된 전체 문화의 몸 이야기가 스며들어 있다. 사람이 어릴 때 겪는 모든 경험들이 그의 몸을 형성한다. 무릇 문화는 그 구성원들의 몸에 특별한 표지를 부과하는 법이다. 겉으로 드러난 표지의 형태는 실로 다양하다. 버마족 여성들이 목을 늘이려고 목에 끼는 고리나 이딸리아 사람 특유의 현란한 손짓은 물론이고, 옷 입는 풍습, 월경중인 여성을 격리하거나 목욕재계하는 관습이 전부 그런 표지들이다. 우리는 남의 몸속을 들여다볼 수는 없지만, 겉모습만 보고도 그의 몸이 형성된 과정에 대한 단서를 어느정도 읽어낼 수 있다. 더구나 구체적 측정이 가능한 면들도 있다. 공중보건과 역학(疫學)연구의 발달에 힘입어, 우리는 영양패턴이 어떤 방식으로 키에서 당뇨병까지 갖가지 신체적 특징들을 구축하는지 알게 되었다. 겉만 보고도 몸을 읽어낼 수 있고, 실제로 읽어내는 것이다. 몸은 몸과 소통한다. 그런데 얄궂게도, 우리는 몸에서 읽어낸 것을 마음의 용어로 번역해서 말할 때가 많다.

사실 우리에게는 그외의 방법이 없다. 사람을 정신신체적 존재로서 이야기하고 생각하는 개념적 혹은 언어적 어휘들을 갖추지 못했기 때문이다. 우리는 데까르뜨 이원론의 유산에 사로잡혀 있기 때문에, 몸들도 만들어지는 것이라는 생각을 쉽게 받아들이지 못한다. 마음이 다양한 영향들에 의해, 가령 가족, 동료집단, 개인이 속한 문화에 의해 만들어진다는 사실은 쉽게 인정하지만, 몸이 만들어진다는 것은 대체 무슨 뜻일까 싶다. 예를 들어보자. 최근 연구에 따르면, 탁아시설에 다니거나 여타의 사회적 집단에 속해 있는 아기일수록 소아 백혈병에 대한 면역력이 높았다.[2] 이는 자못 의미심장한 결과다. 양육방식이 개인의 육체적 면역력에 영향을 미친다는 뜻이니까 말이다. 다른 사람들과 함께 자신이 자란 방식이나 아이를 키우는 방식을 이야기하다보면, 몸에 관한 여러 규범과 관행들에 미묘한 차이가 있음을 알 수 있다. 어떤 사람은 아이에게 흙장난을 시키지만, 어떤 사람은 허락하지 않는다. 어떤 사람은 아이를 풍진에 노출시키지만, 어떤 사람은 그러지 않는다. 이런 선택들이 아이의 신체적 특징을 구조화할 것이다. 그 효과는 즉각적일 수도 있고, 장기적일 수도 있다. 문제는, 몸들을 이런 방식으로 개념화하는 데 있어 우리의 지적 능력이 겨우 걸음마 상태에 있다는 것이다. 나는 모녀관계에서 엄마의 신체감각이나 특수한 종류의 신체인식이 아기에게 전달되는 현상을 탐구하는 '신체애착그룹'에 속해 있는데,[3] 이런 단체의 연구자들조차도 DVD 영상 속 모녀의 행동을 묘사할 때 무척 애를 먹는다. 몸들을 그런 관점에서 바라본 적이 없기 때문에, 뻔히 눈앞에 보이는 광경인데도 정작 묘사하라면 말문이 막히는 것이다. 우리는 그런 현상이 실재한다는 사실을 알고, 그 광경을 눈으로 본다. 다른 과학 분야의 연구들을 봐도, 엄마의 신체적 특징이 아이에게 전달된다는 것은 틀림없는 사실이다. 신체애착그룹이 DVD로 녹화해서 보는 장면은 대부분 육체적 상호작용이라고 묘사할 수 있는 행동들인데도, 우리는 그것을 자동적으로 심리적 상호작용으로 번역해서 이야기한다. 충격적인 일이 아닌가. 육체적 상호작용을 그 자체의 언어로 묘사하기 위해 엄청나게 애를 써야 한다니. 우리가 보는 것은 보통 다음과 같은 연속장면이다. 엄마가 미소를 짓는다. 그러면 아기도 미소를 짓는다. 엄마가 딸을 바짝 끌어안는다. 아기는 좋아하면서 팔을 퍼덕인다. 엄마가 다시 미소를 짓는다. 이런 긍정적인 관계맺기의 순환을 우리는 '동조'라고 부른다. 아기의 감정적 파장에 엄마가 동조한다는 뜻이다. 그런데 다음과 같은 경우도 가능하다. 엄마가 뭔가에 정신이 팔려서 아기의 신호를 놓친다. 엄마는 서둘러 아기에게로 돌아가지만, 그러다가 아기의 공간에 너무 가깝게 다가가는 바람에 아기가 흠칫 굳는다. 엄마와 아기가 둘 다 뒤로 물러난다. 아기가 칭얼대기 시작한다. 엄마는 딸을 안아들고 가볍게 흔들어준다. 그러나 딸을 안정시키는 데는 시간이 좀 걸린다. 잠깐이지만 그들은 서로 동조하지 못했다.

우리 그룹은 완벽하게 정상적인 이 상호작용에 담긴 육체적 의미들을 읽어냄으로써, 한쪽이 미소를 지으면 상대도 미소로 화답하여 모녀 사이에 즐거운 순환이 이뤄지는 육체적·감정적 사건을 경험한 아기들의 몸과 엄마가 육체적 신호를 제대로 받아주지 못한 아기들의 몸 사이에 장기적으로 어떤 차이가 있는지 밝혀내고자 한다. 물론 모녀간의 불협화음이 지배적인 현상이 아닌 이상, 유의미한 차이는 없을 것이다. 모든 아기들이 때로는 엄마의 환영과 동조를 경험하고, 때로는 엄마나 가까운 어른이 곁에 없거나 다른 곳에 정신이 팔린 상황을 경험한다. 문제는 불협화음 쪽으로 균형이 기울 때다. 대개의 경우에 동조를 경험한 아기는 자기가 미소를 지으면 어른도 즐겁게 화답한다는 확신을 갖게 된다. 아기의 기본적인 몸짓과 기본적인 육체적·심리적 자아가 있는 그대로 인정받는 것이다. 아기의 경험은 든든하게 뒷받침된다. 반면 운이 나빠 동조를 경험하지 못한 아기는 어떻게 될까? 달래기 어려운 까다로운 아기가 되거나, 울적하고 내성적인 표정을 짓는 소심한 아기가 되거나, 지나치게 순종적인 아기가 되거나, 혹시라도 엄마가 곁을 떠날세라 늘 촉각을 곤두세우는 아이가 되는 등 갖가지 육체적 행동들을 발달시킬 것이다. 우리 그룹은 막 걸음마를 뗀 아기가 엄마와 노는 모습을 관찰하면서, 그들이 어떤 육체적 상호작용을 주고받고 어떤 육체적 공간을 공유하는지 살펴본다. 엄마는 아기가 던지는 신호를 잘 포착하는가? 아니면 한순간 무심코 너무 가까이 다가갔다가 다음 순간에는 너무 멀리 사라져서 아기로 하여금 둘 사이의 공간이 불안정하다고 느끼게 만드는가? 그래서 아기는 제 몸이 점유해도 좋은 공간을 알지 못해 망설임과 초조함을 느끼게 되는가?

이런 육체적 상호작용의 자취들은 아기의 성격은 물론이고 몸에도 슬며시 얽혀든다. 아무 표정 없이 가만히 있는 사람의 얼굴은 생각에 잠긴 듯 보일 수도 있고, 공허해 보일 수도 있고, 단호해 보일 수도 있고, 상냥해 보일 수도 있고, 솔직해 보일 수도 있다. 우리는 그런 특징들이 기본적인 관상의 문제라고 생각하는 경향이 있다. 그러나 그것은 그 사람이 경험한 육체적 관계맺음의 형태들이 드러난 것이기도 하다. 얼굴이 엇비슷한 자매의 표정에서 서로 다른 감정의 역사가 드러나는 것만 봐도 알 수 있다.

어쩌면 얼굴표정보다는 큼지막한 신체적 움직임에서 양육의 육체적 측면들이 더 잘 드러날지도 모른다. 우리는 보호자가 막기거나 몸을 일으키기 시작한 아기들에게 육체발달에 관한 욕구를 어떻게 만족시켜주는지, 거기에 어떻게 반응하는지 관찰해보면 좋을 것이다. 나는 아빠들이 어린 아들들에게 공차기를 가르치는 것을 볼 때마다 깜짝깜짝 놀란다. 아빠들의 행동이 이상해서가 아니라, 내게 그 광경이 낯선 것뿐이다. 나는 공 차는 법도 모르고, 축구를 좋아하는 가정에서 자라지도 않았기 때문이다. 아빠에게 공차기를 배운 아이의 경우, 아이의 근육뿐만 아니라 쾌락에 대한 감각은 공차기와 아빠를 연결하여 이해할 것이다. 내 아들이 18개월이 되었을 때, 어느날 아이가 집안의 가파른 계단을 기어오르려고 해서 소스라치게 놀란 적이 있었다. 나는 초조함을 다스리기 위해, 아이는 언젠가 그 일을 할 수 있어야 하고 그 일을 잘해내서 자신감을 가질 필요가 있다는 생각을 속으로 연방 되뇌었다. "계속 가봐, 루키, 할 수 있어. 한 계단 더, 옳지, 잘했다." 그런데 같은 연령의 딸을 둔 내 친구는 오히려 아기에게 조심하라고 말했다. 확신하건대, 만약 내 첫아이가 딸이었다면 나도 분명 그렇게 말했을 것이다. 초보엄마의 신경과민을 극복하자며 스스로를 다그치지도 않았을 것이다.

양육방식에 유행이 오가는 것, 그리고 남자아이나 여자아이에 대한 부모의 기대가 시대에 따라 달라지는 것을 볼 때, 아기를 어떻게 먹이고 재우고 안아주는 게 가장 자연스러운 방법인가에 대해서는 정답이 없는 게 분명하다. 지난 100년 동안 서구에서는 아기를 다루는 올바른 방식에 대해 서로 다른 주장들이 난무했다. 그전에는 아기나 어린이를 별도의 존재로 취급하지 않았다. 가난한 집이라면 능력이 닿는 한 일찍부터 일하는 게 당연했다. 요즘도 세계의 많은 나라들에서는 여전히 그렇다. 중산층이나 상류층 가정에서 태어난 아기들은 부모와 떨어져 유모와 함께 살지도 모른다. 영국에서 부유한 가정의 아이들은 꼭대기층에 마련된 육아실에서 유모와 함께 지내는 게 보통이었다. 엄마가 매일 잠깐씩 들르고, 다과시간 이후에는 아이들을 아래로 부르기는 했지만 말이다. 그러다가 일곱살이 되면 남자아이들은 기숙학교로 보내져, 매사를 규제받으며 무조건 견뎌야 하는 환경에서 살게 되었다.

일곱살 미만의 아이를 다루는 방식은 부모가 어떤 육아지침을 따르느냐에 따라 달랐다. 한때는 포대기를 쓰라고 하더니, 나중에는 아이가 울 때 먹이라고 하고, 그후에는 시간표에 따라 규칙적으로 깨우고 먹이라는 둥, 지침은 늘 달라졌다. 1950년대에 서구에서 태어난 아기들은 트루비 킹(Truby King, 1858~1938, 뉴질랜드의 보건전문가로, 플렁킷Plunket 협회를 창시하여 아기들에 대한 과학적 관리를 주장했다—옮긴이)의 아기이거나, 스폭(B. Spock, 1903~98, 미국의 소아과의사로, 아기의 자연스러운 리듬에 맞춰 양육할 것을 주장했다—옮긴이) 박사의 아기이거나, 브라젤턴(T. B. Brazelton, 1918~ , 미국의 소아과의사로, 신생아의 발달상태를 확인하는 '신생아행동 평가척도'를 처음 제안했다—옮긴이)의 아기였다. 요즘은 크게 두가지 방식이 경쟁한다. 지나 포드(Gina Ford)나 클레어 베리티(Claire Verity) 같은 사람들은 아기에게 정해진 수면주기와 식사주기를 훈련시켜야 한다고 믿는다. 생후 개월수에 따라 아기들이 편안하게 느끼는 체계가 단계별로 따로 있고, 그런 주기를 따름으로써 부모도 훼방받지 않고 잠을 잘 수 있다는 것이다. 반면 어떤 사람들은 아기의 요구에 부모가 어떻게 반응하느냐에 따라서 아기들의 리듬이 제각각 다르게 진화한다고 믿는다.[4] 이처럼 상반된 두 접근법을 각각 부모 위주 방식과 아기 반응 위주 방식으로 이름 붙일 수도 있겠지만, 사실은 둘 다 부모 위주 방식이다. 부모가 아기를 의도적으로 통제하든 융통성을 발휘하여 대응하든, 어차피 아기의 주기는 부모가 형성하는 것이다.

지나 포드나 클레어 베리티 같은 엄격한 통제주의자들이 가장 비판받는 부분은, 아기에게 리듬을 정착시키기 위해서는 아기가 좀 울어도 어쩔 수 없는 일로 생각하고 넘겨야 한다는 것이다. 과연 수긍이 가는 비판이다. 어쨌든 그들에 따르면, 아기는 규칙성을 경험함으로써 확신을 가질 필요가 있다. 규칙성은 안전함, 안정감, 확신을 가져온다. 그러기 위해 약간의 훈육과 울음이 필요하다면, 이마저 감수해야 한다. 그러나 아기의 리듬에 맞추는 생활을 선호하는 부모들이 보기에는 그것은 잔인한 행동이다. 후자의 부모들은 아기가 제 요구사항을 충분히 표현할 수 있다고 믿고, 부모 자식 사이에 구축되는 섬세한 친밀감을 소중하게 여긴다. 물론 이런 부모들도 아기가 안전함과 안정감을 느끼기를 바란다. 하지만 모든 아이들에게 천편일률로 적용되는 하나의 체계가 있는 게 아니라, 부모가 아기 각각의 리듬에 동조할 때 비로소 안정감이 생겨난다고 믿는다. 그러나 둘 중 어느 체계를 취하든, 그 체계가 아기들의 자기인식과 몸에 타고난 억양처럼 각인됨으로써 평생 지속될 육체적 감각의 기본패턴을 만든다는 것은 마찬가지다.

아기의 자기인식은 최초의 인간관계를 발달시키는 순간부터 일찌감치 형성되기 시작한다. 정신분석가들은 아기가 부모의 행위에 어떻게 반응하고 대응하는지에 관심이 많다. 아기를 울게 내버려두면 반드시 이런저런 증상이 발달한다는 식으로 조잡하게 정식화하려는 게 아니라, 한창 발달중인 정신이 자신에게 전달되고 느껴지는 것들을 어떻게 이해하는가 하는 문제에 관심이 있다. 특히 아기가 처음 시도하기 시작한 몸짓들이 부모에 의해 좌절되었을 때, 과연 어떤 일이 벌어질까를 궁금해한다.

아기가 우유나 따뜻한 손길을 바라며 울 때 어른이 그 소리를 무시하면, 아기에게는 어떤 영향이 미칠까? 그런 일이 자주 벌어지면, 아기는 강한 반응을 보인다. 아기는 뭔가 상황이 옳지 않다는 느낌을 품는다. '뭔가 옳지 않다'는 느낌은 절대 사소한 문제가 아니다. 그것은 정신분석가들이 방어기제라고 부르는 정신구조를 자극한다. 달리 말해, 아기는 '뭔가 옳지 않다'는 느낌을 처리하기 위해 방어기제를 작동시키게 된다.*

---

* 방어기제란 용어는 정신분석가가 임상에서 관찰한 현상을 설명하려고 기술적으로 만들어낸 애매한 용어로 들릴지도 모른다. 또 한편으로는 지나치게 구체적이라서 오히려 부적절하다는 느낌을 줄지도 모른다. 마음속에 실제로 어떤 장벽이 서 있는 이미지가 연상되기 때문이다.

아기의 마음과 뇌는 말 그대로 아기가 받는 접촉에 따라 형성된다. 그 과정은 다양한 방식으로 진행되는데, 아기가 특정 행동과 감정에 대한 수용 여부를 결정하는 것도 한 방법이고, 아기의 뇌에서 신경연결망들이 특정 방식으로 발달하게 되는 것도 한 방법이다. 예를 들어, 아기가 자주 무시당하고 상냥한 접촉을 거의 경험하지 못한다면, 상냥한 접촉은 아기의 경험에서 긍정적인 요소로 등록되지 않는다. 나중에 상냥한 접촉을 경험하면, 그 아이는 움찔하거나 겁을 먹거나 불안해한다. 상냥한 접촉을 즐겁고 안심되는 일로 암호화하는 감정적·신경적 경로가 구축되지 않았으니 그 경험은 이질적으로만 느껴질 뿐, '자연적으로' 상냥하게 느껴지지는 않는 것이다. 아기들의 뇌발달을 연구한 결과, 보호자가 자신에게 동조하며 말을 걸어준 아기들의 경우에는 그런 접촉을 덜 경험한 아기들에 비해 신경연결망이 더 조밀했다. 신경연결망이 많으면 아이의 발달에 유리하다. 그리고 또다른 중요한 의미가 있다. 1990년대부터 개발된 뇌스캔 기술들을 써서 연구한 결과, 부모가 아기에게 동조할 때에는 아기의 뇌와 엄마의 뇌에서(혹은 다른 동조하는 보호자의 뇌에서) 서로 비슷한 영역들이 활성화되었다. 동조가 안심을 낳고, 안심이 안전하다는 느낌을 낳는 것이다. 이 현상을 흔히 우뇌-우뇌 발달이라고 부른다. 그와 반대로, 거의 지속적으로 부조화를 경험한 아기의 뇌에서는 뇌줄기가 자극된다. 뇌줄기는 사람의 싸움-도주(fight-or-flight) 반응 중추가 들어 있는 곳이다. 그러니까 안전하다는 느낌과 정반대 상태인 것이다.[5] 뇌의 감정적-육체적 구조화에 관한 이런 새로운 연구들 덕분에, 우리는 인간발달의 상이한 두 측면들에 보다 긴밀한 관계를 부여하는 새로운 이론을 생각해보게 되었다. 그 새로운 이론은 한때 마음의 일로만 여겨졌던 현상들에 관심을 쏟은 것만큼이나 육체와 뇌의 과정들에도 주목할 것이다. 이런 연구들은 몸과 마음 양쪽에 대한 이해를 넓혀주고, 앞으로 우리가 새로운 몸-마음 이론을 구축하는 데도 중요한 역할을 할 것이다.

아기의 뇌가 유연성이 뛰어나다는 사실은 제법 오래전부터 알려져 있었다.[6] 그런데 최근까지도 알려지지 않은 사실이 있다. 체온조절 씨스템(빅또르가 숲에서 살아남았던 것을 떠올려보라), 식욕조절 씨스템, 내분비호르몬 씨스템 등 뇌의 여러 측면들에 양육이 심대한 영향을 끼친다는 사실이다. 아기가 주변 환경을 대체로 온화하고 평온한 것으로 경험하느냐 그렇지 않으냐에 따라서, 뇌는 서로 다른 경로를 선택한다. 아기의 발달에는 늘 다양한 체계들이 적용되기 마련이다. 아기의 반응에 따라

---

* 신경과학자 대니얼 글레이저(Daniel Glaser)가 지적했듯이, 뇌는 위상(位相)적이다. 따라서 우뇌-우뇌 연결이라는 표현은 정확하지 않다. 그보다는 뇌의 특정 부분들끼리 연결되어 있다고 보는 게 나을 것이다. 하지만 나는 상호관계의 영향력을 강조하려는 의도일 뿐이므로, 그냥 이 개념을 사용했다.

음식을 먹이는 체계와 정해진 시간표대로 먹이는 체계가 정말로 아기에게 다른 영향을 미친다면, 그 차이는 비단 아기의 심리나 감정뿐만 아니라 신경에도 영향을 미친다는 말이다.

자꾸만 제 리듬을 방해받는 경험을 한 아기들이 어떻게 되는가 하는 문제로 돌아가자. 우리는 정신분석학이 그런 상황을 설명하기 위해 개발해낸 개념들 중에서 한가지를 이야기해볼 것이다. 부모가 식사와 수면 주기를 엄격하게 규제해야만 아기가 안심할 수 있고 결국에는 아기도 규칙성을 기대하게 된다는 주장은 한쪽으로 밀어두자. 그 주장에도 일말의 진리는 있겠지만, 지금 내가 살펴보고 싶은 것은 엄격한 규칙을 훼방으로 인식하는 아기들의 경우다. 아기들의 마음과 몸은 그런 경험을 어떻게 감당할까? 아기는 울거나 칭얼대면서 보호자가 자신의 상태를 알아채주기를 바랄지도 모른다. 이때 보호자가 울지 말라고 아기를 어르면서 부드럽게 말을 걸어온다면, 아기는 그 혼란스러운 경험도 대충 견딜 만하다는 결론에 도달할 것이다. 하지만 그렇지 않다면? 보호자가 아기를 달래지 않고 계속 울게 내버려둔다면? '뭔가 옳지 않다'는 느낌이 아기의 몸과 마음에 스며든다면? 아기는 그런 감각을 어떻게 처리할까?

어떤 아기들은 제 내부로 침잠한다. 어떤 아기들은 손가락을 빨거나 머리를 부딪치는 등 스스로 달랠 방법을 찾아낸다. 어떤 아기들은 남을 기쁘게 하기에만 급급하여 '키우기 쉬운' 아기가 된다. 겉으로 드러나는 신호는 아기의 내면적 심리수준을 반영한다. 아기가 이제 막 형태를 갖추기 시작한 마음속에서 '뭔가 옳지 않다'는 감각을 열심히 헤아린 결과, 부모-아기 관계의 감각과 역학은 아기의 마음에 영구적 구조로 새겨진다. 이것은 참으로 미묘한 대목이다. '뭔가 옳지 않다'는 느낌과 그에 수반되는 심리구조는 아기의 마음속에서 특정 상황에 대한 인식이 아니라 자기 자신에 대한 인식으로 자리잡아버리는 것이다.

'뭔가 옳지 않다'고 느끼는 아기들은 자기인식에 문제가 생긴다. 아기들은 극도로 의존적인 존재다. 아기들에게는 즉시 반응을 보이는 보호자가 필요하다. 아기가 보내는 신호에 엄마가 덜 반응할수록, 아기는 더욱 엄마의 관심을 갈구한다. 아기의 마음속에서 벌어지는 일을 이런 말로 표현해도 좋을지 잘 모르겠지만, 아기는 엄마가 이용 가능한 존재라는 것을 믿을 수 있어야 한다. 무슨 뜻이냐면, 아기가 울어도 아무도 돌봐주지 않는다면 아기는 그것이 자신의 행동 때문이고 자신이 잘못했다고 생각한다는 것이다. 보호자가 아니라 아기가 외려 가책을 느끼고 자기 권리를 의심한다. 그래서 엄마의(혹은 형제자매, 아빠, 유모의) 관심을 끄는 데 집중하게 된다. 바로 이런 과정에서 아기의 방어기제가 생겨난다. 아기는 주변환경으로부터 스스로를 보호하기 위해, 그리고 애착욕구를 어떻게든 살리기 위해 방어기제를 활용한다.

자신이 뭔가 잘못되었다는 생각을 발달시키게 된 아기의 마음은 일종의 분열을 겪는다. 한편으로는 엄마와 함께 있기를 갈망하며 엄마에게 관심을 쏟지만, 다른 한편으로는 어떤 태도를 보여야 거부당하지 않고 받아들여질까 늘 촉각을 곤두세운다. 아기는 엄마가 줄 수 있는 것만을 요구하는 신호를 내게 되고, 그 과정에서 아기의 정신과 신경경로들이 특정한 형태로 구조화된다. 일단 그런 정신과 신경경로들이 구축되면, 이제 아기는 엄마에게 쉽게 받아들여질 것이라고 판단한 반응들을 기계적으로 내놓게 된다.

혁신적인 소아과의사이자 정신분석가 D. W. 위니콧(Donald Woods Winnicott, 1896~1971, 영국의 심리학자로 소아발달 이론에서는 특히 어머니의 '껴안아주기'가 중요하다는 주장으로 유명하다—옮긴이)은 아기의 인정받고 싶은 욕구가 무시되었을 때 발달하게 되는 성격에서 특히 한가지 면을 중요하게 지적했다. 우리는 앞에서 아기가 엄마에게 인정받을 만한 부분만을 내보이게 된다는 사실을 살펴보았는데, 위니콧은 여기에 한가지 가정을 곁들였다. 엄마에게 보여도 되는 부분만을 내놓는 과정에서, 아기는 이른바 '거짓된 자기'를 구축하고 발달시킨다는 것이다. 이 가정은 임상적 상황에서도 사실인 것으로 확인되었다. 진짜 자기가 아니라는 뜻에서 거짓된 자기라고 말한 것은 아니다. 위니콧의 용어로는 '진정한 자기'이고 내가 선호하는 표현으로는 '잠재적 자기'에 해당하는 부분의 발달이 저지된 채, 거짓된 자기에 해당하는 측면들만 과잉으로 발달한다는 뜻이다. 거짓된 자기는 동조반응을 경험하지 못할 때 발달한다. 위니콧은 '침해'라는 표현을 썼는데, 이런 뜻이다. 엄마가 아기의 요구를 자신의 욕망으로 대치하면, 아기는 엄마의 욕구만을 보여주게 된다. 그러면 엄마는 자신이 아기와 잘 동조한다고 느낀다. 실제로는 아기가 창의성을 발휘한 것뿐인데, 엄마는 자신이 옳은 일을 한다고 생각하는 것이다. 아기 입장에서는, 동조되지 못한 상태를 관계의 감정적 토대로 삼아야만 스스로 안심할 수 있다. 아기는 자신이 발산하는 신호에 신중을 기하게 되고, 그러는 과정에서 특수한 행동양식과 존재양식을 발달시킨다. 아기는 엄마가 받아들이고, 인식하고, 인정할 수 있는 것만 내놓으려는 경향성을 갖게 된다.

콜레트의 사례를 들어보자. 네 아이를 둔 38세의 콜레트는 유능하고, 야무지고, 영적으로도 충만한 여성이다. 그녀는 식민지에 진출한 영국인 의사 아버지와 프랑스-이집트 혈통의 어머니 사이에서 셋째 딸로 태어나 인도에서 자랐다. 커서는 영국에서 학교를 다녔고, 케임브리지와 하버드에서 공부했으며 철학교사로 일하다가, 성공한 음악가인 지금의 남편을 만나 가정을 꾸리면서 일을 그만두었다. 콜레트와 그녀의 자매들은 모두 사춘기 이후로 간간이 폭식증을 경험했다. 그들의 어머니는 음식을 깐깐하게 따지는 편이었지만, 인도에서 온 가족이 함께 식사하는 자리는 늘 풍성하고 즐거웠다. 식탁에는 아랍, 인도, 프랑스에서 온 갖가지 음식들이 넘쳤다. 콜레트는 그 분위기와 음식을 아주 정겹게 기억한다. 영국 기숙학교의 궁핍한 식생활과 비교하면 더욱 그렇게 느껴졌다. 부엌에 놀러 가면 하녀들이 아이들을 재미있게 해주었고, 특별한 간식으로 기쁘게 해주었다. 그러다가 집을 떠나 기숙학교로 돌아가면, 콜레트는 간식으로 나온 빵과 잼을 배가 터질 때까지 폭식하곤 했다. 대학에 진학한 이후 20년 동안, 폭식과 구토는 습관으로 굳었다. 매일 집요하게 음식을 요구하는 몸을 만족시키는 것, 그러고는 마찬가지로 집요한 반사작용에 의해 먹은 것을 토해내는 것. 이것은 콜레트의 신체활동 중에서 가장 확실하고 규칙적인 일이었다.

콜레트는 자기 몸속에서 한번도 제대로 된 기분을 느낀 적이 없었다. 그녀는 엄격한 운동 스케줄을 설명할 때, 아니면 가족여행에서 싸롱을 벗고 수영복만 걸친 채 해변을 거닐 일이 걱정이라고 이야기할 때, 그런 표현을 썼다. 서구문화의 그 어떤 기준으로 보더라도 콜레트는 굉장히 뛰어난 외모에 스타일 좋은 여성이었다. 사람들이 프랑스 여성의 스타일을 동경하면서 하는 말처럼, 그녀는 자기 몸에 초연하면서도 더없이 편안함을 느끼는 듯했다. 실제로 나는 그녀 옆에 있을 때면 나 자신이 누추하고 초라하게 느껴졌다. 내 재킷에 떨어진 부스러기가 눈에 들어왔고, 내 머리가 오늘따라 형편없어 보였다. 옷 입는 법도 모르는 사람 같았다. 나는 그녀를 훔쳐보며 그런 감각을 배우려 했다. 그녀의 미적 감각에 매료되었고, 늘 그처럼 쎈스를 발휘하는 모습을 동경했다. 이것은 이상한 반응이었다. 바로 앞 환자를 면담할 때만 해도 나는 육체적으로 안정되어 있었고, 바로 다음 면담에서도 마찬가지였다. 전에는 그녀의 섬세한 재킷장식이나 세련된 치마를 신경쓰지 않았다는 게 아니라, 그때까지는 내가 신체적 곤란을 겪지 않았고 혼란스러운 신체적 역전이를 느끼지 않았다는 뜻이다.

아마도 콜레트는 내게 행복하지 못해 불편한 몸의 감각을 전달한 듯했다. 혹은 내가 콜레트에게서 그런 감각을 읽어낸 것인지도 모른다. 그녀가 방문하는 날이라는 것을 떠올리면, 나는 옷과 신발에 더욱 신경을 쓰곤 했다. 내 몸속에서 신체적 경멸감이 웅성거리며 나를 괴롭히게 놔두기는 싫었다. 나 자신을 비체(abject, 여성 철학자 줄리아 끄리스떼바의 용어로, 자기를 주체subject도 대상object도 아닌 '주체 아닌 주체'로 느끼는 상태다─옮긴이)처럼 훑고 싶지는 않았다. 그것은 너무도 심란한 기분이었다. 상담실을 찾는 다른 근사한 여성들도 있었지만 그들은 내게 그런 감정을 일으키지 않았고, 안절부절못하면서 복장을 확인하게끔 만들지도 않았다. 내가 그들의 신체적 특징에서 즐거움과 감탄을 느끼는 경우는 있었지만, 내 안에 이토록 불쾌하고 불만족스러운 몸이

들어 있다는 느낌을 받는 경우는 드물었다. 나는 곧 내가 경험하는 것은 콜레트가 자기 몸에 대해 느끼는 감정이 좀더 복잡한 형태로 표출된 것임을 깨달았다. 그것은 그녀가 어머니로부터 물려받아 내면화한 감정의 잔여물, 그녀도 나처럼 신체적 특징에서 기쁨을 느꼈으면 하는 나의 바람, 몸을 가혹한 비판의 장소로 여기게 만드는 시각문화가 특징인 이 시대에서 한 여성으로 살아가는 내 자의식이 뒤섞인 느낌이었다.

내가 콜레트에게서 목격하고 또한 내 몸으로 느낀 것은 거짓된 몸이었다. 잠재적 몸, 혹은 '진정한' 몸을 갖거나 그 안에서 살아본 적이 없었던 콜레트는 그런 몸과의 관계가 부재한 상태에서 스스로 거짓된 몸을 창조해냈고, 적응도구로서의 거짓된 몸이 그녀의 육체적 존재를 위태롭게 만들었던 것이다. 콜레트의 어머니는 스타일이 뛰어난 여성이었다. 소녀처럼 외모에 신경을 썼고, 일흔이 된 지금도 여전히 우아했다. 날씬한 몸매를 유지하기 위해 테니스를 칠 만큼 늘 외모를 가꾸고 있었다. 콜레트가 어머니에 대해 말할 때면, 나는 하나의 거짓된 몸이 다른 거짓된 몸으로 전이되는 것을 감지할 수 있었다. 마치 순서가 뒤바뀐 러시아 인형 같았다. 딸의 연약한 몸 속에 엄마의 연약한 몸이 담겨 있는 것이다. 두 여성은 근사해 보이는 법을 터득했지만, 제 몸에서 편안함과 만족감을 느끼는 법은 알지 못했다. 콜레트는 어머니의 '거짓된' 몸과 자기를 동일시했고, 그 부조화가 그녀에게 문제를 일으켰다. 그리고 상담실에서 내 몸이 바로 그 부조화에 공명했던 것이다.

우리는 콜레트의 육체적 어려움을 직접적으로 다뤄보기로 했다. 그녀는 매일 명상하는 습관이 있었다. 헬스장에 가면 다른 회원들이 보는 앞에서 옷을 벗고, 샤워장으로 갔다가, 손바닥만 한 수건만 두른 채 수영장으로 가서, 수영장 가장자리에 수건을 벗어놓는 일에 익숙해지려고 노력했다. 또한 남편이 그녀의 몸에 대해 느끼는 즐거움을 자기도 흡수해보려고 애썼다. 하지만 내가 느끼기에는 그 이상이 필요했다. 치료사로서 그녀의 몸을 내 마음에 받아안고 감각적·정신적으로 그녀의 몸을 내 몸에 받아들여 포용함으로써, 그녀의 몸이 편안히 자리잡고 보호받을 수 있어야 했다. 그러다보면 그녀에게도 자기 몸이 귀중하고 사랑스럽게 느껴지는 때가 올 터였다. 그런데 그게 잘되지 않았다. 내 몸의 평소 능력이 고갈되어, 내가 내 몸을 무기력하고 쓸모없고 무능력하다고 여기게 되었기 때문이다. 내 몸으로는 가치있는 것을 제공할 수 없다고 느꼈다.

그러던 어느날 면담이 끝난 뒤에 기록을 작성하다가, 나는 갑자기 살갗이 뜨겁게 타는 듯한 감각을 느꼈다. 불에 덴 느낌이었다. 다음 면담에서 콜레트는 어릴 때 죽은 형제 이야기를 처음 털어놓았다. 두살 된 남자아기를 조부모와 하인들이 돌보던 중, 아기가 난로 위의 선반에서 떨어져 불에 타 죽었다는 것이다. 콜레트가 태어나기 전의 일이었다. 이야기를 듣고 나는 슬프면서도 무척 놀랐다. 콜레트는 자신의 육체적 자의식의 한 측면을 형성했던 육체적 경험을 원초적인 방식으로 내게 전달했던 것이다.

의식적인 차원에서 콜레트가 어머니에 대해 육체적으로 느끼는 감각은 근사하게 차려입을 줄 아는 아름다운 여성이라는 것이었다. 인도의 어머니를 방문할 때면, 콜레트는 흰 보일천으로 만든 긴 커튼이 풍성하게 펄럭거리는 방에서 어머니의 침대에 나란히 앉아, 하인이 어머니의 머리를 화려하게 치장하며 응석을 받아주는 것을 구경하곤 했다. 그녀는 그런 순간이 좋았다. 어머니는 딸에게 향수를 조금 뿌려주거나 스카프를 딸의 어깨에 둘러주면서 언젠가는 그 화려한 것들이 모두 그녀의 것이 되리라는 걸 암시하곤 했다. 콜레트는 어머니와 함께 보내는 그런 시간이 좋았지만, 그것은 그녀의 또다른 신체감각인 타는 듯한 몸의 느낌을 외면하고 짓누르는 일이었다. 내가 역전이를 통해 그녀로부터 넘겨받은 그 감각은, 이제 와서 생각하면, 그녀가 어머니로부터 흡수한 것이었다. 그 타는 듯한 감각은 어머니의 몸에 깃들어 있을지도 모르는 회한, 공포, 고통, 부끄러움, 두려움, 망설임을 숨긴 암호였고, 어머니가 콜레트의 몸을 돌볼 때 콜레트에게로 전달될 수밖에 없었다. 한마디로, 콜레트가 어머니에게서 느꼈던 것을 내가 또 경험한 것이었다. 불에 타 숨진 자식에 대해 그녀의 어머니가 느꼈던 고통을 말이다.

콜레트는 어릴 때 어머니와 신체접촉을 했던 이야기를 많이 하지 않았다. 하녀들이 그녀를 많이 안아주었고, 콜레트 자신은 자녀들과 접촉을 많이 하는 엄마였지만 말이다. 그녀의 자매들은 모두 식이장애가 있었고, 불행한 섹슈얼리티 문제들을 겪었다. 그들이 내면화한 몸-몸 관계는 부끄러움, 비탄, 번민, 두려움, 망설임의 관계였다. 그것은 그들이 인식하지 못하는 상태에서 차츰 가라앉아, 완강한 신체적 공포로 침전했다. 남에게 전달될 수 있을 뿐, 결코 흩어질 줄 모르는 공포였다.

내가 의식적으로 알고 그런 것은 아니었지만, 그녀 어머니의 경험이나 그녀의 유년기 육체적 환경에 관해 이야기하면서 '부끄러움' '비탄' '번민' '두려움' '망설임' 같은 단어들을 사용하다보니, 이윽고 나는 역전이를 통해 그녀에게서 넘겨받았던 자기혐오의 감정으로부터 벗어날 수 있었다. 전에는 콜레트와 면담할 때마다 내 몸이 한심한 이류라는 느낌을 수없이 받았지만, 비로소 포용력있는 내 몸을 되찾은 것이다. 이제 내 몸은 콜레트의 상황에 보다 어울리는 표현들인 처량함, 황량함, 애통함의 감정들과 다시 균형을 맞추게 되었다. 이런 것들이 훨씬 다루기 쉬운 감정이었다.

내 몸의 감정적 변천을 분석하는 한편, 처량하고 황량하고 애통한 몸을 표현할 단어들을 찾아보면서, 우리는 콜레트의 단조로운 거짓된 몸을 철저히 해체한 뒤에 그곳에 생기를 불어넣기 시작했다. 물론 애통함과 슬픔이라는 고통스러운 감정들을 함께 겪어야 했지만 말이다. 그런 일련의 과정에서―사실 엄밀하게 따지면 일련의 과정이라기보다는 일진일퇴하면서 뒤죽박죽 발전한 것이었지만―콜레트는 과거에 자신이 갖지 못했던 몸들을 애도하게 되었다. 유년기의 자유로운 몸, 사춘기의 기대에 부푼 몸, 청년기의 기쁨에 가득 찬 몸. 잃어버린 몸들을 상상하는 것은 그 자체로 몹시 비통한 일이었다. 자신의 상실, 갈망, 실망을 선언하는 행위이고, 실제로 그녀가 그런 것들을 겪었기 때문이다. 이제 그녀는 어머니의 몸이 아니라 자기 몸을 원했다. 그녀가 이런 욕구를 말로 표현할 수 있게 되자, 그동안 내 옷차림이 늘 칠칠치 못하다고 느꼈던 내 기분도 사라지기 시작했다. 내 몸은 이제 비체가 아니었다. 그녀는 내 작고 노란 신발이나 굽이 가는 분홍색 힐을 칭찬하기 시작했다. 그렇게 내 신발을 언급하는 것은 그녀가 내 몸에서 나름의 가치를 발견한다는 의미였다. 그녀는 내 몸에 대한 경계를 풀었고, 나 역시 그녀의 고통을 이해함으로써 더욱 풍성해진 몸을 갖게 되었다. 이제는 그녀가 내 몸의 겉모습만 보는 것처럼 느껴지지 않았다. 그 자체로 존재하면서 또한 그녀를 위해 존재하는 내 몸을 그녀가 흡수하는 기분이었다. 콜레트가 살아있는 몸을 갖기를 바랐던 나의 소망과 혐오감에 빠지는 대신 차라리 극심한 스트레스를 느낄 수 있게 된 그녀의 능력이 그녀의 신체혐오를 바꿔놓은 것이다.

그녀가 이전에 받았던 치료들은 그녀의 자기혐오가 몸으로 전이되었다는 사실만을 말해주었기 때문에, 그녀는 혐오의 대상인 몸을 어떻게 다뤄야 좋을지 모르는 상태로 머물 수밖에 없었다. 그런데 이번에는 그녀가 내게 몸의 역전이를 통해 몸 그 자체를 중요한 경험으로 다뤄달라고 설득력있게 주문했다. 우리는 그녀의 폭식을 까다로운 감정을 수습하는 방법이라고 보는 데 그치지 않고, 감정적 보호막이 전혀 없는 몸을 아늑하게 감싸는 방법이라고 이해했다. 콜레트가 20여년간 폭식과 구토를 반복했던 것, 틈만 나면 헬스장을 들락거렸던 것은 그저 몸을 진정시키고 통제하기 위한 시도만은 아니었다. 그것은 몸을 실재적이고 안정적인 것으로 만들기 위한 시도이기도 했다. 위니콧에 따르면, 거짓된 자기는 지속적으로 생기를 느낄 수 없다. 거짓된 자기를 가진 사람은 끊임없이 위기상황을 만들어내고 끊임없이 그것을 극복해야만 나름의 지속성과 생명력을 느낄 수 있다. 위기상황 자체가 존재의 증거인 셈이다. 콜레트도 그랬다. 그녀는 폭식증을 통해 매일 위기상황을 만들어내고 또 극복함으로써, 일시적으로나마 자신의 육체적 존재를 확인했다.

오늘날 상담실들은 신체적 어려움을 겪는 환자들로 늘 붐빈다. 식이장애로 표현되는 문제든, 고통스러운 신체적 습관으로 표현되는 문제든 말이다.[8] 이것은 새로운 현상이다. 나는 오

142

랫동안 상담을 해오면서 이 현상이 서서히 번져가는 것을 목격했다. 이 현상은 몸에 지나치게 집착하는 문화와 함께 등장했다. 요즘 사람들이 늘 멋진 몸을 추구한다는 것을 보여주는 증거는 어디에나 널렸다. 몸에 대한 집착, 건강에 대한 관심, 도덕적 노력 등 갖가지 가면들을 쓰고 있지만, 어쨌든 거의 모든 사람들이 몸으로 옳은 일을 해야 한다고 주장하는 듯하다. 그리고 그 주장의 바탕에는 있는 그대로의 몸이 전혀 옳지 않다는 생각, 몸은 개인의 문제와 열망과 에너지를 집중시키기에 알맞고 적절한 대상이라는 생각이 깔려 있다. 우리는 정치체(body politic)를 내주고 몸의 정치(politics of the body)를 얻었다. 정당 내에서 파벌싸움을 하는 사람에게나 어울릴 듯한 열정, 사고와 관계맺기의 형태들을 몸에 집어넣는다. 우리가 몸을 이토록 가차없이 평가하고 다루는 것은, 우리가 상상하는 대로 몸을 만들고 싶다는 바람이 그만큼 절실하기 때문이다. 우리 시대의 몸들은 전시하는 장소가 되었다. 화려함, 생식력, 정력, 민첩성, 건강이 몸의 계율이지만, 그런 목표들은 휘발적이고 불안정하기 때문에 그것에 대한 추구는 영원히 달성할 수 없는 시도다. 그래서 대신 우리는 연기와 상연을 절실하게 추구한다. 때로는 신체적 인식을 위해 강박적인 시도까지 한다. 댓가를 받고 섹스를 하거나 데이트를 하는 10대들은 성적으로 자유로워 보이고 싶어하지만, 정말로 그럴까? 그럴지도 모르겠다. 탄탄한 몸을 만

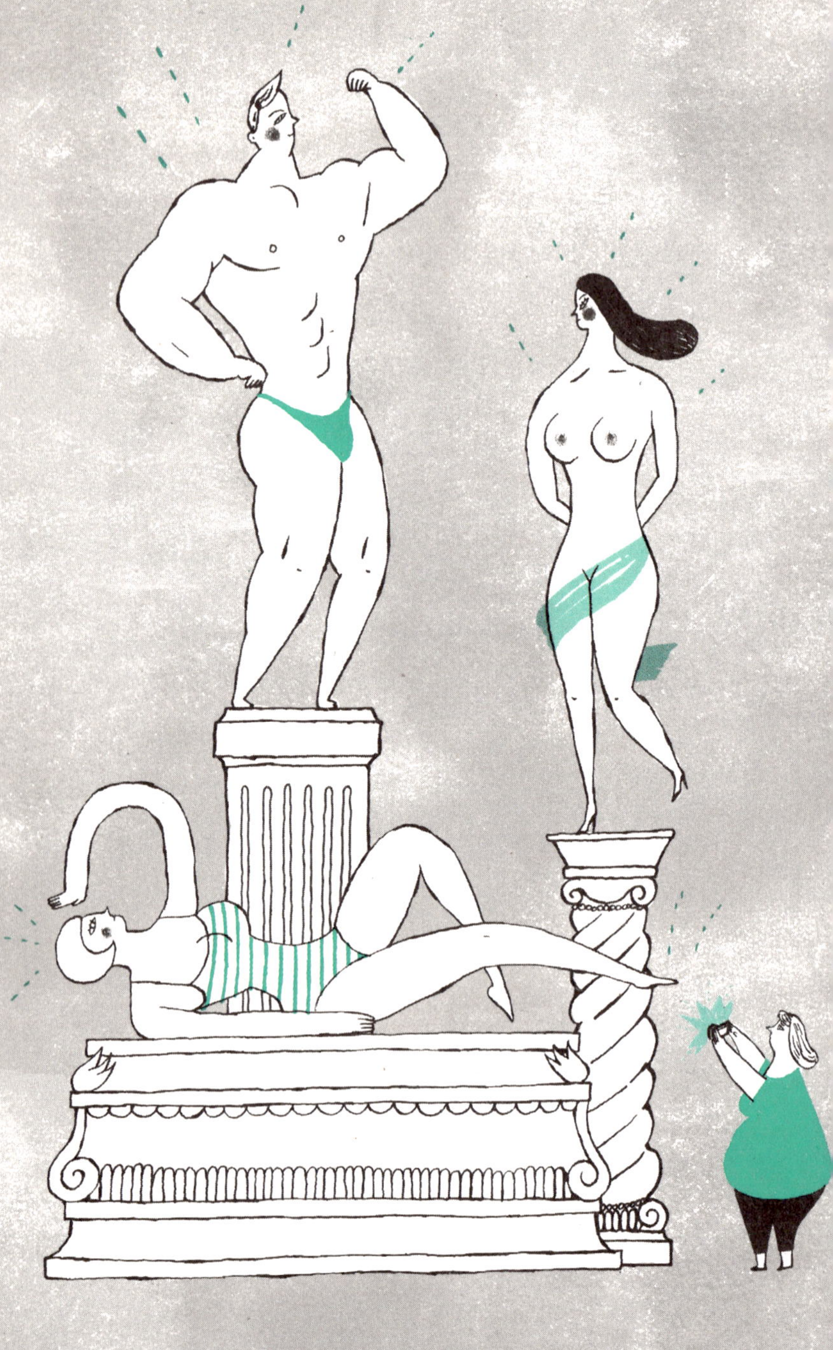

들려고 단백질 보조제를 먹는 보디빌더들은 그저 강인함과 지구력을 원하는 것뿐일까? 그럴지도 모르겠다. 영국 전역의 여학교에서 기회만 되면 제 손목을 가를 태세로 칼을 지니고 다니는 10대 소녀들은 그저 개인적 낙인을 찍으려는 것뿐일까? 그럴지도 모르겠다. 몸을 반드시 만들어야 하지만 내키는 대로 바꿀 수 있는 싸이버세상에서 자신의 정체성을 추구하는 사람들은 그저 재미로 그러는 것일까? 그건 아닐 것이다. 제각각의 개성이나 상태를 지닌 다양한 몸을 갖고 있는 사람들, 혹은 해리성 정체장애(한 사람이 둘 이상의 인격을 가지고 있는 정신질환. 다중인격장애라고도 함—옮긴이)로 진단받는 사람들은 몸에 대한 선택의 여지를 표현하는 것뿐일까? 결코 그렇지 않다. 앞에서 보았듯이, 다리가 없으면 좋겠다는 이유로 멀쩡한 다리를 절단하겠다는 욕구를 품었다고 해서 미친 사람은 아니다. 성형수술을 갈망하는 사람들은 그저 허영기가 있는 것뿐일까? 그것은 너무 안일한 답이다. 나는 이처럼 다양한 몸의 표현방식들을 차라리 **결여된 몸들의 위기**로 이해해야 한다고 생각한다. 그것은 몸에 대한 욕망과 갈망을 보여주는 증거다. 감각들이 제멋대로 흐트러져서 반드시 관리해야만 하는 몸이 아니라 느낄 수 있는 몸, 만질 수 있고 만져지는 몸, 안정된 몸을 원한다는 증거다.

포스트모더니즘적인 사고의 특징은 다양성을 찬양하고, 지식 대신에 유동성을, 단순함 대신에 복잡성을 칭송하며, 사람들이 각자 갖고 싶은 몸을 연기하거나 상연함으로써 여성성이나 남성성 등을 체현할 수 있다고 보는 것이다.[9] 이런 이론에 따르면, 몸은 우리가 원하는 그 무엇이든 될 수 있다. 육체성은 상징적 구성물에 지나지 않는다.

이런 관념들이 비평이론 분야에서는 유희적이고 풍성한 것일지는 몰라도, 자기 몸의 방향키를 잃는 바람에 육체적 부적합성을 경험하게 되어 그것을 해결하려고 극단적인 해법까지 추구하는 사람들에게는 전혀 유희적이거나 풍성한 생각이 못된다. 포스트모던 이론은 후기산업사회를 사는 몸들의 요구에 충분히 대처하지 못했다. 그 이론은 파편화를 찬양하는데, 사실 파편화란 우리가 이해하고, 해체하고, 키워내서 다시 짜맞춰야 할 상태에 지나지 않는다. 간혹 너무나 다채롭고 요란하고 변덕스러운 옷차림을 하는 사람들을 보게 되는데, 그런 사람을 만나면 매번 다른 사람을 만나는 기분이 든다. 그런 사람들은 자기 몸 안에서 쉽게 살아가는 것 같은가? 아니다. 나는 상담실에서 그런 변덕스러운 몸들을 많이 만나보았기 때문에 잘 안다. 그런 몸의 '소유자'는 사실 닻을 찾고 있는 중이다. 하나의 닻을 확보하면, 그때부터는 유희적으로 그것을 가장할 수 있을 것이다. 하지만 그러려면 일단 몸이 있어야 한다. 쌤의 몸이 자라지 않는 것은 활동의 문제가 아니다. 활동하는 방법이라면 아이는 진작에 다 습득했다. 쌤이 모르는 것, 신체적 어려움을 겪는 대부분의 사람

146

들이 모르는 것은 어떻게 몸을 가질 것인가 하는 문제다. 포스트모더니즘의 영향을 받아 무수히 많은 자기/신체상태들을 고무적인 현상으로 찬양하는 것은 통합되지 못한 몸이 겪는 곤란을 칭찬해주는 꼴이다. 무심결에 다양성을 찬양하다가 그만 환자들이 신체적 통일성을 추구하며 이리저리 헤맨다는 사실을 잊을지도 모른다.

많은 사람들이 신체적 불행 때문에 치료를 받으러 온다. 심리치료사들도 늘 날씬하고 젊어 보여야 한다는 우리 문화의 지령에 무감한 사람들은 아니기 때문에, 환자의 욕망, 수치심, 우리 모두의 몸에 스며든 긴장을 잘 이해한다. 어쩌면 치료사는 환자의 겉모습만 보고 환자의 몸에 아무런 문제가 없다고 생각할지도 모른다. 그렇게 잘못된 판단을 내려서 환자의 건강추구 활동이나 자기통제 시도를 칭찬해줄지도 모른다. 심지어 치료사 스스로 환자의 강박을 조금은 배웠으면 하고 바랄지도 모른다. 다리를 없애고 싶어했던 앤드루처럼 뭔가 극단적인 것을 원하는 환자를 만나야만 비로소 걱정할지도 모른다. 미국, 아르헨띠나, 꼴롬비아, 브라질의 치료사들은 정신분석을 받으러 오는 환자들이 성형수술을 하는 것에 대해 전혀 걱정하지 않고, 경각심을 느끼지도 않는다. 6년 전 쌍빠울루에서 열린 국제정신분석학회에 참석했을 때, 나는 내가 시대에 뒤떨어진 사람이라는 것을 깨달았다. 머리에서 발끝까지 개량하지 않은 여성은 나밖에 없었기 때문에, 도리어 내가 괴짜로 보였다. 환자가 음순을 수술하고 싶다거나 멀쩡한 신체 일부가 방해물로 여겨져서 잘라내고 싶다고 말한다면, 치료사는 단박에 신경이 곤두서면서 환자에게 정상을 벗어난 파국적인 신체이형장애를 진단할 것이다. 그러나 보통의 경우에는, 배를 집어넣고 싶다거나 매끈한 피부를 갖고 싶다거나 젊은 외모와 자세와 건강을 갖고 싶다는 환자들의 바람을 치료사도 잘 이해하고 공감한다. 몸이 일련의 시각적 이미지들로 변했고 그 자체 노력해야 하는 과정이 되어버린 후기산업사회의 서구화된 세상에서 치료사라고 달리 수가 있겠는가? 개인의 몸이 달리 어떻게 기대에 부응하겠는가? 우리는 누구나 자기 몸을 제작한다. 그것도 미친 짓일까? 우리가 몸과 몸의 불만에 대해 무심코 마구 던지는 비판은 산업화 이후 줄곧 몸의 권리를 박탈해온 우리 문화를 반영하는 것이다.[10] 이 거대한 사회적 병리현상을 우리가 각자 개인적으로, 사적으로 경험하는 것이야말로 우리 사회의 비극이다.*

발육이 저지된 쌤의 몸, 대장염에 걸린 헤르타의 몸, 신체이형장애를 겪는 콜레트의 몸이 제기하는 문제들에 대해 이 짧은 책

---

* 치료사 개인의 신체적 불안이 너무도 깊어서 치료사가 환자에게 스스로 제 몸을 발견할 기회를 주지 못할 때가 있다. 불안과 자기혐오에 시달리는 두 몸들, 혹은 몸 없는 두 몸들이 나란히 앉아 있는 것은 그 자체로 힘든 일이기 때문이다.

에서 모두 답할 수는 없다. 다만 내가 하고 싶은 말은 이것이다. 오늘날 대부분의 이론들이 주장하는 것과는 달리, 몸을 언제나 마음에 포섭시켜서 마음의 하인이나 단역배우로만 여겨서는 안 된다. 신체적 고통의 기원을 늘 마음에서만 찾으면 정확하고 충분하게 이해할 수 없을 때가 많다. 그런 분석이 손쉽기야 하겠지만, 그러다가는 몸으로서의 몸에 침투한 질병 같은 불안의 심각성을 놓칠 수 있다. 신체적 증상은 몸이 몸 자체와 몸의 욕구들을 표현하려고 애쓰는 신호일지도 모른다. 더 나아가 몸이 그저 몸으로서 존재한다는 것을 표현하는 신호일지도 모른다. 나는 이것이 더 도전적인 시각이라고 생각한다. 그리고 이것은 중요한 시작점이다.

사람들은 자기가 망가진 느낌이 들 때 치료사를 찾는다. 교육적으로나 지적으로 정신분석에 흥미가 있어서 오는 게 아니다. 그러므로 신체적 어려움을 겪는 사례가 있을 경우, 정신분석가에게는 추호의 망설임도, 무지도, 기술 부족도 없어야 한다. 그런 것들은 극심한 신체혐오로 괴로워하는 환자의 치료에 방해가 된다. 신체적 어려움을 겪는 환자에게 일시적인 미봉책을 주는 것은 어렵지 않다. 치료사들은 그런 방법을 잘 안다. 환자의 기존 방어기제를 강화함으로써 다음 위기상황까지 그럭저럭 버텨내도록 돕는 것이다. 특히 몸을 재건하려는 환자의 임시변통 계획에 냉큼 동의하는 것은 너무도 쉬운 일이다. 새로운 운동방법이나 식단, 근력운동 프로그램, 영양분석, 스타일 바꾸기 등에 동의함으로써 환자가 힘을 얻고 강해지도록 하는 것이다. 이로써 치료사와 환자 모두 안도하게 된다. 하지만 그것은 응급처치일 뿐이고, 눈가리개일 뿐이다. 정신분석학의 야망은 그보다 더 원대하다. 우리 정신분석가들은 사람들이 자신의 정상적인 불만과 갈망에 더욱 귀기울이길 바랄 뿐만 아니라, 자신의 삶과 몸을 생산적이고 활기찬 것으로 느끼면서 그 안에 편안하게 깃들이도록 돕기 위해 이렇게 노력하는 것이다.

4장

전쟁터가
되어버린
몸들

4

스크롤다운 메뉴에서 이름을 선택하고, 성을 고른다. 그리고 '아바타'를 고른다. 스크린에서 활약하는 당신의 페르소나(persona)다. 아바타가 당신에게 어울리지 않는다고 걱정할 필요는 없다. 나중에 수정할 수 있으니까. 비밀번호를 정하고, 대화를 시작하자. 몇초 만에 다른 아바타들이 나타나 당신을 반기면서, 어디에 사는지 몇살인지 물어볼 것이다. 당신의 나이가 너무 많다는 것을 알고 나면, 그들은 점잖게 사라질 것이다. 괜찮다. 당신은 '날기' 버튼을 눌러서 800만명 남짓 되는 이곳의 거주자들 중 또다른 사람들과 합류할 수 있다. 이곳은 '쎄컨드 라이프'(Second Life)다. 어떤 사람들은 여기에 집과 회사를 만들고는 가상의 생활을 영위하기 위해 현실에서 며칠씩 컴퓨터에 매달린다.

내가 이 글을 쓰는 지금도 컴퓨터 화면에는 '쎄컨드 라이프' 웹싸이트가 떠 있다. 사람들이 다가와 인사를 하고 나를 확인하는 클릭 소리가 들린다. 현실의 나를 빼다박은 내 아바타는 사람들을 실망시킨다. 나는 젊다고는 할 수 없는 여성이니까. 그리고 불과 얼마전까지만 해도 지상의 삶의 표준적 체현형태였던 물리적 삶 대신 전자적 바이트와 비트로 구현되는 삶의 매력에 푹 빠진 사람들과 그들의 아바타를 연구하는 여성이니까. 물론 나도 남들처럼 할 수 있다. 건축가로 일하는 30대 스페인 여성이나, 쌍둥이 자매에게서 벗어나고 싶어하는 조지아(Georgia)의 젊은 여성 행세를 하며 딴사람인 척할 수도 있다. 내게 인사한 뒤에 내 나이를 알고는 조용히 물러난 그 남자들은 어쩌면 내 동년배인지도 모른다. 장년기에 이른 그들은 다시 한번 젊음의 기억을 되살리고 죽음에 대해 생각해보고 싶어 여기에 뛰어들었는지도 모른다. 그들은 늙어가는 몸의 물질성을 원하지 않는다. 그들이 원하는 것은 젊은 육신이다. 그것이 환상에 지나지 않을지라도. 아니, 어쩌면 환상이기 때문에 더더욱. '쎄컨드 라이프'는 대안적 정체성을 창조하는 공간이다. 그곳은 욕망의 투사를 가상으로 물질화해준다. 가난한 사람도 섬을 살 수 있고, 음치도 노래를 부를 수 있다. 몸이 불편한 사람도 정원을 가꾸고, 정상이 될 수 있다. 하지만 그 정상성이란 꼭 '쎄컨드 라이프'에서만이 아니라 현실에서도 이상한 개념이다.

알고리즘을 통해 표현되는 전기자극이란 내게는 생소한 체험이지만, 내 아이들에게는 그렇지 않다. 내게 커피숍이나 도서관이 일상에서 필수불가결한 요소인 것처럼, 아이들에게는 컴퓨터 화면이 그렇다. 그곳에서 아이들은 정보를 찾거나 교환하고, 현실의 사실보다는 상상에 의존한 정체성을 탄생시킨다. 그렇다고 내 일상에서 컴퓨터가 필요없다는 말은 아니다. 논문을 쓰고, 동료들에게 이메일을 보내고, 자료를 내려받거나 검색하는 일을 나는 모두 노트북으로 처리한다. 내가 컴퓨터로만 소통하는 사람이 전세계에 수백명쯤 있다. 우리가 주고받는 이메일에 담긴 온기, 흥미로운 공통 관심사가 생겼을 때 격렬하게 이메일이 오가는 광경은 참으로 유쾌하다. 겉치레나 시간 지연이 거의 없기 때문에 생면부지의 학자들 사이에도 단박에 친밀감이 생긴다. 공통의 관심사를 놓고 하나의 공동체를 이뤘다가, 모였을 때처럼 재빨리 흩어지곤 한다.

때로는 위험이 도사리기도 한다. 이메일과 인터넷을 통한 소통이 너무나 즉각적이기 때문에, 뜻밖의 감정적 문제에 말려들 수 있다. 슬로프에서 방울 달린 털모자를 쓴 스키강사를 보고 한눈에 반한 10대가 몇시간 뒤에 댄스홀에서 자기에게 추파를 던지는 40대 대머리 남자를 보고는 어딘가 눈에 익은 얼굴이라 생각하면서 화들짝 물러나듯이, 우리는 싸이버공간의 친구에게 자신의 뜨거운 갈망과 욕망을 쉽게 투사한다. 혹은 난생처음 자신을 이해해주고 인정해주는 사람을 만났다는 기분을 쉽게 품는다. 이처럼 사람들은 온라인에서 쉽게 홀린다. 꼭 친구찾기 싸이트에서 만난 옛 애인이나 하고많은 데이트 싸이트들에서 만난 상대가 아니라도 좋다. 한번도 얼굴을 본 적이 없는 동료와 이메일을 주고받다가도 금세 빠져들 수 있다.

체현이 부재한 상태에서는 사람들이 좀 이상해진다. 자신의 물리적 존재를 지우고, 포스트모던 시대에 걸맞은 새로운 정체성들을 맘대로 만들어낼 수 있기 때문이다. 물리적인 것, 실제적인 것, 그 사람이 지금까지 살아왔던 것에 제약될 필요가 없다. 싸이버공간에서는 컴퓨터와 웹에 접속할 수 있는 사람이라면 누구나 예술가가 되어 이제까지 마음속에서만 그려보았던 정체성, 개성, 몸을 창조할 수 있다. 심지어 마음속에서조차 그리지 못했던 것들도 좋다. 컴퓨터 기술이 독자적인 환상의 세계를 열어나가는 요즘, 과거에는 생각도 못했던 것들까지 얼마든지 창조할 수 있다. 웹은 상상력을 민주화하고 확장시켰다. 사람들은 새로운 공동체에서 자신의 꿈을 상연할 수 있다. 그 공동체가 아무리 모호하고, 기이하고, 덧없는 것이라 하더라도 말이다.

컴퓨터 화면과 마찬가지로 어디에나 존재하는 또 하나의 화면, 텔레비전에서는 운동선수들이 육체적 힘과 기술을 뽐낸다. 그들의 몸은 오랫동안 연습하고 훈련한 결과다. 거기에는 허구의 요소가 없다. 얼음을 지치며 춤추든, 다리와 팔로 공을 때리

든, 그들은 훈련과 반복, 뛰어난 신체조정 능력을 통해 그처럼 날렵하고도 전략적인 움직임을 취할 수 있게 되었다. 몸은 그들의 상품이다. 상품을 최상의 상태로 유지하기 위해 트레이너, 스포츠 물리치료사, 의사, 영양사 들이 달라붙어 있다.

운동선수들의 몸은 음악채널에서 정신없이 돌아가는 이미지들 속의 몸과는 다르다. 고작 3분짜리 뮤직비디오에서 가수의 옷과 동작, 특수효과는 쉴새없이 바뀐다. 한곡이 연주되는 동안 그 가수는 다양한 정체성들을 전달해야 하기 때문이다. 그/그녀는 하나의 정체성에 갇히지 않는다. 오히려 그 반대다. 여성이라면 콧대높은 커리어우먼, 남자들을 지배하는 여자, 솜털이 가시지 않은 소녀 등 여러 역할들 사이를 매끄럽게 옮겨다녀야 한다. 남성이라면 마초처럼 강한 남성, 보통사람처럼 친근한 남성, 사업가처럼 세련된 남성 역할을 해야 한다. 운동선수의 몸과 가수의 몸은 정반대의 입장이다. 운동선수의 근력과 우아함은 오랜 연습에서 비롯된 것이지만, 가수의 외모는 현대 시각문화의 변덕스러운 스타일들을 주무르며 노는 뮤직비디오 제작자의 기술에 의존한다. 물론 가수가 노래실력을 키우기 위해 연습을 하겠지만, 선전되는 것은 어디까지나 비디오에서의 수행능력이기 때문에 그런 점은 묻힌다.

영화로 넘어가보자. 한 사람의 몸이 여러개로 복제되는 장면, 혹은 「본 얼티메이텀」(The Bourne Ultimatum)에서 맷 데이먼

(Matt Damon)을 비롯한 배우들이 대단한 무술실력을 자랑하는 장면은 허구라는 것을 쉽게 알 수 있다. 엔딩크레딧이 올라갈 때 유심히 보면, 169명의 대역배우들과 70명의 특수효과 및 디지털 전문가들이 격투와 추격 장면에 기여했다고 나온다. 몇 안 되는 주인공들이 발레처럼 무술을 뽐낸 장면들 이면에는 그 수많은 사람들의 날렵함과 똑똑함이 숨어 있다. 본 씨리즈의 이런 환상적 측면을 관객은 기꺼이 받아들인다. 그것 또한 관객이 느끼는 즐거움의 일부다.

이처럼 예술은 늘 기술을 동원하여 우리를 즐겁게 해주었다. 사람들이 마술에 매료되는 까닭은 계속 진실을 추측해보게 만들기 때문이다. 마술사가 어떻게 손을 놀리는지, 조금 전까지만 해도 아무런 장치 없이 납작했던 소매에서 어떻게 토끼가 나타나는지, 우리는 정확하게 모른다. 하지만 그 문제를 그다지 깊이 생각하지는 않는다. 영화도 마찬가지다. 우리는 크레딧을 보고서야 안무처럼 잘 짜인 움직임들 뒤에 대역배우들과 디지털 합성기술이 있었다는 것을 새삼 깨닫고는, 맷 데이먼과 상대배우들의 근사한 묘기에 넋을 놓고 빨려든 자신이 한심하게 느껴져 키득거린다.

보통사람들은 그런 움직임을 따라하려고 하지 않는다. 그것은 예술적 효과이자 술책일 뿐이라고 생각한다. 우리는 그것이 개인의 능력을 벗어난 일임을 잘 알고 있다. 20년 전쯤 내 아이들은 「카라테 키드」(The Karate Kid)를 본 뒤에 미야기 사부의 시범을 따라하려고 무진장 노력했지만, 요즘은 그렇지 않다. 아이들은 자기보다 능력이 뛰어난 아바타의 몸을 써서 자기가 본 것을 모방하려고 한다. 현실에서 한가지 기술을 선택하여 그것을 완벽하게 습득하려고 노력할지는 몰라도, 자신의 물리적인 몸이 숱한 재주들을 모두 부릴 수 있으리라고는 기대하지 않는다. 아이들은 가상으로 스파이더맨이 될 수도 있고 배트맨이 될 수도 있다. 그들은 새로운 형태의 창의성을 쉽게 받아들이고, 자기 대신에 움직임을 수행해줄 거울 같은 디지털 도구들에 에너지를 쏟는다.

그런데 미용이나 패션 산업이 동원하는 기술의 효과는 이와 다르다. 이 분야에서는 환상과 동경 사이의 공간이 무너지고, 하나가 다른 하나에 대한 욕망으로 녹아든다. 스타일리스트들은 자기들도 맷 데이먼의 무술담당과 비슷한 종류의 마술을 행하는 것뿐이라고 주장하지만, 그것은 부당한 자만심이다. 맷 데이먼의 무술은 보는 사람들의 재미를 위한 것이지 모방을 위한 것이 아니다. 그를 탄생시킨 영화산업은 관객들에게 그를 육체적으로 모방하라고 권유하지 않는다. 하지만 대서양 양쪽에서 숱하게 방영되는 텔레비전의 변신 프로그램들, 가령 「스완」(The Swan) 「10년 젊어지기」(10 Years Younger) 「익스트림 메이크오버」(Extreme Makeover) 등에서는, 대개 여성인 출연자를 앞에 놓고 그녀의 정상적인 몸이 철저하게 재구성되는 과정을 끝도 없이 보여준다. 광대뼈, 치아, 코, 입술, 주름, 윤곽선, 유방, 가슴근육, 다리, 엉덩이, 턱, 발, 음순, 위, 몸통, 이마선, 귀, 목, 피부색, 털은 성형외과의사, 치과의사, 피부과의사가 주무르는 반죽이 된다. 의사들은 몸을 재조각하고 변형시켜서 제2의 자아로 바꿔내고, 그 결과물은 모든 사람들의 마음속에서 정상적인 아름다움에 대한 기준을 다시 쓴다.

좋아하는 영화배우를 닮은 외모를 원하는가? 그렇게 만들 수 있다. 쌍꺼풀을 갖고 싶은가? 한국 소녀들의 50퍼센트가량이 쌍꺼풀수술을 받으니, 당신도 그 대열에 끼면 된다. 그건 일도 아니다. 학교에서 집으로 오는 길에 해치울 수도 있다. 음경이 너무 짧거나 가늘어서 고민인가? 길이를 늘리는 수술과 두툼하게 만드는 수술이 따로 있다. 출산을 경험한 음순과 질이 창피한가? 아니면 처녀막을 재생하는 게 좋겠다는 확신이 드는가? 그런 문제를 도와주는 의사도 있다.[1] 피부색이 너무 엷은가? 크림이나 썬탠기구를 쓰면 짙게 만들 수 있다. 반대로 피부색이 너무 짙은가? 유전자침묵(gene silencing, 특정한 유전자가 발현되지 않도록 억제하는 것—옮긴이) 기법을 비롯해 피부를 밝고 희게 만들어주는 다양한 제품들이 있다. 키가 너무 작다고 느끼는가? 넙다리에 10센티미터짜리 막대기를 박아서 키를 늘리는 수술을 모더니티와 연관지어 생각하는 중국 사람들의 대열에 합류하

라. 꺽다리 스칸디나비아 여성 같다는 기분이 드는가? 넙다리뼈를 부러뜨려서 짧게 만들면 된다. 가슴이 너무 크고 처졌는가? 위로 끌어올리고 축소하는 수술을 고려해보라. 가슴이 너무 작은가? 보형물을 삽입해도 되고, 당신의 엉덩이살을 떼어다 붙이는 더 '자연스러운' 최신 수술법도 있다. 늘어진 턱선이 고민이지만 주름 제거수술은 어쩐지 불안한가? 살갗 아래에 가느다란 금속선을 꿰어넣는 기법을 시도해보라.

로봇수술, 화학박피, 치아표백, 머리카락 염색, 머리를 곱슬거리게 하거나 곧게 펴는 파마 등은 이제 죄 시시한 시술들이다. 그중에는 수천년 전부터 사용된 기술도 있다. 사람의 외모를 치장하고 손질하는 것은 시대를 불문하고 인류문명의 일부였기 때문이다. 어떤 문화에서는 할례와 음핵 절제, 전족을 흔하게 시행했다. 어떤 문화에서는 얼굴에 표지를 새기는 것이 관습이었기 때문에, 아무런 표지가 없는 얼굴은 아무도 찾지 않는 사람이라는 뜻이었다. 즉 안전하게 머물 장소도, 소속될 곳도 없는 사람이라는 뜻이나 다름없었다(1950년대 영국과 미국에서 미혼의 한부모 아래에서 자란 아이들이 이와 비슷한 처지였다).

하지만 오늘날 새롭게 등장한 현상도 있다. 이제 몸의 변형은 예전처럼 가족 내부의 사회화의식과 연관된 활동이 아니라, 사회적으로 인정받는 몸을 만들고 싶은 개인이 택하는 반응이 되었다. 외과수술이나 특허 의약품을 동원할 돈이 없는 사람이라면 창의력이 필수다. 중국 도시의 가난한 소녀들과 여성들은 눈꺼풀에 반창고를 붙여서 서양인 같은 쌍꺼풀을 만든다. 젊은 여성들이 집에서 제작한 가짜 쌍꺼풀을 여러개 들고 다니면서 한 시간마다 화장실로 가서 임시변통으로 '처치'하는 동안, 남자친구들은 신발 속에 양말을 쑤셔넣어 키를 키운다. 자기 몸을 고치는 것은 자기 책임인 것이다. 몸은 재설계를 필요로 한다.

선택의 폭이 엄청나게 넓다는 것도 오늘날의 새로운 현상이다. 성형수술은 소비재처럼 보편화되고 있다. 젊은이들은 앞으로 어떤 수술을 받겠노라고 거리낌없이 이야기한다. 역량강화의 수사학[2]이 그들의 욕망을 지지하며 충동질한다. 자신을 바꾸지 않는 것은 자기무시의 징후라고 은근히 암시하는 것이다. 여성들의 성형수술에 대한 캐서린 베이커-피츠(Catherine Baker-Pitts)의 조사를 보면, 수많은 여성들이 지금과 다른 몸을 구성하겠다는 욕망을 실현하기 위해 이해심 많은 의사들의 도움을 받는 과정이 잘 묘사되어 있다. 권위있고 친절한 의사는 여성적 아름다움을 찾아주는 중재자다. 의사는 환자들이 겪는 고통을 잘 알기 때문에, 몸의 여러 부분들을 어떻게 바꿀 수 있는지 알려줌으로써 의사 자신이 설정한 아름다움의 기준을 달성하도록 돕는다. 의사는 환자들과 밀접한 관계를 맺음으로써 그들이 꿈도 꾸지 못했던 몸을 선사한다. 의사는 자신감이 넘치고, 설득력이 있다. 환자들의 희망에 진지하게 반응하는 한편, 수술이 마치 꿈에 그리던 휴가를 가는 것처럼 가벼운 일이라고 느끼게 만든다. 브라질에서는 정부가 그 꿈을 이뤄준다. 자존감이 낮은 여성들에 대한 대책으로 정부가 기꺼이 유방 확대수술 비용을 지원해주는데, 그러는 편이 심리치료를 제공하는 것보다 싸다고 판단했기 때문이다. 한편, 서구의 신문들에는 싱가포르, 태국, 헝가리, 꼴롬비아 등지로의 여행에 성형수술을 결합한 상품의 광고가 실린다. 이런 시술들이 점점 더 쉬워지고 흔해지므로, 머지않아 사람들은 시술받지 않은 사람에게 왜 몸을 개조하지 않느냐고 묻게 될 것이다. 몸이 흡사 낡아서 창피한 부엌이라도 되는 것처럼. 세포재생 및 피부관리 기술이 발전하는데다 줄기세포를 사용한 기술도 곧 등장할 참이라, 성형수술의 개념 자체가 바뀌고 있다.* 들리는 말에 따르면, 우리는 머지않아 무시로 신체가게에 들러서 방광, 자궁, 인조망막, 뇌세포 이식물 등을 교체하게 될 것이다.[3]

　초기의 성형기법들은 2차대전에서 심각한 화상을 입은 전투기 조종사들을 치료하기 위해 개발된 의료기술에 의존했다. 그것은 요즘의 미용적 용도와는 전혀 다른 목적이었다. 부상당한

---

* 특히 자신의 줄기세포를 사용하는 방법이 있다. 자신의 줄기세포를 추출하여 시험관에서 배양한 뒤, 그 자가조직을 복원이나 재생 시술에 사용하는 것이다. S. Saraf, "Role of Stem Cells in Plastic Surgery," *Indian Journal of Plastic Surgery*, Vol. 39, Issue 1, 2006, 110면 참조.

① ② ③ ④ ⑤

공군병사들은 재활을 거쳐야 했다. 항공연료는 엄청나게 높은 온도에서 연소하기 때문에, 병사들의 상처는 당시 의학으로는 치료할 수 없는 수준이었다. 다 타버린 얼굴피부, 뭉그러진 코와 귀를 복원하기 위해서는 혁신적이고 실험적인 수술기법이 필요했고, 덕분에 성형기술은 눈부시게 발전했다.

헌신적인 의사 아치볼드 매킨도우(Archibald McIndoe, 1900~60, 영국 훈작사를 받은 뉴질랜드 출신의 외과의사 — 옮긴이)는 새로운 화상치료법을 공군병사들에게 처음 적용한 사람이었다. 그는 실력이 탁월한 외과의사였을 뿐만 아니라, 끔찍한 화상을 입어 여러차례 수술을 겪어야 하는 가련한 병사들의 심리에 대해서도 통찰력을 발휘하고 깊은 연민을 가졌던 의사였다. 또한 활동가로서도 수완이 좋아서, 공군의 지원을 끌어내 자기가 바라던 치료시설을 세웠다. 그는 '예쁜' 간호사들을 많이 징발하여 몇번씩 수술을 받는 병사들을 수발하게 했다. 병사들에게는 병원을 제집처럼 생각하라고 독려했고, 군복이나 사복을 입혔다. 침대 밑에는 맥주를 통째 쌓아두었고, 몇몇 병사들에게는 수술보조를 시켰다. 얼굴 복원술로 인한 마음의 상처를 최소화하기 위해, 전시의 런던 시내에서 열리는 영화 시사회에 병사들을 데려가서 귀한 초대손님으로 대접받게도 했다.

후에 기니피그 클럽(Guinea Pig Club)이라 불리게 된[4] 그 병사들은 육체적, 감정적 고통과 싸워야 했다. 그들은 전쟁이 개인에게 요구하는 댓가를 잘 보여주는 사례로 이야기되곤 한다. 사람들은 조국을 섬기려고 비행에 나섰다가 격추된 그들의 용기와 불굴의 정신을 기념해야지 일그러진 얼굴로 낙인을 찍어서는 안된다고 말했다.

그와 반대로, 오늘날 성형수술을 받는 사람들은 가령 텔레비전쇼의 우승자와 똑같이 취급된다. 성형수술은 숨길 일이 아니라 자랑할 일이다.* 유명인들이 스스로 수술한 사실을 '공개'하면 축하를 받지만, 수술을 통해 새로 얻은 자산을 공개하지 않으면 의혹의 눈초리를 산다. 텔레비전쇼들은 신체이형장애나 불안을 겪는 정상적인 참가자들, 대개는 여성들에게 신체적 문제를 놓고 경쟁을 벌일 기회를 제공한다. 우승자는 머리에서 발끝까지 철저하게 자신을 바꿀 기회를 부상으로 얻는다. 참가자들의 사연을 들어보면, 그들 모두가 나름대로 개인적인 전쟁을 치러왔다. 그들의 시련이 전투원들의 그것과 같다고 말할 수는 없겠지만, 그들도 종류는 다를지언정 여성들에게 쏟아지는 공격 때문에 제 몸을 바꾸려는 강박을 갖게 된 것이다. 남성들에

---

* 텔레비전이 보여주는 성형수술 관련 메씨지들이 대중을 더욱 그렇게 만드는 것은 아닐까 싶다. 텔레비전이 뇌영역을 차별적으로 자극한다는 것은 오래전부터 알려진 사실이다. 텔레비전은 우뇌의 감정적 체험을 더 많이 자극한다. H. E. Krugman, "Brain Wave Measures of Media Involvement," *Journal of Advertising Research*, Vol. 11, Issue 1, 1971, 3~9면 참조.

게도 점점 더 많은 공격이 쏟아지고 있다. 사람들은 그런 공격 때문에 심각하게 훼손되어서 지금 깃들여 살고 있는 몸을 당장 변형시킬 필요가 있다고 느끼게 된다.

원칙적으로 의학에 속하는 미용성형은[*] 최근 성장세가 남다른 산업이다. 미용성형 및 피부재생 분야의 시장은 2007년의 매출이 전세계적으로 140억 달러 가까이 되었고,[5] 매년 10억 달러씩 늘고 있다. '안면성형술 및 재생 시장' 보고서에 따르면 성형수술 시장은 앞으로도 계속 성장할 전망이다. 또한 총 시술 횟수는 2006년에 2,100만건을 훌쩍 넘겼다고 한다. 아르헨띠나에서는 건강보험이 미용성형을 보장할 정도로 성형이 삶의 당연한 부분이 되었다.[**] '노화방지' 전문 크림 및 로션의 세계시장은 2004년에 15억 8천만 달러 남짓이었던 것으로 추정되고, 연간 12.6퍼센트씩 성장하여 2009년에는 거의 두배인 28억 6천만 달러에 달할 것으로 예상된다. 그런 화장품을 기능성 화장품이라고도 부르는데('cosmeceutical'은 화장품cosmetics과 제약

---

[*] 서구에서도 성형외과 훈련을 받지 않은 의사들이 시술을 할 때가 많다. 세계적으로 수많은 무자격자들이 성형수술을 시행하고 있다. *Teens and Plastic Surgery: A Literature*, Review Strategy One, June 2007.

[**] 아르헨띠나에서는 사회경제적으로 중산층이거나 상류층에 속하는 사람들만 건강보험에 가입한다. 보장범위가 중간 수준인 보험은 3년에 한번 미용성형을 보장한다. 정보를 제공해준 마리나 퍼니(Marina Fernie)에게 감사드린다.

pharmaceutical을 합친 말로, 코스메슈티컬이나 약용화장품이라고도 부른다—옮긴이), 이는 노화라는 장애를 위해 특수하게 마련된 '과학적' 약품이라는 인상을 주려는 표현이다. 햇볕으로 인한 피부노화를 방지한다는 일반 판매용 크림이나 처방 의약품을 30대의 소비자들에게부터 권유하니, 시장 성장이 가속화되는 게 당연하다. 이런 제품들은 점점 더 어린 여성들에게, 그리고 점점 더 많은 남성들에게, 노화가 아주 일찍감치 시작된다고 경고한다. 광고에 30대 후반의 모델을 쓰는 것도 한가지 책략이다. 일찍부터 경계해야 한다는 암시를 주는 것이다.*

'일찍 시작하고, 자주 시행하라'는 것이 성형외과의사들이 외는 오싹한 주문이다. 그들은 사람들에게 그런 주문을 걸어서 시장을 넓히고, 경제적 이득을 챙긴다. 그들의 성공은 주목할 만하다. 테헤란시에는 성형외과의사가 3천명이나 있다. 가장 인기 있는 시술은 융비술이라고도 불리는 코수술이다. 코수술에는 3천 달러쯤 드는데, 남자든 여자든 가리지 않고 받는다. 이란에는 평생 시술횟수가 3만건이 넘는 의사들도 있다고 한다(하루

---

* 이런 경향에 반기를 들기 위해, 도브(Dove)는 '리얼 뷰티' 캠페인을 진행했다. 50세가 넘은 여성들의 사진을 아무런 보정 없이 전시하여 그들의 외모, 에너지, 연륜을 칭송한 캠페인이었다. 내가 도브와 함께 일한 과정에 대해서는 다음을 참고하라. S. Orbach, "Fat is an Advertising Issue," *Campaign*, June 2005.

에 다섯건이라고 보면 된다). 이는 영국의 모든 성형외과의사들의 시술횟수를 합친 것보다 많은 수치다. 이제 성형수술은 소비재가 되었고, 휴가와 비슷한 특별한 여흥이 되었다. 나는 시장이 제공하는 갖가지 시술들을 상상만 해도 인상이 찌푸려진다. 나는 여전히 수술을 의학적으로 반드시 필요한 상황이 아니라면 한사코 피해야 할 것으로 생각하지만, 젊은 세대는 견해가 다르다. 그들은 텔레비전 프로그램 때문에 성형수술에 대해 한결 관대한 태도를 갖고 있다. 언젠가 자신도 수술을 받겠다며 저축을 하고, 즐거운 마음으로 고대한다. 베이커-피츠의 조사를 보면 알 수 있듯이, 그들은 그것을 권리라고 생각한다.

뉴욕 브루클린에 사는 33세의 싼드라가 좋은 예다. 그녀는 둘째아이를 낳은 뒤에 1만 8백 달러를 대출받아 유방수술을 했다. 잠재적 성형수술 대상자들이 으레 그렇듯이, 그녀도 아마 산부인과 수술실에서 '당신이 꿈꾸는 미용시술을 받으세요— 오늘 당장!'이라고 적힌 광고지를 보았을 것이다. 그런 광고지들은 임신 때문에 여성의 삶에 평생 가는 표지를 남길 필요는 없다고 말한다. 성형수술로 성적 매력을 되찾을 수 있고, 출산과 수유가 몸에 남긴 흔적을 지울 수 있다는 것이다. 미국성형외과협회 회장인 다미코(D'Amico) 박사는 출산 후 여성의 몸을 복구가 필요한 대상처럼 묘사한다. 여성의 몸이 생식기능으로 인해 손상된다는 뜻을 내비치는 것이다.[6] 그러니 자동차 구입비 대출에 익숙했던 금융회사들이 싼드라 같은 여성들에게 연간 수십억 달러씩 수술비를 대출해주는 일에서 수지맞는 시장을 발견한 것도 무리가 아니다. 충격적인 사실은, 미국과 캐나다에서 성형을 고려하는 사람들의 3분의 1은 가계수입이 3만 달러 미만이라는 것이다. 어떤 사람들은 수술을 경제력 향상을 위한 방편으로 생각한다. 남보다 앞서려면, 혹은 젊고 생생할 때는 괜찮지만 얼굴이 처지기 시작하면 당장 버림받는 직장을 지키기 위해서는, 특정한 외모가 필요하다는 것이다. 사실은 이것 또한 시장이 광고하는 생각이지만 말이다. 또 어떤 사람들에게는 성형수술이 아메리카 드림을 이루는 방편이다. 수영장, 저렴하지만 유행에 맞는 옷, 값싼 햄버거, 경제적인 자동차 등 아메리칸드림이 저소득계층을 위해 마련해둔 귀중한 가치들 중 하나로 여겨진다.

앞선 화상치료법과 최신 피부재생법이 성형수술의 기술적 토대를 마련했다면, 새로운 시각문법의 토대에는 텔레비전이나 영화의 동영상, 스틸사진 같은 사진적 이미지들이 있다. 이런 이미지들의 영향력은 과소평가할 수 없다. 이미지들이 우리와 몸의 관계를 바꿔나가기 때문이다. 존 버거(John Berger, 1926~, 영국의 비평가이자 소설가—옮긴이)는 (부르주아) 여성들이 남들에게 관찰되는 자기 자신을 관찰한다는 선견지명 있는 발언을 했는데, 요즘의 여성들은 거기에서 더 나아간다. 여성들은 관찰자의 응시를 받아들이고, 스스로를 외부에서 관찰하여, 온 사회에 만연한 시각문화의 요구에 자기가 늘 뒤처진다는 것을 발견한다.

텔레비전이 일상의 동반자로 자리잡지 않았던 60년 전에는 사람들이 이렇게 많은 이미지들에 노출될 일이 없었다. 일주일에 한번 극장에 가서야 화려함과 위험과 모험을 접할 수 있었다. 요즘과 비교하면 옥외광고판이나 잡지의 수도 비교적 적었다.* 그림이나 인쇄물로 접하는 상징적 이미지들은 주로 지역적인 것이었고, 지역공동체의 가치나 염원과 관계된 종교적·정치적 성격을 띤 것이었다.**

요즘은 거의 전세계에 공통의 이미지가 확산되어 있다. 세계화로 인해 시각문화가 획일화되어, 런던 사람들이 보는 광고판이나 리우데자네이루, 샹하이, 아크라 사람들이 보는 광고판이나 그리 다르지 않다. 우리는 마셜 맥루언(Marshall Mcluhan, 1911~80, 캐나다의 미디어이론가―옮긴이)이 말한 지구촌에 살고 있는 것이다. 전세계가 똑같은 이미지들을 공유한다. 이미지들의 엄청난 양 때문에라도 우리는 그 영향에서 벗어날 수 없다. 그

---

* 리싸 아피냐네씨(Lisa Appignanesi)는 『망자를 잃다』(*Losing the Dead*)에서 1990년대에 바르샤바에 갔다가 건물 벽에 아무것도 붙어 있지 않은 것을 보고 충격받았던 일을 이야기했다. 광고 포스터들이 덕지덕지 붙은 서구의 건물들에 너무 익숙했던 것이다.
** 물론 기독교, 이슬람교, 힌두교 같은 종교들은 선교활동에 종교적 도상을 적극 활용했다. 지지자들을 결속시키고, 소속감을 제공하고, 영적 지도자나 정치 지도자의 중요성을 상기시키기 위해서였다.

공통의 이미지들은 사람들이 다니는 거리, 읽는 잡지, 외모의 틀을 규정하고, 정신없이 빠르게 돌아가는 환경에서 나름의 연속성을 부여해주는 역할을 한다. 한마디로 사람들의 정체성 표지가 된 것이다. 사람들은 어디에서나 자신이 잘 아는 상표들과 기호들을 찾아본다. 그런 이미지들과 관계를 맺음으로써 그 친숙함에서 위안을 받을 뿐만 아니라, 소속감을 느끼고 표현하는 방편으로 사용함으로써 결국 그 이미지들을 자기 것으로 만든다. 그런 이미지들을 통해 남들에게 인식되고, 남들을 인식한다. 이것이 글로벌 문화의 핵심적인 특징이다. 특히 중산층과 갈망에 불타는 젊은이들이 많은 영향을 받는다. 우리는 세계화된 무대에 소속되기를 바란다(그 안에 있기를 바라지, 밖에 있기를 바라지 않는다). 그 속에 편입되는 한가지 방법이 바로 시각 지향적인 스타일 표지들을 선택하는 것이다.

성인은 30밀리초 만에 타인의 표정을 처리하여 적절한 반응을 보일 수 있다고 한다. 스스로의 행동을 의식하지 못하는 새에 말이다(1밀리초는 사람이 셀 수 없을 정도로 짧다).[7] 아직 확실하게 알 수는 없지만, 어쩌면 이것은 거울뉴런계 덕분에 가능한 일인지도 모른다. 지금까지의 연구에서 확실하게 발견된 사실은, 사람들은 자신이 어떤 행동을 취했다는 것을 깨닫기도 전에 이미 자신이 본 것과 그에 수반된 감정이나 욕망을 받아들이고 반응한다는 것이다. 이런 발견을, 관찰자의 감정을 강하게 자극함으로써 특정한 기분과 해결책, 열망을 품게 하겠다는 의도로 제작된 이미지들에 적용해보자. 홍수처럼 시시각각 밀어닥치는 이미지들에 우리가 거의 즉각적으로 반응하리라는 것은 자명한 이치다. 그중에는 순수함과는 거리가 먼, 음흉한 의도를 품은 이미지들도 많다. 신체혐오를 판매하는 장사꾼들이 우리에게 안기는 이미지들이다.

일주일에 족히 2천번에서 5천번쯤, 우리는 디지털 기술로 조작된 신체이미지들을 본다.* 그런 이미지들은 현실세계에는 존재하지 않는 어떤 하나의 몸에 대한 관념을 전달한다. 이미지의 원재료인 모델사진을 찍을 때는 요즘 각광받는 신체적 특징들이 과장되어 보이도록 세심하게 조명을 설치하고, 포토샵 같은 이미지조작 프로그램에 띄워 흠을 지우고 길쭉하게 늘림으로써 사진을 더 완벽하게 다듬는다. 광고판, 잡지, 뮤직비디오에 등장하는 이미지들을 만들 때는 대규모 팀이 투입된다. 사진가와 그

---

* 이 점에 대해서는 확실한 증거를 얻기 힘들다. 나는 사람들이 일상적으로 보는 이미지의 수를 헤아려본 윌리엄 에클셰어(William Ecclshare), 해미시 프링글(Hamish Pringle), 제프 러쎌(Geoff Russell)의 연구에서 도움을 받았다. 제너럴푸드(General Food)사의 회장인 에드윈 에벨(Edwin Ebel)도 1962년에 그 수를 산정해보았는데, 4인 가족이 매일 접하는 이미지의 수는 1,518개라고 한다. 최근의 조사에 따르면, 한 사람이 매일 600~625개의 이미지를 본다고 한다. "Our Rising Ad Dosage: It's Not as Oppressive as Some Think," *Media Matters*, 15 February 2007; Hamish Pringle and Peter Field, *Brand Immortality* (London: Kogan Page 2008) 참조.

가 대동하는 팀, 메이크업아티스트, 스타일리스트, 의상제작자, 패션디자이너, 헤어디자이너 등이 있고, 그들 뒤에는 아트디렉터, 광고제작 쪽의 회계담당자, 별도의 아트디렉터들을 대동한 후원기업이나 잡지 편집자들이 있다. 완성된 결과물은 그 수많은 사람들의 합작품이고, 주로 능숙하게 포토샵을 다루는 사진가나 아트디렉터의 작품이라고 할 수 있다. 그들이 이미지를 철저하게 손질하기 때문에, 완성된 결과물은 '카메라의 사랑을 받는' 젊고 어여쁜 남녀 모델들과 감각좋은 사진가 사이의 교감에서 탄생한 단순한 사진과는 거리가 멀어도 한참 멀다. 예술사진 수정을 전문으로 하는 파스칼 단잔(Pascal Dangin)은 2008년 3월호 미국 『보그』(Vogue)에 실린 사진들 중에서 144장에 손을 댔다. 그중 107장은 광고사진이었고, 36장은 패션화보와 표지사진이었다.[8]

사진가들은 아이들의 사진에도 디지털 수정을 가한다. 벌어진 치아나 흐트러진 머리칼은 아이의 독특하고 사랑스러운 특징을 포착한 것이라기보다, 인화하기 전에 바로잡아야 할 오점이다. 아이들은 점점 더 어린 나이에서부터 몸을 완성해야 한다는 압박을 받는다. 예전에 유년기란 아이가 어떤 모습으로 자랄지 마음껏 꿈꿔도 좋은 마법의 공간이었지만, 이제 그런 공간은 사라졌다. 마치 훗날 아이가 수술로 외모를 다듬을 날을 예기하기라도 하듯이, 사진에 찍힌 아이의 모습을 컴퓨터로 다듬는다.

그래서 아이들은 자신의 시각적 역사에 대한 정확한 기록을 가질 수 없다. 과거를 돌아보면, 자기 몸이 아니라 남들이 자기에게 바랐던 몸이 보이는 것이다.

여성 유명인들의 공식사진도 마찬가지다. 점점 더 가는 허리, 더 큰 가슴, 풍만한 엉덩이, 근육질 몸매를 뽐내도록 손질된 그들의 몸은 사람들의 시야를 가득 채우고, 사람들이 스스로를 바라보는 시각을 재구성한다.* 이제 우리는 지나치게 깐깐한 색안경을 낀 채 자기 외모를 평가하고, 자신의 흠을 객관화하여 바라본다. 얼룩덜룩한 피부색, 완벽하게 그어지지 않은 눈썹, 충분히 도톰하지 않은 입술, 너무 넙데데하거나 긴 코, 또렷하게 솟지 않은 광대뼈, 진한 속눈썹으로 둘러싸이지 않은 눈 등등, 우리 몸의 결함은 끝도 없다. 결함으로 간주되는 문제들 각각에는 화장이든 수술이든 알맞은 해결책이 있을 것이다. 이것은 고난이나 억압이 아니라 자신을 개선할 기회로 여겨진다.

미용산업은 세계적인 '소규모' 산업들 중에서 가장 성공적인 산업으로 꼽힌다. 사실은 연간 매출이 1,600억 달러이니 아주 소규모라고는 할 수 없다. 철강산업의 3분의 1쯤 되는 규모니까

---

* 『히트』(Heat) 같은 잡지에 실리는 유명인들의 '평범한' 사진에 사람들이 매료되는 것은 그 때문이다. 그런 사진들은 패션 아이콘들의 엉클어진 모습을 폭로하는 한편, 갈망을 불러일으킨다. 우리가 평소에 더 자주 보는 세련된 표상들에 극히 미미한 타격만을 입히기 때문이다.

말이다. 철강산업의 전세계 매출은 2005년에 4,450억 달러였고, 2010년에는 그보다 살짝 줄어들 것으로 예상된다.[9] 반면 미용산업의 연간 성장속도는 (2007년 기준으로) 선진국들의 국내총생산 성장세의 두배쯤 되는 7퍼센트다.* 확장세는 앞으로도 계속될 것으로 예측된다.

로레알(L'Oréal)이나 니베아(Nivea) 같은 성공한 화장품회사들의 연간 성장세는 14퍼센트다. 그들은 점점 더 어린 고객들에게로 시장을 넓힘으로써 성장세를 높일 수 있었다. 덕분에 요즘은 여섯살밖에 안된 여자아이들도 화장을 하면서 논다. 11~12세가 되면 여러 상표에서 나온 다양한 립스틱과 블러셔들의 색깔 이름을 알고, 자기만의 보물상자에 화장품 몇가지를 담아둔다. 남성들도 물론 화장품회사의 표적이다(남성용 마스카라도 있다). 하지만 가장 두드러진 성장세를 보여주는 것은 이제 막 근대에 진입한 나라들이다. 중국에서는 화장품 사용과 서구식 화장법이 자연스러운 일상이 되었고, 그것들은 서구화를 매끄럽게 밟아가는 과정인 것처럼 여겨진다. 화장품회사들이 광고와 홍보에 지출하는 예산의 20~25퍼센트는 화장이 의무라는 것을 강조하는 일에 투입된다.

미용산업과 스타일산업의 마케팅은 참으로 교묘하다. 잡지의

---

* 영국은 2008년부터 2.2퍼센트 성장이 예상되므로, 미용산업이 한참 앞선다.

사설이나 신문의 스타일면 기사들은 지금까지는 존재하지도 않았던 문제들을 불러낸다. 2007년 초, 영국의 가장 성공적인 일간지 중 하나인 『데일리 메일』(*Daily Mail*)에는 무릎의 미적 과제를 집중조명하는 특집기사가 실렸다. 평소와는 다르게 대책은 소개하지 않았지만, 좌우간 기사가 전하려는 메씨지는 분명했다. 무릎을 당연한 것으로 생각해서는 안된다는 것, 무릎도 신체의 다른 부분들처럼 노력과 관심을 쏟아야 하는 대상이라는 것이었다.[10]

교묘하게도, 달리 말하면 교활하게도, 스타일산업이 문제라고 진단하는 부분들은 미용산업이 고쳐주려 나서는 부분들과 같을 때가 많다. 그 산업들은 몸의 해체와 재구성을 수발하는 시녀들이다. 그들이 수선방법이랍시고 내놓는 해결책을 보면 써보고 싶은 마음을 억누를 수가 없다. 우리는 해결책에 유혹당하면서도, 우리를 착취하는 데 혈안이 된 산업들의 피해자로 스스로를 인식하지는 않는다. 오히려 문제를 새롭게 깨닫고 처리하는 일에 적극 흥미를 보인다. 내게 뭔가 잘못된 점이 있지만 운동과 돈과 조심성을 동원하여 노력하면 내 손으로 다시 고칠 수 있다, 몸의 결함을 자신이 바로잡을 수 있다고 생각하는 것이다. 자신의 일부를 잘못된 것으로 규정한 뒤에 그것을 완벽하게 만들려고 노력하는 이런 심리흐름은 자신의 요구를 보호자가 계속 들어주지 않을 때 아기가 겪는 심리와 비슷한 데가 있다. 이때도 똑같은 심리기제가 작동한다. 우리는 미용산업이 우리를 '공격'한다는 주장을 거부하는데, 왜냐하면 그것이 우리의 지성을 모독하는 말로 들리기 때문이다. 파급력이 대단한 산업들의 부정적인 관행에 대해서는 얼마든지 비판적 태도를 견지할 수 있고, 그러면서도 충분히 패션과 아름다움을 즐길 수 있다고 믿는다. 하지만 쉼없이 변화를 권유하는 목소리는 어느새 우리 피부에 스며든다. 내가 『데일리 메일』의 무릎 기사를 예로 든 까닭은 그 기사에 해결책이 제시되지 않았기 때문이다. 그것은 정말로 예외적인 일이라서, 뭔가 허전한 느낌마저 들 정도다. 우리는 이미지들로부터 받은 충격에 대처하기 위해 자동적으로 머릿속에서 복잡다단한 해결과정을 밟기 시작하는데, 그 기사는 그런 과정을 딱 멎게 했다. 내가 앞에서 주장했듯이, 우리는 보통 문제를 재구성함으로써 충격에 대처하려 한다. (부적절한 입술이나 눈썹 때문에) 비판받는다는 느낌을 전복시켜, 오히려 자발적으로 자기개선 프로그램을 수행하는 열정적인 배우로 거듭난다. 이처럼 우리는 잘못된 것을 고치려고 애쓴다. 흠을 지적받는 것은 시장의 권유를 수용하여 자신을 향상시킬 기회를 얻는 것이다.

우리의 개인적인 신체감각을 교란시키는 이미지들의 배후에 상업적 이해관계가 작동한다는 사실은 이런 식으로 은폐된다. 우리가 열성적으로 미용과 수술 기법을 수용할 때는 상처가 덜 아프게 느껴진다. 그때는 외부로부터 공격을 받아서가 아니라 스스로 원해서 그런 행동을 시작한 것처럼 보이기 때문이다. 우리는 스스로를 희생자가 아니라 주체로 본다. 여성은 시중에 유통되는 이미지에 자신을 맞추지 못하는 것이 개인의 잘못이라고 생각할 뿐, 이미지가 부조화를 일으킨다는 생각은 하지 못한다. 여성의 시선은 비뚤어져 있다. 그녀는 새로운 이미지를 자신의 독특한 특징으로 만들고, 새로운 신체형태들을 통해 자기를 표현하기 위해 노력한다. 스스로 이미지를 완성해 자기 것으로 취하는 일에 전력을 다하는 과정에서 더이상 그 이미지는 공격적이거나 낯선 것이 아니게 된다. 2001년 미스월드대회에서 우승한 18세의 나이지리아 여성 아그바니 다레고(Agbani Darego)가 미쳤던 파급력을 떠올려보자. 심사위원들의 선발기준은 '세계적인 아름다움'을 지닌 사람을 뽑는다는 것이었다. 한마디로 날씬한 사람을 뽑는다는 말이다. 다레고가 나이지리아의 잡지와 광고판에 등장하기 시작하자, 젊은 나이지리아 여성들의 미의식이 바뀌었다. 처음에 그녀들은 다레고의 외모를 영양부족 상태로 보았으나, 점차 자기들도 그런 몸을 원하게 되었다. 다레고는 얼결에 나이지리아에 다이어트 열풍을 일으켰다. 그때까지 나이지리아에서는 존재하지 않던 현상이었다. 자신감과 선택의 여지를 얻는 것은 언제나 좋은 일이라는 논리에 시각문화가 결합함으로써, 여성들에게 눈앞의 이미지대로 자신을 변형시킬 힘이 있다는 암시를 준 것이다.

  소녀들과 여성들의 몸에서 벌어지는 전쟁에 참가하는 것은 미용산업만이 아니다. 미용산업은 스타일산업의 일부일 뿐이다. 그런데 스타일산업의 성립조건은 미의식이 늘 빠르게 변해야 한다는 것이다. 변하지 않는 패션은 패션이 아니다. 활자체, 가구, 조명, 옷, 헤어스타일, 우리가 즐겨 쓰는 표현, 즐겨 먹는 음식은 금세 고리타분하고, 우스꽝스럽고, 케케묵은 것이 된다. 몸들도 마찬가지다. 우리는 참신하고 동시대적인 문화의 일부가 되기 위해 스스로를 부단히 업데이트한다. 처음에는 꽃무늬가 섞인 줄무늬, 딱 붙지 않고 통이 넓은 바지 등의 새로운 패션이 영 마뜩잖고 실망스러울지도 모른다. 한창 새롭게 떠오르는 패션에서 약간의 반발심까지 느낄 수 있다. 1990년대에 헤로인 칙(heroin chic, 90년대 서구에서 유행했던 패션경향으로, 마약을 한 듯 퀭하고 비쩍 마른 모델들이 중성적인 이미지를 선보였다—옮긴이)이 출현했을 때 많은 사람들이 그랬던 것처럼 말이다. 하지만 곧 비슷비슷한 스타일의 이미지들이 쏟아져나와 우리 시야를 채운다. 한때 우리의 당연한 일부였던 딱 붙는 바지가 이제는 허름해 보인다. 나를 잘 표현하지 못하는 것 같고, 내가 입고 싶은 스타일을 제대로 반영하지 못하는 패션으로 느껴진다. 통 넓은 바지, 꽃무늬가 섞인 줄무늬, 삐쩍 마른 헤로인 칙 모델을 거부하던 마음은 온데간데없이 사라지고, 내 몸이나 옷, 태도가 뒤떨어졌다는 느낌이 든다. 얼른 사태를 수습해서 시대에 발맞춰야겠다는 동기가 생기는 것이다.

나는 스타일산업을 악당으로 몰고 싶은 게 아니다. 나쁜 것은 오히려 그들의 상업적 에너지에 휘둘리는 우리의 불안정한 마음이다. 패션은 분명 우리가 살아가는 시대의 면면을 표현한다. 요즘 우리가 날씬함을 강조하는 것은 한편으로는 서구사회가 획득한 풍요의 결과지만, 다른 한편으로는 풍요로움 속에서 오히려 정반대의 의미를 표현하고픈 바람 때문이다. 온갖 욕구들에서 자유로워지고 싶은 바람, 무엇이든 까다롭게 선택하고 싶은 바람, 몸이 필요로 하는 음식을 통제하고 싶은 바람, 몸의 물질성을 없애고 싶은 바람 말이다. 그렇지만 오늘날의 패션이 얼마나 숨가쁘게 변화하는지 생각해보자. 그런 변화는 대체로 상업적 이해관계에 따른 것일 수밖에 없다. 그것을 강박이 아니라 문화적으로 유기적인 현상이라고 보기는 어렵다. 패션산업의 시녀들인 다이어트, 식품, 약학 산업도 각자 사악한 역할을 맡아, 몸은 전쟁터라는 인식을 구축하는 데 일조한다.

미국의 다이어트산업은 2006년에 1,000억 달러 규모였던 것으로 추산된다. 같은 해에 미국 교육부의 예산은 1,270억 달러

---

* 널리 사용되는 수치지만, 사실 여기에서 말하는 산업의 범위가 어디까지인지는 확실하지 않다.

를 겨우 넘었다.* 어떻게 다이어트산업이 이렇게 덩치가 커졌을까? 어떻게 성인들이 평균적으로 연간 600달러씩 다이어트상품에 지출하게 되었을까?** 모든 사람이 돈을 쓰는 것은 아닐 테니, 실제로 돈을 쓰는 사람들의 지출은 이보다 상당히 더 클 것이다. 성인인구의 절반이 돈을 쓴다고 가정하면, 연간 1,200달러 혹은 일일 3.5달러를 쓰는 셈이다. 담배에는 못 미쳐도, 거기서 이윤을 챙기는 사람들에게는 꽤 수지맞는 장사임이 분명하다. 남성시장에 성공적으로 파고든 다이어트회사 뉴트리씨스템은 2004년에 100만 달러의 이윤을 올렸는데, 2006년에는 8,500만 달러로 늘었다. 『포춘』이 2007년 9월호에서 뉴트리씨스템을 급성장세의 회사로 소개한 것도 무리는 아니다. 이처럼 다이어트는 이윤이 어마어마한 장사다. 하지만 그런 상업적 악당들이 융성하기 위해서는 충분히 많은 사람들이 혼란스러운 식습관을 겪어야 한다. 그들은 어떻게 그런 상황을 만들까? 한가지 방법은 식품산업을 최대한 많은 종류로 세분화하는 것이다. 고급식품, 건강식품, 어린이 간식, 에스닉 푸드(ethnic food, 여러 인종과

---

* 미국 전체 교육에 쏟는 돈이 아니라, 정부 지출만 따져서 그렇다는 말이다 (usgovernmentspend.com 참고).
** 계산은 이렇다. 총 인구 3억명 중 어린이는 31퍼센트이므로 약 1억명이다. 65세 이상이 3,500만명이고, 수감자가 147만명이다. 따라서 나머지 1억 6,400만명이 1,000억 달러를 쓰는 셈이다.

민족이 섞인 사회에서 각 민족 전통의 음식을 말한다—옮긴이), 저지방식품, 유기농식품, 도시락 간식, 슈퍼마켓의 자체 도매상품 등. 시장 세분화는 식품 소비를 전반적으로 늘리는 기발한 방법인 동시에, 식사는 여러가지 선택이 가능한 도락이자 소비재라는 생각을 불어넣는다. 허기 충족이 전부가 아니라 유행, 패션, 감정에 관련된 활동이라는 느낌을 주는 것이다.[*]

또다른 요인은 영양학 이론이 한가지 '발견'에서 모순된 정반대의 발견으로 갈지자걸음을 한다는 점이다. 내가 어렸을 때는

---

[*] 식이장애 연구로 유명한 노스캐롤라이나대학 채플힐캠퍼스의 씬시아 불릭(Cynthia Bulik) 교수와 로런 레바 해럴슨(Lauren Reba Harrelson)이 공동으로 조사하여 『쎌프』(Self) 2008년 5월호에 쓴 기사를 보면(2008년 5월 씨애틀에서 열린 국제식이장애협회에도 제출되었다), 조사대상 여성들의 75퍼센트는 무질서한 식사행동이나 식이장애로 간주할 만한 증상들을 보였다. 넷 중 세명꼴로 음식이나 몸과 불건전한 관계를 맺고 있는 셈이다. 실제로 식이장애를 앓는 여성들을 제외한 나머지 여성들 중에서도 67퍼센트가 체중감량을 시도하고 있었다. 다이어트를 하는 여성들의 53퍼센트는 현재 건강한 체중인데도 더 살을 빼려 했다. 여성들의 39퍼센트는 음식이나 몸무게에 대한 걱정 때문에 행복하지 않다고 말했고, 37퍼센트는 체중을 줄이려고 정기적으로 끼니를 걸렀다. 27퍼센트는 2.3킬로그램(5파운드)만 살이 쪄도 '엄청나게 속상할' 것이라고 말했다. 26퍼센트는 특정 식품군을 통째로 식단에서 뺐고, 16퍼센트는 하루에 1,000칼로리 이하의 식단을 먹었다. 13퍼센트는 체중을 줄이려고 담배를 피웠다. 12퍼센트는 배고프지 않을 때도 자주 먹는다고 했고, 49퍼센트는 가끔 그런다고 했다. 여성들이 정상이라고 생각하는 식사습관, 가령 탄수화물을 배제하거나 끼니를 거르거나 극단적으로 다이어트를 하는 행동은 사실 무질서한 식이습관을 드러내는 증상일지도 모른다.

스테이크, 우유, 치즈, 채소가 좋은 식품이었다. 파스타는 나빴다. 파스타는 최근 25년 동안 때로는 좋은 음식이었다가 때로는 나쁜 음식이 되었다. 흰 밀가루는 소화가 잘 안된다고 했다가, 소화에 아무 문제가 없다고 했다. 유제품은 필수라고 했다가, 위험하다고 했다. 고기는 몸에 좋다고 했다가, 해롭다고 했다. 복합탄수화물은 영양이 풍부하다고 했다가, 장을 자극한다고 했다. 하루에 포도주 두세잔은 심혈관에 문제가 있는 사람에게 좋다고 했다가, 하루 최대 허용량은 알코올 한잔이라고 했다. 비타민 A, B12, B6, 아연 등이 결핍되면 위험하다고 했다가, 지나치게 많이 섭취해서 문제를 일으키기 쉽다고 했다. 이런 모순된 발언들은 몇몇 괴짜들의 생각이 아니다. 저명한 의사들과 영양학자들의 연구라면서 미디어가 유포한 말들이다. 내가 이런 이야기를 꺼낸 것은 혼란을 가중시키기 위해서가 아니라, 영양학은 과학이라기보다는 당대사람들의 견해를 표현한 것에 가깝다는 말을 하고 싶어서다. 그 견해는 자체로 모순될 때가 많고, 언제 어떻게 무엇을 먹을까 하는 결정을 혼란스럽게 만듦으로써 식품에 대한 대중적 공황을 일으킨다. 식품산업은 영양학 이론이나 다이어트에 관한 최신 미디어 보도를 가리지 않고 받아들인 뒤, 특정 식품군 전체가 나쁘거나 위험하니까 피해야 한다는 식의 조언으로 소비자들을 '도우려' 한다. 가령 저지방(그러나 당분이 많은 것은 마찬가지다) 대체식품을 권유하면서, 우유가 발효하여 요구르트나 치즈가 되는 자연적 과정은 위험천만하니까 다른 기법으로 바꿔야 한다는 생각을 은근슬쩍 주입한다. 지방은 반드시 제거해야 한다. 물론 그 제거한 지방을 '고급' 아이스크림이라는 '탐닉' 대상으로 둔갑시켜 다시 소비자에게 팔 테지만.

거대 식품회사들은 시장의 전 부문을 장악하고 있다. 하인츠(Heinz)는 웨이트워처스(WeightWatchers)를 갖고 있고, 유니레버(Unilever)는 크노르(Knorr)와 슬림패스트(Slim-fast)를, 네슬레(Nestlé)는 린퀴진(Lean Cuisine)과 네스프레소(Nespresso)를 갖고 있다(웨이트워처스는 다이어트식단을 통한 체중감량을 도와주는 다이어트써비스 회사고, 크노르와 슬림패스트와 린퀴진은 저지방 다이어트식품 전문 브랜드고, 네스프레소는 캡슐커피 회사다—옮긴이). 이처럼 다이어트식품 시장은 크다. 그리고 거기에는 그럴 만한 이유가 있다. 일단 한가지 다이어트를 시작하면, 다음에 시도할 다른 방법들이 줄줄이 있기 때문이다. 알고 보면 다이어트가 오히려 혼란스러운 식습관을 조장한다. 다이어트 때문에 몸무게가 늘 수도 있다.[11] 다이어트는 '과체중'에 대한 현명한 대응이 아니다. 정상적인 식습관을 불안정하게 만들 뿐이다. 단연코 그렇다. 요즘 소녀들 중에는 늘 다이어트를 하고 음식을 두려워하는 것이 자연스러운 상태라고 생각하는 아이들도 있다. 엄마가 다이어트하는 것을 보면서 자랐기 때문에 음식에 대해 그런 접근법을 취하게 된 것이다. 그들은 스스로에게 좋은 일을 하는 것이라고 생각하면서 다이어트를 지속한다. 하지만 그 결과 수많은 아이들이 다이어트 후 폭식의 패턴으로 빠져든다. 다이어트를 하는 소녀들은 폭식할 위험이 열두배나 높고, 음식을 다루는 일상적인 방법으로서 폭식을 하기 쉽다.

다이어트는 도덕적으로나 육체적으로나 좋지 않다. 그저 별 효과가 없을 뿐만 아니라, 반복적인 다이어트는 신체의 기본대사율, 즉 쎄트 포인트(set point)를 유지하려는 자가규제 과정을 교란시킨다.* 다이어트를 하면 몸은 기아상태에 처했다고 착각하여 음식물 처리속도를 늦춘다. 보통은 몸의 '자동 온도조절장치'가 음식이 풍부할 때는 대사속도를 높여서 대사율을 통제하지만, 다이어트를 반복하는 사람은 그 장치가 망가져서 대사율이 낮게 고정된다. 그래서 다시 음식을 먹어도 대사율이 높아지지 않는다. 대사율이 적절하게 따라주지 않으면, 당황스러울 정도로 급속하게 몸무게가 늘어난다. 실망한 사람은 늘어난 몸무게를 관리하기 위해 또다른 다이어트 방법을 찾아나선다. 그의 몸은 이미 '정상적인' 식습관에서 벗어나도록 설계되어 있다.

요즘은 누구의 기호라도 만족시킬 만큼 다양한 다이어트 방법들이 있다. 밀가루와 유제품을 안 먹는 다이어트(가장 흔하

---

* 『싸이언티픽 아메리칸』(*Scientific American*) 1996년 8월 8일자에 실린 루돌프 레이벨(Rudolph Leibel)의 심층인터뷰를 참고하라. 그는 쎄트 포인트 개념을 세우는 데 중추적 역할을 했다.

다), 혈액형 다이어트, 식품군 조합 다이어트, 고당지수 다이어트, 저당지수 다이어트, 고단백질 다이어트, 칼로리 다이어트, 디톡스, 풍수 다이어트, 쌀 다이어트. 유명인의 식단을 따라하는 다이어트도 있고, 싸우스비치 다이어트나 베벌리힐즈 다이어트처럼 지역 이름을 딴 다이어트도 있다. 특정 식품이나 식품군을 절제하라고 권하는 이런 식단들은 사실 식사와 몸의 어려움에 대처하는 여러 방법들을 다른 이름으로 부르는 것뿐이다. 골방에 숨어 있던 식이장애 사례들이 공공연히 드러나기 전에는, 음식에 대한 어려움 때문에 특정 식품군을 꺼리는 사람들이 완전채식주의자나 채식주의자(보통 완전채식주의자 혹은 비건vegan은 육류는 물론 유제품까지 먹지 않는 사람들을 말하고, 채식주의자 혹은 베지테리언vegetarian은 유제품까지는 먹는 사람들을 말한다—옮긴이)의 모습으로 살아가는 경우가 많았다. 요즘은 다이어트에 눈살을 찌푸리는 사람이 많아졌기 때문에, 기자들은 이제 식품 알레르기를 분석하는 전략을 취한다. 어떤 식단을 짜야 알레르기를 피할 수 있는지, 면역력을 높이려면 어떤 보조제를 먹어야 하는지 알려준다. 그러나 이런 책략은 가면을 씌운 다이어트에 불과하다. 다이어트에 대해 한가지 의아한 점은, 다이어트가 정말로 효과가 있다면 딱 한번만 시도하면 되지 않겠느냐는 것이다. 사실 다이어트회사들은 95퍼센트라는 높은 재발률에 의지한다. 다이어트를 시도하는 사람은 누구나 이 수치를 뇌리에 새겨둬야 할 것이다.* 이쯤 되면 상품공시법(Trade Descriptions Act, 영국에서 허위광고나 정보로 소비자를 호도하는 기업을 처벌하는 법률—옮긴이)에 따라 다이어트회사들을 고발해도 될 것 같은데, 어떤 세력이 그것을 막아주는 걸까 하는 의문까지 든다. 그들은 고객들이 몇번이고 다시 돌아와 자기 제품과 써비스를 구입해주기를 바란다. 그들의 이익은 고객들의 실패에 달려 있기 때문에, 그들의 프로그램은 당연히 실패를 낳도록 설계되어 있다. 마찬가지로, 수술을 받은 부위는 자연스레 퇴화하기 마련이다. 의사의 입장에서는 향후 재수술이나 교정수술 수입이 보장되는 셈이다. 재수술과 교정수술이 하도 흔하기 때문에, 유방 확대시술을 받는 성형환자들은 보형물에 대해 10년짜리 품질보증을 구입할 수도 있다.

다이어트산업의 약학적인 측면을 보면, 체중감량에 효과가 있다는 신약개발 뉴스는 거의 매달 신문에 실린다. 일반뉴스면도, 금융면도, 생활면도 이 주제를 다룬다. 언급된 약들 중에서 몇몇은 특정 환자들에게는 소용이 없거나 극도로 위험하다. 예

---

* 나는 이 이야기를 1979년 BBC TV의 「살아있는 사람」(Man Alive) 프로그램에 함께 출연해 토론했던 웨이트워쳐스의 영국 관리자에게서 들었다. 대기실에서 대화를 나누다가 나온 말이었다. 그녀는 회사가 고객들의 체중감량을 성공적으로 도와주지 못하는 상황이 걱정스럽고 실망스러운 듯했고, 강박적으로 폭식하는 사람들의 심리에 어떻게 접근해야 좋을지 내게 조언을 구했다. 루돌프 레이벨도 앞에서 말한 1996년『싸이언티픽 아메리칸』인터뷰에서 이 수치를 언급했다.

를 들어 펜펜(fen-phen)은 체중감량 효과가 극히 적었다.[12] 그런데도 뚱뚱함은 곧 비만이고, 비만은 약학적 처방을 필요로 하는 질병이라는 믿음이 기정사실화되고 있다. 차세대 비만치료 제품을 특허출원한 제약회사가 있다면 주식을 사둘 만하다는 말이 나올 정도다. 미국에서는 의사의 진료실마다 각종 약품 안내서들이 비치되어 있는데, 겉으로는 공식적이고 과학적인 듯하지만, 사실은 제약회사가 고용한 홍보업체들이 제작한 것이다. 이런저런 약들의 효능을 격찬하면서, 마치 치료가 필요한 질병단위로서의 비만이라는 병이 있다는 듯이 떠벌리는 내용이다.

서구에서는 비만에 대한 두려움이 점점 커져왔다. 국제비만대책위원회가 발표한 수치를 보면,* 현대는 비만전염병의 시대로구나 하는 생각이 절로 들 지경이다. 이러다간 비만이 의료써비스를 수렁에 빠뜨리고 미래세대의 삶을 망치겠다는 생각이 든다. 보고서에 따르면, 2050년에는 영국 아이들의 절반이 비만이 될 것이다.[13] 물론 비만 확산에 대한 정당한 걱정들을 무시하거나 가벼이 입을 놀려서는 안되겠지만, 그래도 우리는 이 수치의 배경을 이해할 필요가 있다. 이것은 식이장애를 겪는 사람들

---

* J. 에릭 올리버(J. Eric Oliver)의 『비만의 정치학』(*Fat Politics: The Real Story Behind America's Obesity Epidemic*, New York: Oxford University Press 2005) 29면에 따르면, 국제비만대책위원회는 사실 비만치료용 약의 개발과 선전에 관여하는 제약회사들에게 자금을 받아 운영되는 단체다.

이 점점 많아지는 현상의 일부로 이해해야 한다. 강박적 폭식증 같은 다른 식이장애들이 비만보다 덜 눈에 띄는 것은 그런 현상들이 비만보다 덜 퍼져 있기 때문이 아니다. 오히려 그런 장애들이 비만보다 더 널리 퍼져 있다.

특히 10대 소녀들은 신체싸이즈를 심각하게 걱정한다. 허기가 지면 먹고 육체적으로 충족이 되면 멈추는 자연스러운 식사를 하는 아이가 극히 드물 정도다. 그들에게는 식욕이나 포만감이라는 개념 자체가 없다. 그들은 자기 몸을 걱정하고, 식사, 싸이즈, 몸매에 대해 모순된 태도를 취하거나 늘 경계하고 불안해하는 엄마를 보면서 자란 세대다. 그런 엄마의 딸은 어려서부터 음식을 조심하고 생물학적 신호보다는 규칙과 규제에 의존하여 식사하는 법을 배운다. 때로는 그 규칙과 규제에 반항하기도 한다. 요즘 10대 소녀들의 식사규범은 20년 전의 '정상적인' 식습관과는 거리가 멀다. 물론 식욕을 무시하거나, 주말에만 먹거나, 하루에 한끼만 먹는 방법을 취하면 정말로 날씬해진다. 하지만 그런 상태를 오래 지속할 수는 없기 때문에 다시 뚱뚱해질 확률도 그만큼 높다. 평생에 걸친 음식 절제, 박탈감, 강박적 운동에 대해 사람들은 감정적·생물학적으로 반항하게 되는데, 그것이 거식증으로 드러나는 사람이 있는가 하면 그와 정반대 현상인 듯한 무분별한 폭식으로 드러나는 사람도 있다.

치료사의 관점에서 보자면, 두가지 음식조절 방법은 서로 상보적이다. 거식증을 겪는 사람들은 자기 싸이즈를 과대평가하는 경향이 있는 반면, 비만인 사람들은 과소평가하는 경향이 있다. 어느 쪽이든 자기를 있는 그대로 보지 않는다. 또한 어느 쪽이든 자기 식욕을 순순히 인정하지 못한다. 식이장애를 거식증의 형태로 표출하는 사람들은 식욕과 욕망을 너무나 두려워하기 때문에 도리어 몸을 허기진 상태로 만든다. 물론 그들도 허기를 경험한다. 하지만 그들에게 허기는 영양섭취 없이도 살 수 있다는 것, 많이 먹을 필요가 없다는 것을 확인하기 위한 도구일 뿐이다. 그들에게는 감정적·육체적 식욕이 어색하고 잘못된 것으로 느껴지기 때문에, 그것을 짓밟아야만 한다. 배고픔을 억누르고 배고픔에서 파생된 다른 것들까지 통제하는 것은 거짓된 몸에 대해 음식 지향적으로 반응하는 한가지 방법이다.[14]

통제 불가능할 정도로 먹어대는 사람들도 배고픔과 욕구를 못 견디기는 마찬가지다. 그들은 자신의 욕구를 경험하는 상태를 견디지 못한다. 때문에 배고픔이라는 고통스러운 신호가 닥치기 전에 미리 먹어두는 방법으로 식욕과 욕망의 딜레마에 반응한다.[15] 이런 예방적 폭식도 거짓된 몸의 또다른 형태로 이해할 수 있다. 날씬해지려고 애쓰든, 식욕을 두려워하거나 관리하려고 애쓰든, 식욕에 대한 공포와 위태로운 신체감각은 많은 소녀들과 여성들의 일상에 끈질기게 따라붙는다. 날씬함은 갈망의 대상이 되었다. 그리고 적어도 겉으로는 계급 없는 새로운 사회인 것처럼 보이는 오늘날의 사회에 쉽게 편입하게 해주는 한가지 방법으로 간주된다. 하지만 식욕과 날씬함 문제의 심리적 바탕을 간과한 채 그것을 건강문제로만 이야기하는 것은 잘못이다. 날씬함에 대한 욕망은 뚱뚱한 사람에게도, 날씬한 사람에게도, 중간 싸이즈의 사람에게도 두루 영향을 미치며, 그 욕망의 배후에는 음식과 몸에 대한 불행하고 불건전한 관계가 숨어있다. 싸이즈를 둘러싸고 혼란에 휩싸인 상황, 언제 배가 고프고 부른지를 감지하여 반응하는 대신에 개인의 생리활동을 변형시켜서라도 특정 싸이즈를 획득해야 하는 상황에서는 평화가 있을 수 없다. 그들은 안정된 몸을 갖는 기분, 자신이 잘 알고 신뢰하는 싸이즈와 식욕을 갖는 기분을 영원히 느낄 수 없다.

체질량지수(BMI, Body Mass Index)를 강조하는 최근 풍조도 문제를 악화시킨다. 흥미롭게도, 영양과 비만 분야에서 활동하는 의료계 인사들 중에는 실제 체질량지수를 유용한 기준으로 여기는 사람이 거의 없다. 심장질환이나 당뇨를 예측하는 기준이라면 체질량지수보다 몸통둘레를 중점적으로 보는 기준들이 더 정확하다. 체질량지수는 사실 키와 몸무게의 비율을 대강 계산한 것일 뿐이다. 체질량지수를 고안한 사람은 19세기의 플랑드르(Flandre) 과학자 아돌프 께뜰레(Adolphe Quetelet, 1796~1874, 근대통계학을 확립한 벨기에의 통계학자—옮긴이)인데, 당시는 사회 다원주의에 심취한 사람들이 온갖 것들을 통계적으로 측정하는 게 유행이었다.[16] 1995년에 세계보건기구는 국제비만대책위원회의 압력을 받아들여 체질량지수 기준을 개정했다. 이전에는 '정상' 몸무게였던 미국인 30만명이 하룻밤 사이에 재분류되었다. 브래드 피트(Brad Pitt)나 조지 부시(George Bush)는 이제 과체중이 되었고(영국의 예를 들면 린포드 크리스티Linford Christie가 그렇다), 조지 클루니(George Clooney)와 러쎌 크로우(Russell Crowe)는 비만이 되었다. 이런 분류가 얼마나 터무니없는지 쉽게 알 수 있을 것이다. 그러니 영국 아이들의 50퍼센트를 비만위험군으로 평가한 보고서도 의심해보지 않을 수 없다. 그런 식의 재분류로 대체 누가 도움을 받는다는 것인지, 혹시 그것이 몸과의 관계에 악영향을 미치지나 않을지 다시 한번 생각해봐야 하는 것이다.* 1950년대를 떠올려보면 의심은 더욱 짙어진다. 당시에는 '말랐다고요? 여름의 즐거움을 놓칠지도 몰라요!'라는 광고문구로 '슈퍼 웨이트온'(super wate-on)이라는 알약을 팔았다. 그것을 먹으면 여성들이 '건강하게 몸무게와 살집을 늘릴 수 있다'고 했다. 당시의 미적 이상형을 오늘날

---

* 체질량지수가 건강문제에 사용되는 것은 믿기 힘든 현실이다. 흔히 '비만과의 전쟁'으로 불리는 조치들은 비만의 개념에 빈민가의 이미지를 더하는 것을 또 하나의 목표로 삼은 듯하다. 뚱뚱한 사람은 어딘가 오염된 상태이고 다른 사람을 오염시킬 잠재력이 있다는 듯한 암시를 준다. 뚱뚱한 사람들을 하나의 계급으로 묶고서, 그 계급의 습관과 관행은 바람직하지 못한 것이니 피해야 마땅하다고 주장한다.

로 가져와보면, 틀림없이 체질량지수 27 이상의 과체중에 속할 것이다.

다양한 식이문제들이 비만이라는 하나의 새로운 질병으로 욱여넣어짐에 따라, 상업기업들은 싸이즈와 몸매에 대한 대중의 공황을 부추겨 적법하게 이윤을 불린다. 신문 칼럼이나 텔레비전 다큐멘터리에는 비만전염병에 관한 이야기가 넘치지만, 사실로 입증될 만한 내용은 거의 없다. 미국에서 연간 36만 5천명이 비만으로 죽는다는 연구, 아이들 셋 중 한명은 비만이라는 연구, 체질량지수 25 미만이 최적상태라는 연구 등은 전부 지나친 상상으로 밝혀졌다. 국립보건연구소가 예전의 조사수치들을 재분석한 결과, 실제로는 미국 아이들이 열다섯명 중 한명꼴로 심각한 과체중이었고, 매년 2만 6천명가량이 비만 관련 질병으로 사망했다. 흡연 관련 질병으로 사망하는 사람이 미국에서 매년 60만명이라는 사실과 비교해보라.[17]

비만은 문제다. 나도 그 문제를 과소평가하고 싶지는 않다. 하지만 나는 이른바 위기라는 현상 뒤에 숨은 사회적·심리적·계급적·시각적·영양학적·상업적 주제들을 우리가 반드시 함께 살펴보기를 바란다. 사람들이 몸이 필요로 하는 것보다 더 많이 먹는다는 것, 몸들이 음식을 잘 처리하지 못한다는 것, 사람들이 신진대사가 어려운 음식을 많이 먹는다는 것은 아마 사실일 것이다. 이것도 분명히 몸 이야기의 한 부분이다.[18] 그에 못지않게,

동유럽, 아랍, 아시아의 신흥경제에서 날씬한 몸을 열망하는 세태가 생겨나는 것도 몸 이야기의 한 부분이다. 또 어쩌면, 뚱뚱한 몸은 시각적이고 출세 지향적인 우리의 문화를 거부하는 것일지도 모른다. '나는 이것을 원하지 않아. 나는 이것을 감당할 수 없어'라고 말하면서 말이다. 혹은 뚱뚱한 몸에 갇힌 불행의 이야기를 말하고 있는지도 모른다. 뚱뚱한 몸은 이미지에 지나치게 집착하는 현재의 세태에 도전하는 것일지도 모르고, 유년기의 식사체계로부터 해방되고 싶다는 신호일지도 모른다. 아니면 소비주의에 대한 경고일지도 모르고, 이른바 '선택'논리라는 것의 불가능성을 주장하는 선언일지도 모른다.

이런 식사방법들이 몸의 위기를 드러내는 것일지도 모른다는 점을 깨달으면, 우리는 비로소 비만을 개인적 '실패'로 보는 데서 그치지 않고 우리 문화에 대한 고발로 보게 된다. 물론 전적으로 후자라고만은 할 수 없겠지만 말이다. 그리고 요즘은 비만이 빈곤이나 저소득과도 관계있으므로, 우리는 계급문제도 함께 고려해야 한다. 경제적으로 소외된 사람들이 그런 열망 때문에 얼마나 피곤함을 느끼는지도 생각해보아야 한다. 정부 정책을 수립할 때도, '칼로리를 먹었으니 칼로리를 내보내면 그만'이라는 단순한 담론 대신에 보다 복잡한 사고를 해야 한다. 비만의 득세는 마른 사람들의 시각이미지가 범람하는 현상, 지방이나 액상과당으로 포화된 보존식품의 도입, 다이어트산업의 눈부신 성장, 우유에서 추출한 지방을 다른 식품에 넣어 고객에게 되파는 식품산업이 시장을 세분화하는 경향과 연결해서 생각해야 한다. 네가지 사건들은 모두 비만과 보조를 맞춰 발전했다. 저지방우유의 판매량 증가와 비만인구의 증가를 그래프로 그린 뒤에 맞춰보면, 완벽하게 일치할 것이다. 마찬가지로, 다이어트산업의 성장그래프는 몸집이 커진 사람들의 증가추세를 그린 그래프와 일치할 것이다. 또한 비만통계의 증가는 가만히 앉아서 생활하는 사람들이 많아지는 경향, 믿을 수 없을 만큼 야윈 사람들의 이미지가 범람하는 경향과도 궤를 같이한다.

보건경제학자들과 도시계획가들은 자동차의 도입과 도시의 디자인, 상점가, 시골의 교통체계, 조명의 설계가 미치는 영향을 열심히 토론한다. 사람들로 하여금 몸을 더 많이 움직이고 더 분별있게 식사하도록 장려하기 위해서다. 그것도 아주 중요한 일이지만, 그런 관점은 음식과 식사뿐만 아니라 싸이즈에도 감정적·심리적·계급적 의미들이 결부되어 있다는 사실을 놓칠 수 있다. 이미지에 기반한 문화에서는 뚱뚱함과 날씬함의 의식적·무의식적 의미들이 몹시 복잡하게 얽혀 있다. 사람들은 곧잘 비만을 게으름이나 탐욕과 결부시키곤 하지만, 사실 그것은 폭식하는 사람들의 실제 경험과는 무관한 이야기다.[19]

비만을 경멸과 혐오를 받아 마땅한 것으로 규정하는 경향, 뚱뚱한 사람은 당연히 스스로를 싫어해야 할 뿐만 아니라 남들에게도 차별받아야 하는 아웃싸이더라고 규정하는 경향은 갈수록 심해진다. 이것이 새로운 현상은 아니지만(그러니까 뚱뚱한 사람들의 권리를 보호하는 조직이 이미 존재하는 것이다), 존중하지 않는 정도가 갈수록 심해지는 게 문제다.* 뚱뚱한 사람들과 비만은 이제 악마 취급을 받고, 계급을 말해주는 신호로 간주된다. 그렇다. 식품의 분배, 가격, 영양교육에는 분명 계급문제가 결부되어 있다. 하지만 요즘 사람들이 뚱뚱한 사람들과 비만을 경멸하는 데는 그 이상의 의미가 담겨 있다. 사람들은 이제 그것을 피해야 할 상황으로 본다. 비만은 심리적 통제를 상실했다는 것을 보여줄 뿐만 아니라, 나쁜 계급에 소속되어 있다는 상징이기 때문이다. 그것은 곧 그릇된 열망을 품은 사람이라는 의미까지도 은근히 암시한다.

당뇨처럼 갈수록 보편화되는 몇몇 질병들이 비만을 일으키는 것인지, 거꾸로 비만 때문에 그런 질병들이 퍼지는 것인지에 대한 토론도 진행되고 있다.** 어떤 사람들은 식재료들이(가령 고농도의 액상과당이) 당뇨반응을 일으키는 것일지도 모른다고

---

* 베이커-피츠는 몸을 지속적인 개선의 대상으로 보는 시각에 곁들여진 은근한 도덕적 뉘앙스를 성형산업이 강화한다고 지적했다.
** 이것은 고인슐린혈증과 관련된 문제다. 그렉 크리스터(Greg Crister)의 『비만의 제국』(Fat Land)을 참고하라. 현재 액상과당이 어떻게 사용되는지, 과당이 인체의 대사 단절에 어떤 영향을 미치는지 설명되어 있다.

주장한다. 그리고 건강보호 차원에서 가장 바람직한 싸이즈는 체질량지수 27.5라는 분명한 증거가 있는데(애초에 체질량지수를 인정한다면 말이다), 이것은 최근에 개정된 기준으로 따지면 과체중으로 분류되는 수준이다. 또한 흥미롭게도, 과체중이지만 운동을 하는 사람들의 사망률은 말랐지만 운동을 하지 않는 사람들보다 낮다. 그러니 어쩌다가 우리가 마른 몸을 건강의 시금석으로 간주하는 잘못을 저지르게 되었는지 궁금할 따름이다. 설령 날씬함이 곧 건강함과 건전함이라는 관념을 지지하는 근거가 전혀 없더라도, 오늘날 시각적 미의식의 영향력이 너무나 압도적이라서 의사들이나 의학연구자들마저 거기서 벗어날 수 없는 것일까? 사회적 유행과 공황이라는 현상은 그간 충분히 탐구되어왔다. 이른바 비만전염병이라는 것도 그런 현상이다.[20]

최근에 나온 극히 충격적인 발표에 따르면, 요즘 많은 여성들이 목표로 삼는 저체중 산모는 사실 아이의 비만에 기여하는 요인이라고 한다. 얼마나 많은 여성들이 임신 6개월째에 접어들 때까지 겉으로 표시가 나지 않았다는 점을 자랑스럽게 여기는가? 하지만 임산부의 저체중은 위험하다. 2차대전이 끝나가던 무렵, 네덜란드 사람들은 전무후무한 기아에 시달렸다. 당시 임신 6개월 동안 기아에 노출된 여성들은 저체중아를 낳았는데, 그 아이들은 자라서 비만이 되는 경우가 많았다. 반면 임신 마지막 석달 동안만 굶은 여성들의 아이들은 그렇지 않았다.

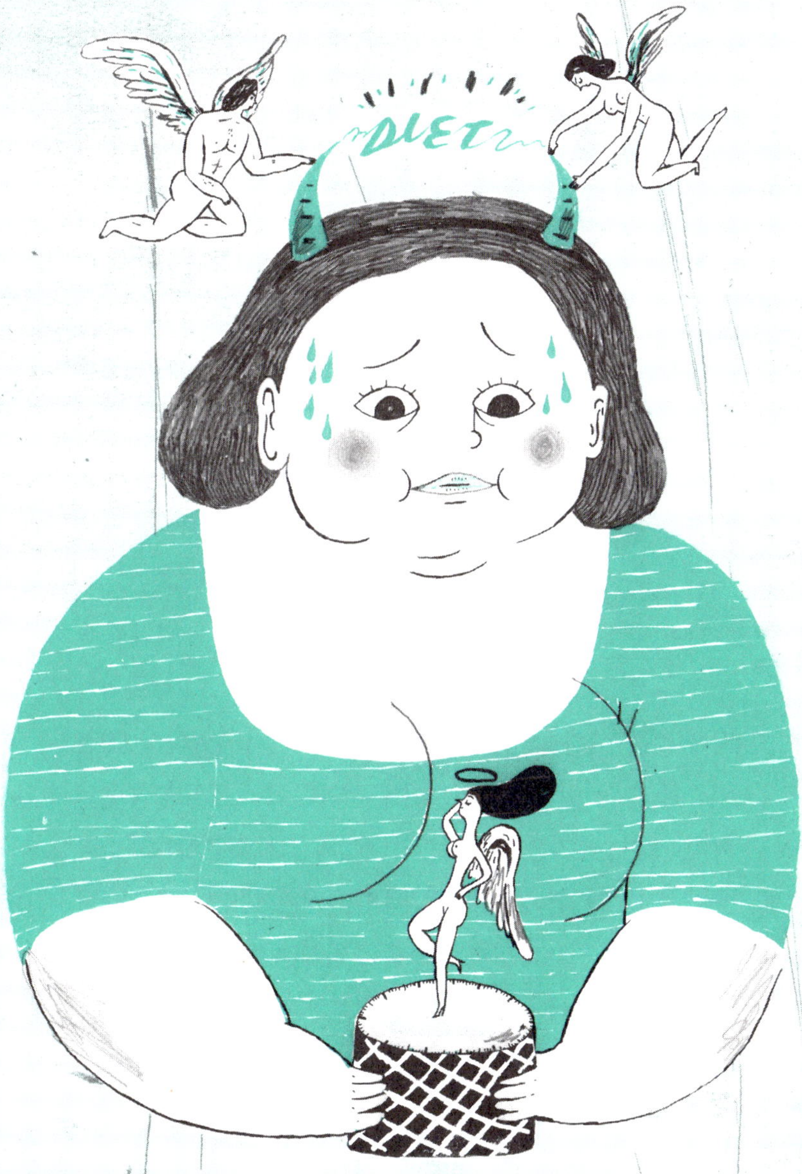
DIET

이 결과를 알아낸 연구자들이 세운 가설에 따르면, 임신 첫 6개월 동안 산모가 저체중일 경우 아기는 기아 희생자처럼 행동하게 된다. 저체중아들은 당뇨에 걸릴 위험도 높다. 여기에 더해서, 요즘 많은 유명인 산모들이 (따라서 다른 산모들도) 산달 전에 제왕절개를 선택한다는 사실을 생각해보자. 그래야 산후에 속히 날씬한 몸으로 돌아갈 수 있다는 것이다. 이런 상황이니, '임신 거식증'이라고도 불리는 산모의 날씬함에 대한 집착이 엄마와 아기 모두에게 위험이 될 것은 자명한 일이다. 전쟁피해를 입은 여성들의 몸은 아기의 생애 첫 몇주 동안 아기의 몸에 긴장을 형성했다. 전쟁의 충격으로 육체를 지탱하고 결속하는 능력이 손상되었기 때문이다. 그 영향은 엄마와 자녀 모두에게 미쳤다.

다이어트, 식품, 스타일, 미용성형, 제약, 미디어 등 다양한 산업들이 몸을 연기·조작·전시의 대상으로 재현하면서, 우리는 몸을 (재)구축하고 개량해야 할 장소로 여기게 되었다. 그런 산업들의 집단적인 영향력으로 인해, 우리는 자기 몸의 능력에 한계가 있다면 그것은 오직 자신의 지갑과 의지 때문이라고 생각한다. 한편 또다른 영역에서는, 특히 학계에서는, 트랜스휴머니스트들이 꿈을 꾸고 있다. 그들은 그리 멀지 않은 미래에 인체의 실제 능력들이 엄청나게 확장되어 미래 지향적 판타지영화에서나 볼 수 있던 일들을 몸소 체험하게 될 것이라고 믿는다.

그들이 볼 때, 기술로 인간의 능력을 증강하는 데는 상상의 한계가 없다. 그들은 인체를 속속들이 재가공함으로써 살인이나 사고를 제외한 보통의 죽음은 과거에나 있던 생물학적 과정으로 만들 수 있다고 믿는다.

내가 흥미롭게 생각하는 대목은, 그런 꿈을 추진하는 힘이 무엇인가 하는 점이다. 몸은 엄연한 한계가 있다. 삶은 탄생과 죽음 사이에 벌어지는 일이다. 물론 삶의 한계를 확장하려고 노력하는 것, 한계가 존재한다는 것을 뻔히 알면서도 그에 대항하려고 발버둥치는 것은 인지상정이다. 그런데 어떤 생명윤리학자들은 그 한계를 도전과제로 파악한다.[21] 마음이 전부라는 것이다. 몸은 증강하면 된다는 것이다. 인지적·육체적 능력을 향상시키는 것은 우리를 더욱 인간답게 만드는 일이라는 것이다. 트랜스휴먼(transhuman)이라는 용어도 그래서 생겨났다. 트랜스휴머니스트들은 미국 인구의 25퍼센트가 콘택트렌즈처럼 탈착 가능한 것이든 심장박동기나 스텐트나 치아보형물처럼 영구적인 것이든 벌써 뭔가를 신체에 삽입한 상태니, 소형 컴퓨터를 몸에 심는 일도 쉽게 퍼질 것이라고 주장한다. 그 컴퓨터를 통해 외국어 어휘를 배우고, 지금은 로봇이나 할 수 있는 복잡한 육체적 작업을 수행하고, 상상도 못했던 방식으로 몸을 변형시킬 수 있을지도 모른다. 우리가 전자레인지, 휴대전화, 컴퓨터, 유전자접합 기술에 익숙해졌듯이, 아이들은 자신에게 주어진 신체증강 기술들을 자연스럽게 여기며 자랄 것이다. 트랜스휴머니스트들에게 고정된 몸, 한계있는 몸은 곧 저주다. 그들은 초데까르뜨적 입장을 취한다. '나는 생각하고, 신기술을 통해 내 뇌를 조종한다. 고로 나는 존재한다.' 이것이 그들의 견해다.

정신분석가인 내가 볼 때, 트랜스휴먼이라 불리는 증강된 인체는 사실 상처입고 탈맥락화된 몸이 스스로를 탈육체화함으로써 위안을 찾으려는 시도인 것 같다. 그러면 어떤 제약과 경계도, 정상적인 인간의 죽음이라는 운명도 겪지 않을 테니까 말이다. 그것은 엄청나게 비물질화되고 역설적으로 탈체현화된 몸이다. 지치고, 다치고, 쇠락하고, 활기 넘치고, 즐겁고, 좌충우돌하는 몸은 삭제된다. 대신에 마음과 기술이 발명할 수 있는 온갖 환상들로 조종되는 싸이버적인 몸이 그 자리에 놓인다.

현재 어떤 이식물과 증강기술이 계획되고 있는지, 그 윤리적 경계는 어디인지에 대해 우리가 뒤처지지 말고 관심을 기울여야 하는 것은 분명하다. 우리는 나이가 들수록 인공보형장치들에 더 많이 의존할 것이고, 기억력 감퇴를 막아주는 약이 개발

---

* 이런 정식화는 안또니우 다마지우(António Damásio)를 필두로 한 몇몇 신경과학자들의 연구에 정면으로 반대되는 것처럼 보이기 때문에 더욱 흥미롭다. 이 신경과학자들에 따르면, 우리가 뇌연구에서 내려야 할 결론은 오히려 사람의 사고가 감정을 따라간다는 것이다. 즉 사고가 감정을 지시하고 통제하는 총책임자로 기능하는 게 아니라는 것이다.

되기를 바랄 것이다. 하지만 그것은 트랜스휴먼에 대한 갈망, 오늘날 우리와 몸들의 관계가 얼마나 불안정하고 실망스러운지를 암시하는 그런 갈망과는 전혀 다르다. 오늘날 몸은 우리가 깃들여 사는 장소라기보다는 차라리 환상을 담는 덮개가 되었다. 몸과의 관계가 점점 미쳐 돌아가는 이 세상의 해결책은 몸의 물질성으로부터 탈주하는 게 아니라, 몸들이 심리적·개인적·사회적 차원에서 우리에게 던지는 어려움을 적극적으로 다루는 데 있다. 내가 이렇게 주장한다고 해서 기술 반대주의자로 오해하는 사람은 없기를 바란다.

트랜스휴머니즘이나 그와 비슷한 노력에 관한 글을 읽다보면, 가령 감정적 트라우마의 기억을 씻어내 고통스러운 과거를 잊게 해주는 화학물질이 현재 개발중이라는 이야기를 들으면, 나는 혹시 뇌에 전달되는 통증 메씨지를 효과적으로 억제할 수 있는 전자이식물도 있을까 궁금해진다. 통증은 신호체계다. 통증은 위험을 경고해준다. 자신이 통증을 느끼고 있음을 아는 것은 인간적 경험의 일부다. 일반적으로 우리는 통증을 일으키는 자극을 가급적 피하려는 반응을 보인다. 손가락을 데면 다시는 불에 손가락을 넣지 말아야겠다는 것을 배운다. 하지만 단순한 조건반사가 아닌 통증도 많다. 통증은 인간의 표현양식이기도 한 것이다. 콜레트나 헤르타처럼 통증을 사용하여 자기 몸에 대한 절망을 처절하게 표현하는 경우를 통해, 우리는 그들의 몸뿐만 아니라 우리 시대의 일반적인 몸들에 대해 뭔가 배울 수 있다. 자해를 하거나 통증을 유발하는 격렬한 운동에 빠져드는 사람들이 요즘 이토록 많다는 것을 보면, 통증을 그저 뇌세포의 교란으로만 치부할 수는 없다. 통증에는 의미가 있다. 그것도 아주 많은 의미가 담겨 있다. 심리적이든 물리적이든 모든 통증은 개인에게 그 경험을 반추해보라고 경고하는 것이다. 어쩌면 통증은 문화에 의해 육체적·정신적으로 공격받는 몸들이 그로 인해 자신이 얼마나 오염되었는지를 상연해 보여주는 방법일지도 모른다. 사람들은 육체적 통증을 존중하고 정신적 통증은 얕보는 경향이 있지만, 상황은 그렇게 단순하지 않다. 두가지를 구분하는 것은 생각만큼 기계적으로 잘되지 않는다. 마음은 몸에 영향을 미치고, 몸은 복잡한 순환을 통해 마음에 영향을 미친다. 개인이 언제, 어떻게, 어떤 육체적 통증을 겪는가와 그 통증이 개인에게 어떤 영향을 미치는가는 그에 관련된 의학적·육체적 사건들뿐만 아니라 개인의 사적 환경과도 관계가 깊다. 알다시피, 어떤 사람들은 통증을 '묵묵히 감내'하거나 심지어 육체적 괴로움을 전혀 느끼지 않는 것처럼 보이는 반면, 어떤 사람들은 통증을 삶의 두드러진 경험으로 겪는다. 흥미로운 점은, 마음이 몸에 장난을 쳐서 정신신체적 통증이 생긴다고 보는 지배적 견해와는 달리, 정신분석가로서 내 경험에 따르면 오히려 육체적 통증을 겪는 환자들의 물리적·신체적 측면에 주목할 필요가 있다는 것이다. 환자들의 통증은 비단 마음의 문제만이 아니라, 스스로 몸을 찾아내려는 시도에 관련된 증상이었다. 그들은 주의를 기울일 수밖에 없는 육체적 통증과 곤란 상태에 놓이게 되면서, 그동안 무시당하고 거부당하고 학대당했던 몸에 관심을 쏟으려고 노력했다. 그것은 사적이고 개인적인 현상이다. 그리고 환자들이 증폭시킨 통증은 자기소통과 자기표현의 메커니즘이다.

물론, 통증관리 분야에서 일하는 사람들이 견딜 수 없는 고통에 괴로워하는 사람들에게 안식을 주려고 노력하는 것은 옳은 일이다. 만성통증은 사람을 쇠약하게 만든다. 통증을 누그러뜨릴 약을 찾는 것은 당연한 일이고, 칭찬할 일이다. 내가 의아하게 생각하는 것은 통증을 아예 제거하려는 트랜스휴머니스트들의 노력이다. 그들은 통증이 다른 많은 것들과 더불어 인간의 정상적인 경험 중 하나라는 사실을 부정하는 것처럼 보이기 때문이다.

치유되기를 바라는 사람들로부터 시선을 돌려, 상처 입히기를 바라는 사람들을 살펴보자. 여기서 잠깐 고문에 대해 생각해보자. 고문에서는 몸의 실제성을 잃는다는 게 불가능하다. 고문이 의도하는 것은 통증이다. 피해자에게 견디기 힘든 육체적 고통과 그에 수반되는 정신적 고통을 가하는 데서 고문의 효력이 나온다. 이때 피해자는 몸으로서의 몸에서 탈출할 수 없다. 몸은 고문의 일차적 영역이다. 고문은 극단적이고 계산적인 폭력행위에 의존해 피해자를 위협하고, 불안정하게 만들고, 신념과 의도를 손상시키려 한다. 그것은 단지 대상이 숨기는 것을 밝혀낼 뿐만 아니라, 피해자의 마음을 뒤흔들어서 스스로를 못 믿게 만들도록 설계되었다. 몸의 지배자는 그 몸에 깃들여 있는 사람이 아니라 고문자임을 알려주려는 것이다.

육체적 고문을 견딜 수 있는 사람은 거의 없다. 일시적으로 마음이 해리됨으로써 몸에서 벌어지는 일로부터 잠깐 벗어날 수는 있지만, 고문당할 가능성이 있는 업종에 종사하는 사람들이 금언처럼 믿는바, 자기가 갖고 있는 정보를 상대가 고문으로 캐낼 수 있다는 것은 당연한 사실로 봐야 한다. 고문의 목표는 사람의 통일성을 훔치는 것이다. 마음과 몸을 분리시켜서 마음을 불안정하게 만드는 것이다. 물론 몸도 불안정해진다. 수면이 부족하고, 물고문 등으로 정신이 혼미해지고, 육체적 공격을 받는 상황에서는 육체의 기능들을 자발적으로 통제할 수 없기 때문이다. 아부 그라이브 수용소(Abu Ghraib prison, 이라크 최대의 정치범 수용소—옮긴이)에서는 고문자들이 수감자들에게 육체적 잔학행위를 가하면서 자신들의 탈선행위를 「빅 브라더」(Big Brother, 영국 등 여러 나라에서 제작방영된 프로그램으로, 참가자들을 한집에 모아놓고 정기적으로 투표를 통해 한명씩 탈락시키면서 경쟁하는 과정을 카메라로 낱낱이 찍어 방송하는 형식이다—옮긴이) 리얼리티 텔레비전쇼처럼 녹화한 일이 있었다. 이 사건에서 흥미로운 대목은 그들이 자신의 가학행위를 영상으로 남겼다는 점이다. 여기서 우리는 현대적 삶의 두가지 특징을 읽어낼 수 있다. 리얼리티 텔레비전쇼는 정글의 공포를 이기지 못한 사람, 투표에서 떨어져 쇼에서 빠지게 된 사람 등 어려운 육체적 도전에서 실패한 사람들이 겪는 수치스러운 상황을 보여줌으로써, 관객을 구경꾼 겸 증인으로 만들고 그들의 관음증을 조장한다. 여기에 모욕을 시각적으로 포착하는 기술이 더해진다. 우리는 사람들이 창피당하고 모욕을 겪는 것을 화면으로 본다.* 우리는 관객으로서 그들의 굴욕에 참여한다. 여기서 더 나아가, 이제 우리는 정치적 고문까지 볼 수 있게 되었다. 물론 사람들은 언제나 고문을 기록해왔다. 나치는 고문에 대해 방대한 기록을 남겼고, 프놈펜(Phnum Penh)에서도 그랬다. 고문의 기록 자체는 새로운 현상이 아니다. 오늘날 우리와 몸들의 관계가 상당히 절박하다는 것을 암시하는 부분은, 고문을 마치 홈무비 찍듯이 시각적으로 기록했다는 점이다. 우리는 몸들이 침해당하는 광경을 목격한다. 억류자들에게 끔찍한 폭력이 가해지는 광경을 보면서 육체적·감정적 만행에 대해 방관자가 된다. 그 동영상들은 전쟁중의 몸들이 다른 몸들에게 공격성을 발휘할 수 있다는 사실을 생생하

---

* 물론 사람들이 왜 이런 쇼에 출연하려고 하는가, 무엇이 그들의 인식욕구를 부추기는가 하는 것은 별개의 문제다.

게 보여준다. 비디오에서는 몸들에 대한 물리적 공격행위가 가감없이 노출된다. 보통의 상황에서는 우리 눈에 잘 드러나지 않는 광경이다. 노골적인 가학성이 노출되는 것을 보면서, 우리는 혹시 고문자들도 사람의 몸과 마음의 한계를 시험하는 육체적 잔학행위를 대리로나마 경험하고 싶어하는 것은 아닐까 짐작해 본다. 비디오를 보는 우리 역시 그럴지도 모른다. 끊임없이 몸들을 수색하는 우리 문화의 태도는 이제 고문이라는 압도적 공포를 통해 드러나고 있다. 고문을 구경하는 것은 우리와 몸들의 비뚤어진 문화적 관계를 표출하는 현상이다. 그 현상은 우리 모두에게 영향을 미친다.

프랑스 예술가 오를랑(Orlan, 1947~ , 페미니즘 여성 예술가―옮긴이)은 1970년대부터 간간이, 그리고 1990년대 들어서는 더욱 적극적으로, 자기 몸을 캔버스처럼 사용하여 몸에 물리적 잔인함을 가해왔다. 그녀는 성형외과의사의 수술칼 아래 제 몸을 뉘어 여기저기 깎고 다듬게 했다. 그럼으로써 시술의 끔찍함, 변화에 대한 강렬한 욕망, 스스로 수용할 만한 몸을 찾지 못하는 절망을 관객에게 정면으로 보여주었다. 그녀의 작업은 너무나 고통스러워서 마주 보고 있기가 힘들 정도다. 그것이 요지다. 그녀는 우리가 차라리 몰랐으면 하는 것, 여성의 몸에 가해지는 고통과 파괴를 똑바로 보라고 말한다. 그녀는 여성들이 제 몸에 시행해야 한다고 믿게 된 것들을 과장된 형태로 상연한다. 우리는 그녀의 몸이 견디는 아픔을 보며 저도 모르게 감응하여 눈물을 흘린다.

오를랑이 자기 몸에 자발적으로 공격을 가하는 것은 전세계 여성들의 몸에 가해지는 공격으로부터 예술을 끌어내려는 시도다. 앞에서 이야기했듯이, 오늘날 많은 사람들에게 성형수술은 예술이 아니라 감정적 생존도구다. 중국, 한국, 동유럽 신생국가들에서는 성형수술이 경제적 생존의 문제로 인식될 때도 많다. '수준을 맞추기 위한' 방법이라거나 더 많은 벌이를 위한 자격증쯤으로 여긴다. 확대되고 조작된 사진적 이미지들의 영향력 때문에, 대부분의 사람들은 현재의 몸을 다듬고 수정해야만 옳은 형태의 몸을 획득할 수 있다는 생각을 갖게 되었다. 오를랑은 그런 추구의 비극성을 드러내며, 오늘날 시중에 제공되는 여러 신체변형 기술들에 어김없이 따라붙는 역량강화 논리가 한낱 미몽에 지나지 않는다는 사실을 일깨워준다. 고문 동영상과 마찬가지로, 오를랑의 작업은 우리 시대의 몸들이 얼마나 불안정한지를 보여준다. 성형수술을 기뻐하고 축하할 일로 여길 만큼 사태가 심각함을, 몸의 현주소가 얼마나 곤란한 처지인지를 보여주는 것이다.

몸을 외적으로만 판단하는 환경에서는 실망이 만연할 수밖에 없다. 그런 환경에서 성공이란 해마다 더 젊어 보이는 것을 뜻한다. 내가 헬스장에서 마주치는 여성들은 정말로 그런 것 같다. 몸을 규제하는 것, 배고픔과 욕구와 노화와 배출을 통제하는 것이 곧 성공이다. 몸을 평생의 작업으로 여기는 것이 곧 성공이다. 육체적·의학적·미적 결점을 예상하고 바로잡는 게 곧 성공이다. 몸의 정상적인 과정들을 충분히 통제하지 못할 때, 몸은 실패의 장소이자 실망을 낳는 진원지가 된다. 물론 몸의 과정들을 다 통제한다는 것은 애초에 불가능한 일이다.

제멋대로이고 거추장스러운 신체적 욕구들로부터 해방됨으로써 평화롭게 몸에 깃들여 살고 싶다는 역설적인 욕망이 갈수록 강해지고 있다. 우리는 몸을 위협적인 존재로 경험한다. 이런 관점에서는 늘 실패할 수밖에 없다. 몸은 반드시 잘못되기 마련이니까. 우리는 몸을 대하는 우리의 태도가 문제라는 생각을 좀처럼 하지 못한다. 그런 비판적 태도를 공유할 만한 공간이 없다. 도리어 자신의 개인적 노력이 부족한 게 문제라고 생각한다. 우리는 마땅히 달성해야 할 몸, 혹은 스스로 바라는 몸을 창조하는 데 실패한다. 우리에게는 일시적인 평화만이 주어질 뿐이다. '그것'을 손에 넣을 기회, '그것'을 의학적·감정적·육체적으로 계속 개조해나갈 기회가 머지않아 다시 닥칠 테니까 말이다. 그저 존재하는 것만으로 충분한 몸이란 이제 없다.

5장

섹스는
연기가 되었다

5

필라델피아 교외에 있는 중학교의 통학버스 운전사들은 너무나 황당한 일을 겪었다. 오전 8시와 오후 3시에 운행할 때, 몇몇 어린 소녀들의 머리가 소년들의 가랑이 사이에서 위아래로 까닥거리는 것을 목격한 것이다. 그것은 분명 구강성교의 리듬이었다. 아직 학교에 차로 데려다주고 데려와야만 하는 11~14세의 소녀들은 어른이 된다는 것은 성적으로 소년들에게 봉사하는 것이라는 생각을 갖고 있었다. 운전사들은 학교에 이 상황을 이야기했다. 한편 상담교사들도 몇몇 소년들이 상담실을 찾아왔다고 보고했다. 소년들은 소녀들이 먼저 제안한 구강성교를 경험한 뒤에 부끄럽고 당황스러운 기분이 들었다고 고백했다.¹ 두 성(性)이 모두 혼란에 빠져 있었다. 청소년들은 자신에게 주어진 성애화된 세계 속에서 제 위치를 찾지 못해 힘들어한다.

이 경우에는 버스 운전사들도 힘들었을 것이다. 어차피 그들은 도덕적으로 반응하기가 쉬웠겠지만 말이다. 그들이 목격한 아이들의 어긋난 성적 탐색은 프로이트 이후의 성해방 운동이 추구한 목표와는 거리가 멀었다. 섹스는 감정을 표현하는 즐거운 것이어야지, 소녀들의 의무나 소년들의 난처함이 되어서는 안 되었다.

주로 10대들이 방문하는 '섹시한가 아닌가'(www.hotornot.com)라는 웹싸이트가 있다. 아이들이 그곳에 자기 사진을 올리면, 다른 사용자들이 1에서 10 사이의 점수를 매긴다. 그런 표가 120억개나 쏟아져 있다. 그곳에서는 '사진발'이 전부이기 때문에 아이들은 최고로 잘 찍힌 사진을 올린다.* 조작된 시각문화의 시대를 살아가는 평범한 아이들은 자기 몸을 화면에 띄워 광고함으로써 운을 시험해본다. 아이들은 실물보다 나아 보이게 조명을 비추는 법을 터득하고, 모델처럼 서 있는 법을 배우고, 영화배우처럼 입술을 내밀거나 빨래판 복근을 자랑하는 법을 익힌다. 정말이지 민주적인 시대다. 꼭 집이 아니더라도 학교, 지역문화회관, 인터넷까페에서 쉽게 접할 수 있는 비교적 값싼 기술들 덕분에, 미래에는 누구나 15분 동안은 유명인이 될 것

---

* 혹은 성인들일지도 모른다. 그 싸이트는 40대 이상까지도 사용하니까 말이다.

이라고 했던 앤디 워홀(Andy Warhol, 1928~87, 팝아트를 창시한 미국의 예술가—옮긴이)의 말을 '모두가' 경험하게 되었다. 베오그라드(Beograd), 덴버(Denver), 샹하이(上海), 꾸스꼬(Cuzco), 마뿌뚜(Maputo), 그 어디에서든 페이스북이나 유튜브에 자기 페이지를 열 수 있고, hotornot.com이나 facethejury.com 같은 싸이트의 시각적 공간에서 남들과 겨룰 수도 있고, 「스완」「10년 젊어지기」「익스트림 메이크오버」 같은 인기 프로그램에서 파생된 무수한 텔레비전쇼에 참가할 수도 있다.

이런 싸이트들이 우리에게 말해주는 바는, 섹슈얼리티에 관한 한 몸이 전부라는 것이다. 그런데 몸은 아이들의 전시 밑천인 동시에, 혹독한 비평과 평가를 받아야 하는 대상이다. 그런 경쟁은 성적 매력을 통해 인정받기 위한 시도임이 분명하다. 소년들에게 구강성교를 해준 소녀들도 그런 인정을 추구하는 것이었다. 그런데 아이들은 대체로 인정받는 데 실패한다. 그들이 찾는 것은 그런 웹싸이트에도, 미숙한 음경과 감정능력을 지닌 소년들에게도 없기 때문이다. 소녀들은 타인의 눈에 들기를 바라고, 육체적 매력의 기준을 통과하기를 바라고, 또래집단의 일원이면서도 특별하고 독특한 존재로 인정받기를 바란다. 하지만 소년들은 소녀들을 성적으로나 감정적으로 인정해주기에 너무 어리다.

물론 소녀들이 인정을 구하는 대상은 소년들만이 아니다. 소녀들은 다른 소녀들로부터도 인정받고 싶어한다. 아이들은 거울 앞에서 토요일 밤의 외출을 준비하면서, 복장, 머리, 화장, 신발, 가방, 액쎄서리, 향수 등 여성성을 드러내는 온갖 도구들에 관해 서로 조언해준다. 그들은 시각문화의 요구조건들을 몸소 받아들이고, 열정과 흥분을 품고서 서로 협력하여 신체적 불안전성을 극복한다. 그 불안정성은 콜레트처럼 어머니에게서 물려받은 것이든, 이미지로 포화된 문화 속에서 습득한 것이든, 아이들의 신체감각에 이미 각인되어 있다. 아이들은 독특하고 개성적이면서도 유행에 맞게 외모를 꾸미는 즐거움을 만끽한다. 그것은 재미있는 체험일 뿐, 아무도 억압적이라고 느끼지 않을 것이다. 아이들은 매력적으로 느껴지는 몸을 만들려고 노력하고, 그 과정을 즐긴다. 그럴 만도 하다. 제 방에 홀로 처박혀서 개인적인 실망에 시달리는 게 아니기 때문이다. 장점을 강조하고 맘에 안 드는 부분을 감출 방법을 귀띔해줄 친구들도 있다. 앞에서 살펴보았듯이 요즘은 아주 어려서부터 아름다움과 섹슈얼리티를 중요하게 여긴다. 이런 세상은 소녀들에게 신천지다. 그런데 한가지 빠진 것이 있다. 아이들이 안정된 몸을 갖고 있지 않은 것처럼, 그들에게는 아직 섹슈얼리타라고 할 만한 것이 없다는 점이다. 그들은 섹스가 중요하다는 것은 알지만, 그것이 무엇인지, 어디에서 생겨나고 무엇을 위한 것인지는 잘 모른다. 그런 지식이 결여되어 있기 때문에, 학교 가는 길에 남자아이들의 성기를 빨아주면 도움이 되리라고 믿게 된 것이다. 하지만 실상은 아무 도움도 되지 않는다. 그래서 소녀들은 또다른 지상 명제로 시선을 돌린다. 매력적으로 보여야 한다는 명제다. 그들은 비슷한 처지에 있는 친구들과 힘을 합쳐서 대놓고 '섹시함'을 표현하도록 외모를 꾸민다. 그날 밤, 아니면 몇년 뒤에, 소녀들 중 몇몇은 폭음을 할 것이고, 그러다 섹스를 하게 될 것이고, 자신의 전후 사진을 페이스북에 올릴 것이다. 그들에게는 타인의 시선이 필요하다.

아이들이 실제 연령보다 더 나이들어 보이게 옷을 입고 행동하기를 기대하는 현상을 가리켜 '나이 압축'(age compression)이라고 하는데, 그 압축속도는 점점 빨라지고 있다. 요즘은 아기용 스틸레토(stiletto, 굽이 뾰족한 하이힐—옮긴이)가 있는가 하면(폭삭 접히는 고무굽이 붙어 있다), 유아를 위한 브래지어 쎄트도 있다. 이런 상황이니 미국에서 10대가 되기 전이나 막 10대에 접어든 아이들의 성적 조숙함이 문제로 부각된 것도 이해할 만하다. 아이들은 자신을 훑어보고 평가하는 눈길을 경험하고,

---

Michael D. Lemonick, "Teens Before Their Time," *Time*, 22 October 2000 참조. 그밖에도 미국의 여러 연구단체들이 이런 현상을 보고했다. 가장 최근에 나온 것은 2007년 미국심리학회가 소녀들의 성애화에 기여하는 갖가지 요인들을 나열한 보고서다. 뮤직비디오, 소녀들을 대상으로 하는 잡지들, 텔레비전과 광고 등이 주요 요인으로 꼽혔다. "Report of the APA Task Force on the Sexualization of Girls," American Psychological Association Task Force on

'섹시하다'는 등급을 받으려고 노력한다. 참으로 고달픈 일이 아닐 수 없다. 게다가 어려서부터 시작한 그 일을 언제까지나 계속해야 한다. 사람들은 브리트니 스피어스(Britney Spears)에게 출산한 몸으로 어찌 감히 춤을 추느냐고 비난했다. 물론 그녀 이전에도 그런 비난을 들은 사람이 수두룩했다. 한때 세련되고 섹시하다고 칭송받았던 몸이 이제는 그 섹슈얼한 행위의 결과인 출산 때문에 비난받는 것이다. 성적으로 매력적인 몸, 그리고 사람들이 흔히 출산과 결부시키는 정숙한 몸이 분리되어 있는 이런 역설적인 상황은 어제오늘의 일이 아니다. 어머니는 늘 탈성화된 성녀로 간주된다. 1980년대 중반까지만 해도 아이를 둔 여성들은 섹슈얼리티를 가리는 점잖은 옷을 입어야 했다. 바로 그 섹슈얼리티로 인해 임신이 된 것인데도 말이다.[*]

순수함으로 개조된 섹슈얼한 몸의 전도된 개념은 오늘날의 여러 복잡하고 모순된 관념들 중 하나일 뿐이다. 겉으로 드러난 몸을 섹슈얼한 외관으로만 판단한다고 하자. 시각적인 면이 지배적일 수밖에 없다. 성욕은 보는 데서 나오기 때문이다. 섹스에 대한 유대-기독교적 도덕률의 근간이었던 감정적·영적·헌신

---

the Sexualization of Girls, 2007.

[*] 1983년에 주디 레버(Judy Lever)와 비비엔 프링글(Vivienne Pringle)은 '블루밍 마벨러스'(Blooming Marvellous)사를 세워, 합리적인 가격에 스타일도 멋진 임부복을 만들기 시작했다.

적 관계는 가뭇없이 증발해버린다. 육체적인 면이 매력이 된 현상 자체는 어떻게 보면 늘 있던 일이다. 문제는 육체적 매력을 모든 행동과 성적 행위의 기반으로 두는 점이다. 지난 40년 동안 우리는 성도덕에 관한 규범들, 누구와 언제 왜 잘 것인가 하는 문제에 대한 규칙들을 해체해왔다. 욕망은 '해방'되었고, 행동에 뒤따랐던 죄책감은 포기에 따르는 죄책감으로 바뀌었다. 이제는 매력이 전부다. 반면 여성이 몸을 가려야 하거나 중매결혼을 해야 하는 문화와 종교에서는 아직도 여성의 몸이 드러내는 시각적 요소가 선동적인 것으로 여겨진다.

우리 시대의 시각적 무자크(muzak, 배경음악—옮긴이)가 여성의 몸에 관한 옛 금기들과 충돌하면서, 여성의 몸은 여성과 남성 모두에게 위험하다는 오래된 관념이 새로운 방향으로 달라지고 있다. 옛사람들은 여성의 몸이 성적으로 너무나 강렬해서 압도당할 수 있다고 생각했다. 그래서 여성의 몸은 반드시 숨겨야 하는 것이었다. 이처럼 여성의 섹슈얼리티가 과거에 지녔던 힘은 오늘날의 젊은 여성들이 겪는 딜레마와 대조적이다. 오늘날의 여성들은 자신의 몸이 그 자체로 충분히 매력적이고 강렬하다는 것을 믿지 않거나 아예 모르니까 말이다. 여성들은 성적으로 유혹적인 몸을 갖기 위해서는 열심히 노력해야 한다고 생각한다. 때문에 많은 여성들이 베일과 긴 치마로 몸을 가리거나, 머리카락을 자르고 가발을 쓰거나, 연예인처럼 옷을 입는 등 다양한 시도를 해보는데, 그런 경험들이 반복되는 과정에서 실현하기 어려운 에로틱한 꿈들이 할증금처럼 조금씩 몸에 부과된다. 그 꿈들은 충족되지 않을 때가 많다. 그런 꿈들을 좇다보면, 섹슈얼리티의 확인과 몸의 수용이라는 목표를 달성할 수 없기 때문이다. 여성들은 물론이고 그들의 애인들도(남성이든 여성이든) 여성의 섹슈얼리티에 대해 선입견을 갖고 있기 때문에, 그런 꿈을 실현하기란 애초에 불가능할지도 모른다.

오늘날의 성은 과잉자극을 받고 있다. 기업들은 성애화된 몸을 이용해 소비사회에서의 멋진 삶이라는 개념을 재현, 판매하고, 우리는 화보를 보면서 어떻게 스스로를 성적 존재로서 드러내면 좋을지, 섹스를 할 때 어떤 모습을 보여야 할지를 배운다. 최근에는 잡지 『주』(Zoo)가 콘테스트를 하나 열었다. 남성독자들에게 여자친구의 가슴사진과 좋아하는 연예인의 가슴사진을 보내라고 한 뒤, 우승자에게는 여자친구의 가슴을 그가 원하는 연예인의 가슴처럼 성형해주겠다고 한 것이다.[2] 이러니 당연스럽게도 여성들에게 섹스란 제3자의 시각에서 자기 행위를 바라보는 것이 되었다. 여성들이 섹스를 흥미롭게 느끼는 까닭은 상대에 대한 자신의 반응, 유혹의 몸짓, 심지어 성적 친밀감의 표현까지도 영화, 텔레비전, 뮤직비디오의 이미지들을 참고한 것이기 때문이다. 이제 섹스는 연기가 되었다. 참가자들은 섹스라는 연기를 수행함으로써 비로소 에로틱한 감각을 느낀다. 연기

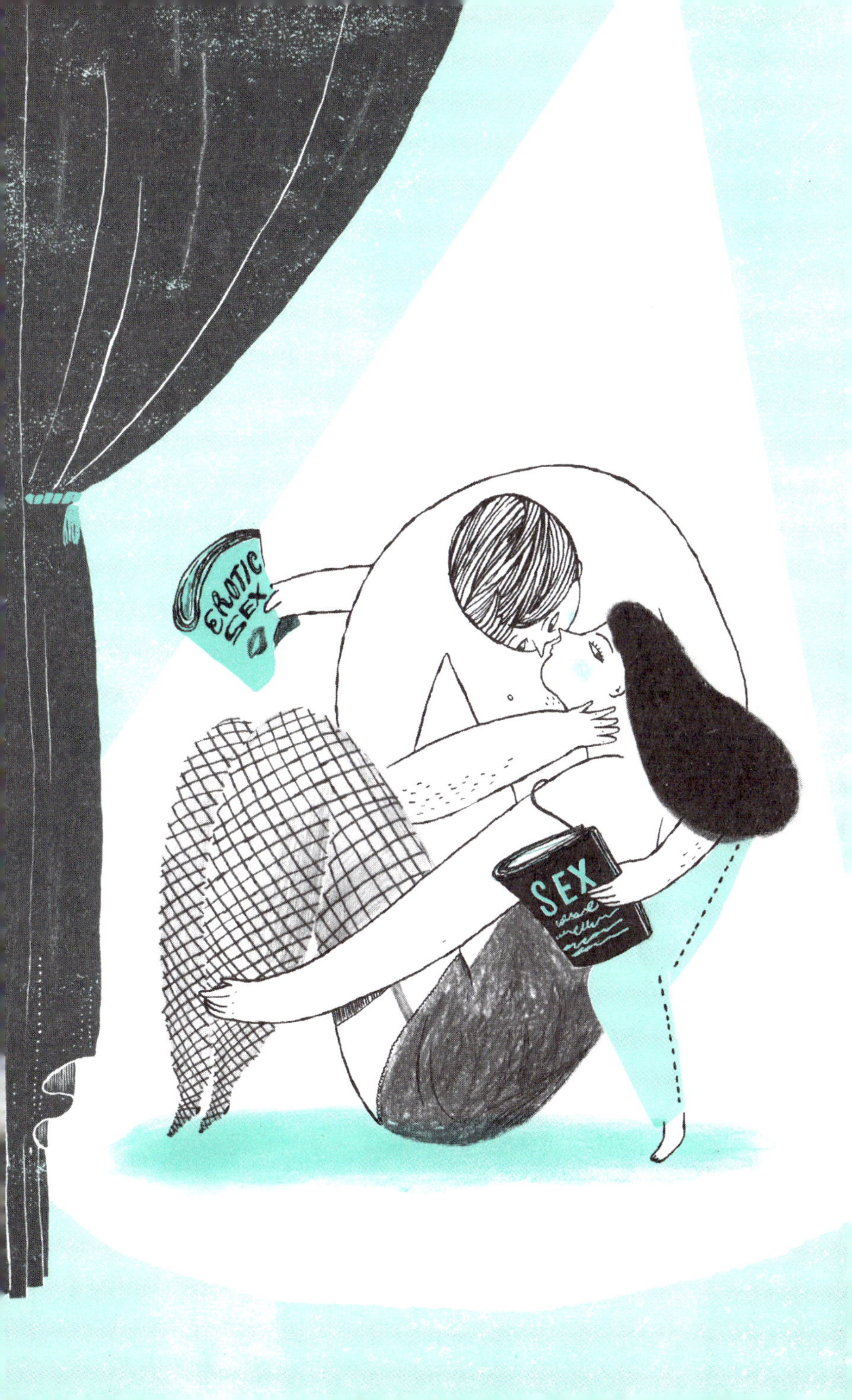
EROTIC SEX
SEX

그 자체로도 충분히 에로틱할 수 있을까 하는 문제는 잘 모르겠다. 어쨌든 잠시 후에 소개할 루비를 비롯해 내가 상담실에서 만난 수많은 여성들에게 섹슈얼리티란 분명 머릿속에서 그려내야 하는 것, 연기해야 하는 것이었다. 그들에게 섹슈얼리티는 당연히 존재하거나 유기적으로 흐르는 것이 아니다. 섹슈얼리티의 시각화 경향과 각 개인이 경험한 모녀관계의 유산이 결합됨으로써, 섹슈얼리티는 마치 개인적인 몸의 표식처럼 전달받고 전시해야 하는 '물건'이 되었다. 최근까지만 해도 이 모녀관계에서 엄마의 역할은 섹슈얼리티와 성애화를 장려하기보다는 금지하는 것이었다. 근래에 성풍속이 급격히 변하기는 했지만, 어쨌든 섹슈얼리티에 대한 엄마의 태도와 엄마가 자랄 때 경험했던 금기들은 딸에게도 그대로 스며들어, 의미있는 성의 세계에 진입하려고 애쓰는 딸의 섹슈얼리티의 일부가 될 것이다. 소녀들과 여성들은 섹슈얼리티를 꼭 갖춰야 할 추가부품으로 느낄지도 모른다(메트로섹슈얼이나 게이 문화에 속한 젊은 남성들도 그럴 수 있다). 통합적이고 유기적으로 표현되는 자아의 경험이라기보다는, 목적에 따라 고안되거나 창조되는 무언가로 느끼는 것이다. 점점 더 넓은 영역의 문화가 강박적으로 성애화됨에 따라, 개인은 서로 다른 두가지 종류의 섹스가 제 안에서 충돌하는 것을 경험한다. 한쪽에는 개인이 세상이나 관계에 제공하는 소모품으로서의 섹스, 혼란과 실망의 장소로서의 섹스가 있고, 다른 쪽에는 친밀감의 표현으로서의 섹스가 있다.

　최근 영국의 어느 일요신문은 남성독자들에게 여자친구의 사진을 보내라고 요청했다. 우승자의 여자친구는 포르노스타에게 남자를 흥분시키는 방법을 배울 수 있다고 했다. 그렇게 유혹을 가르치는 교실에서는 상대에게 관심없는 척하면서 봉을 잡고 빙그르르 춤추는 법을 전수한다. 많은 여성들이 그런 수업에 참가하는데, 그들의 나이가 20대에서 50대까지 폭넓은 것도 흥미로운 현상이다. 토요일 밤의 외출을 준비하는 10대들처럼, 이 여성들이 경험하는 섹슈얼리티도 제대로 통합되어 있지 않다. 그들에게 섹슈얼리티는 수업이나 준비가 필요한 무엇이다. 이처럼 섹슈얼리티에 대한 시각적 대상화, 그리고 섹스를 개인적 자산이나 소모품처럼 여기는 현상은 몸을 어마어마한 무게로 짓누르고 있다. 아니, 몸이라기보다는 몸이라는 관념이라고 불러야 할지도 모르겠다. 몸은 이대로는 지속불가능하다고 느낀다. 오늘날의 몸들은 늘 섹슈얼리티의 신호를 내야 한다. 순진한 여학생에서 가학적인 여사감까지 마음껏 이런저런 가면들을 써도 좋지만, 어쨌든 반드시 신호를 내야 한다. 섹슈얼한 몸은 유혹적인 교태에서 체조에 가까운 체위까지 온갖 동작들을 취할 줄 알아야 한다. 사람들은 머릿속에 저장된 비현실적인 지침들에 따라 틀에 박힌 방식으로 성적인 행위를 한다. 안전함과 안정감을 느끼지 못하는 몸이 겉모습과 연기만을 중시하는 방식으로 섹스를 하는 상황이니, 개인의 섹슈얼리티는 그가 현재의 섹슈얼리티 표지들을 얼마나 잘 재현하는가에 따라 평가된다(남들은 물론이고 스스로도 자신을 그런 잣대로 평가한다). 섹슈얼리티를 즐기고 취약점을 공유할 수 있는 지속가능한 몸이라는 이상은 영원히 손에 잡히지 않는다.

물론, 몸의 외적인 모습을 강조하는 이런 경향은 여성들에게만 국한되지 않는다. 최근 5년 동안 영국에서 널리 유행한 도깅(dogging, 원래 공공장소에서 섹스하는 커플을 몰래 훔쳐보는 행위를 가리켰으나, 최근에는 사전에 약속을 정해 만나서 서로 훔쳐보거나 여러명이 함께 섹스하는 것을 가리킨다 — 옮긴이) 웹싸이트들을 보자. 사람들은 성적인 만남을 약속하기 전에 서로 정보를 교환하는데, 그들이 서로에게 요구하고 보여주는 신체적 조건들이 어찌나 상세한지 놀라울 따름이다. 남성들은 자신의 빨래판 복근 사진을 올린다. 사진에는 머리도 얼굴도 팔도 다리도 없고, 그저 몸통만 있을 뿐이다. 동성애자들의 싸이트에 가입하려면 자신의 육체적 조건들에 대한 문항을 작성해야 하는데, 가령 가슴털이 보통 정도임, 가슴털이 매우 많음, 가슴털을 제모했음 중에서 하나를 고르는 식이다. 이처럼 섹슈얼한 것은 곧 신체이미지를 접하는 것이 되었다.

동시에, 섹스에 대한 갈망과 추구를 반드시 필요한 활동으로 여기는 사람들이 많다. 섹스가 일으키는 강렬한 감각들을 통해 자기 몸이 그저 연기로만 경험되는 것이 아니라, 흥분하고 만져지고 움직여지는 존재라는 사실을 새삼 깨달을 수 있기 때문이다. 힘든 운동에서 쾌락을 느끼는 것처럼, 섹슈얼한 감각들은 자신의 신체적 반응이 진짜라는 느낌을 안겨준다. 믿을 수 있고 안정된 신체감각을 만들어주는 것까지는 무리지만 말이다. 그런데 여기에는 조금 까다로운 역설이 담겨 있다. 누구나 잘 알고 인정하듯이, 섹스는 몸들의 강렬한 만남이다. 또한 섹스는 사람들이 굉장히 취약해지는 공간이자 자기를 개방하는 장소이며, 자신과 자신의 몸이 아무 문제 없고 남에게 수용될 수 있고 아름답고 살아있다는 확신을 얻을 수 있는 장소다. 사람들은 왜 섹슈얼리티에서 그런 것을 추구할까? 오늘날 너무나 많은 사람들이 육체적으로, 또한 감정적으로 자신이 가짜라는 느낌에 시달리는데, 에로틱한 감각은 특유의 육체적 힘을 통해 그 느낌을 지워주기 때문이다.

   정신분석은 섹스에서 시작되었다. 프로이트는 빅토리아시대 부르주아들의 불만을 탐색함으로써, 성적 억압과 갈등에 의해 움직이는 세상에서 우리가 어떤 위치에 놓여 있고 어떤 본성을 갖고 있는지 말해주는 이론을 세웠다. 프로이트에 따르면, 여성의 섹슈얼리티는 남성의 섹슈얼리티에 대한 빈약한 대체재다. 젊은 여성들은 고통스러운 변화과정을 겪음으로써 여성의 섹슈얼리티를 발달시킨다. 주체적으로 쾌락을 추구하던 소녀가 수동적이고 수용적인 성인여성으로 바뀌는 것이다. 여성은 후자의 상태가 되어야만 비로소 남성성이라는 주체적 섹슈얼리티를 받아들일 수 있다. 프로이트의 주장은 여성의 섹슈얼리티가 주저하는 경향이 있다는 사실을 잘 지적한 것이었다. 그는 자신이 관찰한 것을 기록했고, 나아가 주체성이 수동성으로 바뀌는 과정이 당시 여성들의 지위와 성애를 이해하는 데 도움이 될 것이라고 제안했다.

프로이트의 개념이 등장한 19세기 말은 최초의 페미니즘 운동이 시작된 시기이기도 하다. 어떤 사람들은 그의 이론이 20세기 페미니즘의 물결에서 살아남지 못할 것이라고 의구심을 품기도 했다.[4] 실제로 프로이트의 연구는 가부장적 이론이라고 맹폭을 받아 헌신짝처럼 버려질 수도 있었지만, 1960년대와 70년대의 해방투쟁은 그의 이론에서 두가지 가치를 발견해냈다. 첫째, 다양한 운동들이 추구한 목표 중에는 성해방도 끼어 있었으므로, 무의식적인 과정과 성적 관계에 대해 충분히 인지하는 이론이 필요했다. 둘째, 여성들이 종속관계 및 여성적 심리 구축에 자발적으로 참여하는 현상을 경제적 요인 외에 다른 방식으로 설명하는 덜 기계적인 이론이 필요했다. 프로이트의 이론은 실제로 이런 현상을 어느정도 설명해냈고, 정신분석학은 이런 의문들에 답할 수 있는 생산적인 기법으로 보였다. 하지만 넘어야 할 산이 있었다. 여성들이 주체적 입장에서 수동적 입장으로 옮겨가야 한다는 프로이트의 견해는 과연 옳을까? 옳다면 그 과정은 어떻게 벌어질까? 사람들은 성별과 젠더에 따라 사회를 위계화한 프로이트의 해석을 당위라기보다는 현상에 대한 묘사로 읽음으로써 문제를 극복했다. 그렇게 이해한다면, 우리가 어떻게 심리적으로 젠더화된 존재로 발달하는가 하는 문제를 다룰 때 프로이트의 연구와 기법을 충분히 적용할 만하다.[5]

오늘날 변화하는 성적 환경을 반추해보면, 행위를 무의식적 욕망이나 갈등과 묶어 이야기했던 프로이트의 방법론이 굉장히 유용하다는 것을 알 수 있다. 그의 접근법에 따라 적절한 질문들을 던져보면, 어째서 11~14세 아이들의 구강성교에 버스 운전사들과 상담교사들이 불편해하고 걱정했는지를 이해할 수 있다. 정신분석학적 해석에 따르면, 소녀들은 내적인 모순 때문에 그런 조숙한 성적 활동을 했을 것이다. 소녀들은 확신을 얻기 위해 구강성교를 했다. 상대가 원치 않는 성적 호의를 강제로 제공하는 것, 그것은 소녀들이 느끼는 불안함의 표현이다. 아이들은 뭔가 성적인 활동을 함으로써 '그것'을 터득했다는 기분을 느끼고 싶어한다. '그것'이 반드시 성취해야 할 일인 것처럼 말이다. 아이들은 주체적인 존재지만, 그런 주체적 활동은 무언가를 연기함으로써만 얻을 수 있는 자존감을 추구하는 노력일 뿐이다. 그것은 성적 표현이 아니다. 아이들이 '그것'을 반드시 해야 하는 일이라고 믿는 것만 보아도, 10대 초반 아이들의 여성성이 얼마나 혼란스러운 상태인지 알 수 있다. 겉으로 드러난 섹스는 꼭 무의식의 섹스를 반영하는 것이 아닐 수도 있다. 아이들의 행동은 섹스를 전시용으로 여기는 현대사회의 성적 혼란과 과제를 표현한 것이다. 어쩌면 여기에는 학교의 성교육 방식도 다소 영향을 미쳤을지도 모른다. 성교육 수업에서는 여자아이들에게 자신의 성적 쾌락을 찾아내고 누리는 방법을 가르치는 게 아니라, 상대에게 콘돔을 씌워주는 방법을 가르친다. 대중문화는 프로이트식 해석을 온통 성에 관련된 것으로 묘사하곤 하지만, 실은 그렇지 않다. 오히려 정반대다. 정신분석학적으로 보면, 소녀들의 구강성교는 성적인 행동이 아닐지도 모른다. 아이들은 단지 연결되기를 바랐거나, 사춘기 전이나 사춘기에 있는 소녀들에게 섹슈얼리티와 몸은 너무나 어렵고 혼란스러운 과제라는 사실을 상연한 것일지도 모른다.[6]

그렇다면 이런 추측을 해볼 수 있다. 이런 소녀들이 나중에 자기 손목을 긋는 등 자해행위를 하게 되는 것일까? 관계의 욕구를 소년들에게서 채우지 못하고, 존재가치를 느끼고 싶었던 바람이 철저히 오해되자(그리고 거부되자), 자해로써 자신의 욕망을 벌하는 것일까? 고전적인 프로이트의 관점에서라면, 아마도 해소되지 않은 성적 딜레마에 대한 반응으로서 자해를 한다고 해석할 것이다. 20년 전까지만 해도 자해는 지금처럼 널리 퍼진 현상이 아니었기 때문에, 오이디푸스 콤플렉스를 동원한 천편일률적인 설명으로도 충분해 보였다. 하지만 자해사례가 폭발적으로 증가하는 오늘날, 우리는 더욱 개방된 접근법을 취할 필요가 있다. 물론 자해에는 성적인 기원이 있을지도 모른다.* 하지만 자해는 성인여성이나 소녀가 과거에 경험했던 폭력을 상연하는 방법일지도 모른다. 자해의 상처는 자신과 남들에게 감정적인 통증을 보여주는 방법일지도 모른다. 첫눈에는 그 상처가 외적인 언어로 느껴지겠지만, 동시에 그것은 몸이 그 자체로 너무나 불안정한 상태임을 드러내는 것이기도 하다.

제인의 사연은 자해의 모든 측면을 다 보여준다. 제인은 오하이오 출신의 30세 여성이었다. 그녀는 종교적인 환경에서 자랐고, 여러 근거들로 볼 때 아마 가족 내에서 성적 학대를 당했던 것 같다. 그녀는 바늘을 써서 작업하는 재봉사인데, 약 4개월마다 한번씩 칼로 자기 유방을 깊게 그었다. 피가 철철 흘러서 당장 응급실로 실려가 처치를 받고 꿰매야 할 정도였다. 그렇다고 자해를 부추기는 환청 따위를 듣는 것은 아니었다. 그녀는 자기 몸을 고통스러운 감각들이 아우성치는 상태로 묘사했고, 자기 마음은 때때로 비현실적인 느낌들로 뒤덮인다고 말했다. 그럴 때 세상을 바라보면 마치 컴컴한 천을 통해 내다보는 것 같

---

* 프랑스 영화 「피아니스트」(The Piano Teacher)를 보면 알 수 있듯이, 모녀관계에 얽힌 문제일지도 모른다.

다고 했다. 그녀가 자해욕구를 털어놓기 시작하자, 고통스러운 모순들이 떠올랐다. 그녀는 너무나 비통하고 불행한 마음으로 살고 있어서, 물질적인 의미에서는 자신이 거의 존재하지 않는다고 느꼈다. 몸은 그녀에게 중요하지 않았다. 그녀의 몸은 항상 엉클어져 있었다. 그녀의 자해행위는 부분적으로는 신체적 자아를 느끼고 찾아내기 위한 노력이었다. 피를 철철 쏟는 상황으로 스스로를 몰아넣어야만, 비로소 자신의 존재가 물리적으로 실재한다는 사실을 알 수 있었던 것이다. 자해를 통해서만 그녀는 평소 늘 무시하려고 노력하는 자기 몸과 관계를 맺을 수 있었다. 그런 상황에서는 몸을 돌볼 수밖에 없었고, 자기가 몸속에 산다는 사실을 깨우칠 수밖에 없었다. 역설적이게도 그녀는 몸에 상해를 가함으로써 몸을 일깨웠고, 그럼으로써 잠시나마 마음속의 혼돈을 잠재웠던 것이다.

자해를 하면 몸에 화학반응이 일어나서 코르티솔이 분출되는 현상도 도움이 되었다. 코르티솔이 분출되면 잇따라 에피네프린(epinephrine)이 쏟아져나와 몸을 갉아먹는 통증을 완화해준다. 그와 동시에, 자해는 그녀 자신과 그녀의 행동을 보고 들은 사람들에게 그녀의 정신적·육체적 통증이 얼마나 끔찍한지를 시각적이고 노골적으로 보여주었다. 섹스도 마찬가지였다. 애정어린 관계의 친근한 섹스나 낯선 이와 일시적이나마 따스한 온기를 나누는 섹스가 아니었다. 제인을 진정시키는 것은 폭력과 위험이 어른거리는 섹스였다. 그녀는 낯선 사람을 만나 관계했고, 섹스를 통해 폭력에 대한 환상을 실행하거나 실제로 폭력을 주고받았다. 그런 식으로 육체적 상처를 느껴야만 진정되었고, 그제야 육체적·감정적 평형을 되찾았다. 그녀의 몸은 통증에 길들여져 있었다. 섹스할 때는 완력이나 강압이 있어야만 만족과 해방감을 느꼈다.

많은 사람들이 고통이나 강압이 동반된 성적 흥분을 원한다. 섹스와 폭력에 빠진 인터넷 싸이트들이 수두룩하다. 브렛 카(Brett Kahr)는 『섹스와 정신』(Sex and the Psyche)에서 성인 1만 9천명을 면담한 내용을 상세하게 소개했는데, 많은 사람들이 잔인하거나 가학적인 환상을 성행위의 중요한 정신적 부속물로 생각한다고 고백했다. 이는 몸들이 그동안 폭력에 길들여졌다는 것을 보여주는 심란한 결과다.[*] 카의 연구와 시각적 폭력이 넘치는 인터넷 섹스가 범람하는 현상을 볼 때, 우리가 격렬한 육체적 감각들을 갈구하는 것은 어쩌면 몸을 시각화하고 성애화하여 찬양하는 데 집착하는 상태로부터 벗어나기 위한 것일지도 모른다. 정상적인 몸, 자기 자신의 몸은 좀처럼 손에 넣기 힘들다. 우리는 그것을 혼란스러운 방식으로 찾아다닌다.

[*] 브렛 카는 이 책에서 섹슈얼리티, 유아기 몸의 통일성에 대한 감정적·물리적 침해, 성인의 성적 환상에 대해 중요한 이론적 논증을 펼쳤다. Brett Kahr, Sex and the Psyche (London: Penguin 2007) 참조.

한때 몸들은 무언가를 만드는 데 쓰였다. 댐과 돌벽을 세우고, 땅을 갈고, 벽화를 그리고, 옷을 빨고, 일상의 욕구들을 뒷바라지하는 데 쓰였다. 그러나 지금은 특정 계급의 사람들만이 매일 몇시간씩 몸을 움직이며 일한다. 대다수의 사람들은 키보드에서 손가락을 놀리는 게 전부다. 우리는 운동선수의 육체적 기술을 동경한다. 그래서 즐거움이나 건강을 위해 정원을 가꾸거나, 걷거나, 춤추거나, 수영한다. 물론 일부러 몸을 '쓰려고' 애쓸 필요가 없는 사람들은 예외다. 우리는 전동칫솔과 파워샤워기(펌프를 달아 수압을 높인 샤워기—옮긴이)로 하루를 시작하고, 텔레비전 리모컨 버튼으로 하루를 맺는다. 그사이에는 에스컬레이터, 엘리베이터, 자동차, 자전거, 전동 낙엽청소기, 컴퓨터, 중앙냉난방 기술을 동원해서 지극히 일상적인 육체적 조정기능들을 수행한다. 보건당국이 사람들에게 많이 걸으라고 자꾸 권고하는 것도 무리는 아니다. 우리는 몸을 환경으로부터 격리시키고 몸에 각종 편의를 제공한다. 역사적으로나 자연적으로 몸이 관여했던 노동과정들, 특정 근육을 쓰게 만듦으로써 그 노동을 드러내는 몸매를 만들어냈던 과정들은 대부분 다른 것들로 대체되었다. 그렇다고 육체적 고난과 결핍의 시대로 돌아가기를 바랄 필요는 전혀 없지만, 지금 우리가 몸들에 새로운 기능과 목표를 찾아주지 못해 곤란에 빠졌다는 것은 분명하다. 아이로니컬하게도, 사람들이 몸을 덜 쓸수록 남성성을 강조한 이미지가 전면에 부각된다. (바비인형의 남자친구인) 켄의 변화를 추적해보면, 가슴, 목, 팔 둘레가 눈에 띄게 굵어졌다. 그것은 사람들에게 몸을 건강하고, 강인하고, 언제든 전시할 수 있는 상태로 유지하라고 명령하는 시각적 지령이나 다름없다. 특히 여성들은 자신의 몸을 남들 앞에서 전시할 수 있어야 한다는 압박을 끊임없이 느낀다. 집에서 편하게 입는 옷조차 섹시한 스타일이어야 한다. 많은 사람들에게 몸은 집이라기보다 '그것'이므로, 몸의 정체를 둘러싼 혼란은 '몸의' 소외를 낳고, 그리하여 집착을 낳는다. 몸을 과도하게 성애화하는 것은 뭔가 노골적인 강렬함을 몸에 돌려주기 위한 한가지 해법이다. 요즘 사람들은 섹스에 대비해 몸을 지나치게 청결하게 씻는 나머지, 체취는 물론 땀마저 없어진 상태지만 말이다.*

섹스는 정체성과 육체적 감각 모두에 결정적인 요소다. 그렇다보니, 남성의 몸이 그 힘든 일을 할 때 이따금 주춤하는 것은 충분히 있을 수 있는 일인데도, 요즘은 작고 푸른 알약으로 당장 발기부전이나 성욕감퇴를 다스리라고 권한다. 비아그라-씨알리스 조합은 원래 중년남성들을 대상으로 만들어진 것이지

---

* 부연하자면, 여성의 질 냄새가 세상에서 가장 고약한 냄새가 아니라는 사실을 깨닫는 것은 젊은 여성들에게 뜻밖의 발견이다. 그들은 질 부위에 늘 제모제와 탈취제를 써서 사춘기 이전의 외양과 냄새를 유지해야 한다는 압박을 받으며 자랐기 때문이다.

만, 요즘은 암거래를 통해 더 어린 남성들에게까지 전달되면서 '단단한 물건'을 만들어주는 맞춤약으로 사용된다. 발기부전을 직접 겪었거나 발기가 지속되지 않을까봐 걱정하는 남성들은 사춘기 이전의 육체를 반복해서 경험하는 셈이다. 자기 음경이 어떻게 반응할지 알 수 없는 상태 말이다.

음경 본래의 예측 불가능성과 늘 단단하고 발기할 수 있고 섹스를 추구하는 음경을 재현해야 한다는 욕구가 결합하여, 신화적이고 마술적인 남근이 탄생했다. 그래서 우리는 음경의 변덕스러운 성질이 남성들의 자아체험과 남성적 감수성에 얼마나 처참한 영향을 미치는지 곧잘 잊어버린다. 심리학적 분석을 가미한다면, 축 늘어진 음경은 남성의 감정이나 취약성을 솔직하게 드러내는 육체적 진실이라고 규정할 수도 있을 것이다. 하지만 이것을 남성의 정상적인 경험으로 보는 경우는 아주 드물다. 사실은 거의 틀림없이 정상적인 경험인데도 말이다. 정력에 대한 사람들의 태도, 즉 여성들은 늘어진 음경에서 거부당한 느낌을 받고 남성들은 경각심을 느끼는 것도 문제를 가중시킨다. 이따금 발기되지 않는 것을 두고 골머리를 썩일 필요는 없다. 두 사람이 뜻밖의 상황을 공유하는 경험을 통해 오히려 친밀감이 커질 수도 있다. 여성이나 남성 파트너는 상대남성을 안심시키고 위로해줘야 한다. 그러나 개별 커플들이 둘 사이에서 그 경험을 어떻게 받아들이든, 일반적으로 사람들은 예측 불가능한 음경을 불능의 기호로만 규정한다. 그러다보면 발기부전에 대한 걱정 때문에 간간이 벌어지던 '불상사'가 아예 지속적인 불능으로 바뀔 수도 있다. 남성들은 약에 의존하도록 내몰린다.

40대의 제리는 아내와 활발하게 성생활을 하는 남자였다(가끔은 모르는 남자들과 더 짜릿한 관계를 갖기도 했다). 하지만 그는 언제부턴가 '남자다움을 잃었다'고 느끼기 시작했다. 섹스 중에 발기를 지속할 수 있다는 자신이 없어졌다. 그로 인해 회사일도 엉망이 되어갔다. 그는 미친 듯이 화학적 도움을 구하기 시작했는데, 약을 먹으니 섹스를 떠올리거나 실제로 섹스할 때 느긋해지는 효과는 있었지만 이것이 진짜 발기가 아니라 약물로 유도된 발기일 뿐이라는 걱정이 들었다. 그는 자신이 사기꾼이라는 진실이 공개될까봐 전전긍긍했다. 정신분석을 받으러 오는 사람들이 으레 그렇듯이, 제리 역시 진실과 대면하고 싶은 마음이 절반, 숨고 싶은 마음이 절반이었다. 그는 진실이 자신을 뒤흔들까봐 두려웠다. 특히 10대 시절부터 자신의 남성성에 결부되어 있다고 느껴온 성적 자아를 잃어버릴까봐 걱정했다.

치료 초기에, 제리는 섹스에 대해 이야기했다. 특히 그는 군대에 오래 몸담았는데, 그때의 경험을 반추하고 싶어했다. 그가 꺼낸 이야기는 전해듣거나 읽은 적은 많았지만 치료중에 직접 듣기는 처음이었다. 해병으로서 처음 해외로 떠나기 전날 밤, 제리는 전통에 따라 여자친구의 몸 밑에 권총을 둔 채 그 위에서 섹스를 했다. 그는 '이것은 내 총이고, 이것은 내 물건이다. 이것은 싸움을 위한 것이고, 이것은 재미를 위한 것이다'라는 말이 해병대의 신조처럼 통용되던 시절로부터 몇 세대 지난 세대였지만, 그와 그의 해병대 전우들에게도 여전히 무기와 음경은 밀접하게 이어진 관계였다. 그는 말했다. "이것이 나입니다. 나는 두 가지예요. 내 총, 그리고 내 물건." 그는 또 이렇게 말했다. "내 안에는 다른 것들도 있지만, 이 두가지가 가장 중요합니다."

기초훈련을 받는 동안, 교관은 제리를 포함한 지원자들에게 총에 여자친구 이름을 붙여 부르라고 지시했다. '애인'과 유대를 맺는 것처럼 총과 유대를 맺음으로써, 사람 죽이는 방법을 배울 때 그 성적-감정적 관계의 아늑함을 보호막으로 삼는 것이다.*

제리는 한시도 경계를 늦추지 않는 법을 익혔다. 늘 명령에

---

* 제리의 훈련소에서 총에 여자 이름을 붙인 것은 각종 무기들을 개인화하는 오래된 전통을 따른 것이었다. 2차대전 끝자락에 히로시마(廣島)와 나가사끼(長崎)를 초토화했던 원자폭탄들에는 '빅 맨'(Big Man)과 '팻 보이'(Fat Boy)라는 이름이 붙어 있었다. 폭탄들에 제법 노골적으로 팔루스(남근)의 지위를 부여한 셈이다. 총알을 난사하던 살상방식은 인류가 설계한 가장 폭발적이고 파괴적인 방식으로 대체되었지만, 이 경우에도 원자들의 폭발력은 오르가슴에 오른 남성의 정액 분출과 동일시된다. 왜? 여성이라면 묻지 않을 수 없다. 대체 왜? 어째서 파괴와 살상은 남성의 성기와 그토록 밀접하게 연관될까? 그 결합은 그렇다 쳐도, 원폭 투하를 담당한 B-29 폭격기에 조종사 티베츠 대령의 어머니 이름을 따서 에놀라 게이(Enola Gay)라는 별칭을 붙인 것은 대체 무슨 의도였을까?

대비하고, 늘 섹스에 대비했다. 직업해병으로 복무한 20년 동안, 그리고 이후에 보안산업 분야에서 일하면서도, 그는 매사를 충실히 이행하는 능력에 의지해 살아왔다. 직업, 집안일, 스포츠, 연애, 섹스 등 모든 면에서 그랬다. 그러나 그는 우울했다. 뭐든지 순종적으로 끝까지 수행했지만, 속은 공허했다. 그런데 이제 발기마저 제대로 되지 않으니, 그는 정말로 큰일났다고 생각했다.

상담실에서 제리는 마치 자신이 교관이 되어 우리가 함께 훈련지침서에 적힌 과정을 밟아나가고 있다는 듯한 태도로 자기 몸과 경험을 이야기했다. 그러나 이윽고 긴장하지 않고 느긋하게 자신에 대해 이야기할 수 있게 되었고, 그때부터 자기 몸을 다양하게 묘사하기 시작했다. 그의 몸은 망가진 도구, 혹은 마비되거나 절단된 상태로 묘사되었다. 가장 시각적인 비유는 살인기계로 묘사한 것이었다. 그가 음경과 관련해 겪는 어려움은 사실 군사훈련과 전쟁의 공포를 풀어놓는 통로였다. 이제는 먼 옛날 일이 되었다고 해도, 그것은 그의 육체적·심리적 자의식의 상당부분을 형성한 사건이었다.

시카고 싸우스싸이드(South Side)의 빈민가에서 자란 아프리카계 미국인 청년으로서, 제리는 거친 사내가 되어야 했다. 해병대는 그가 이미 알고 있던 것들을 강화시켰다. 그의 몸은 싸우고 정복하기에 알맞게 다듬어졌고, 그가 섹스를 보는 시각도 그랬다. 상담실에서 이야기하는 과정에서, 그는 차차 자신을 표현할 단어와 감정들을 발견해나갔다. 그러자 해병이 되기 전부터 그에게 존재했던 연약함을(틀림없이 수천명의 다른 지원자들도 그랬을 것이다) 여태껏 꽁꽁 감싸온 내부의 방어막이 느슨해졌다. 자신이 얼마나 거칠어져야 했는지, 스스로에게 얼마나 거칠었는지 직시하는 것은 몹시 괴로운 일이었다. 그가 아는 유일한 존재양식을 허물어뜨리는 일이었기 때문이다. 그는 무장해제당한 기분이었다. 자신이 보였던 반응들, 감정적 대응들, 나아가 자신의 인생관까지, 과거에 알았던 것과 행동했던 것을 모조리 의심하고 있다는 기분도 간간이 느꼈다. 그는 겁이 났다. 겁을 낸다는 것은 여태껏 그가 스스로에게 허락하지 않았던 감정이었다. 그는 용기와 '거친' 태도로 두려움을 쫓아내왔다. 나는 그가 두려움을 충분히 가라앉힐 수 있도록 치료과정의 속도를 조절했다. 그가 도망치지 않고 스스로 그 감정을 겪어낼 수 있음을, 이제껏 살아온 군사화된 몸을 해체하고도 견딜 수 있음을 깨우칠 때까지 기다렸다.

제리의 몸은 군사화를 통해 무기로 바뀌었다. 그것은 타인에 대한 무기이자 스스로에 대한 무기였다. 그토록 엄격하게 몸을 단련해온 상황에서 달리 어떤 길이 있었겠는가? 그는 연인 로싸매를 통해 마음을 다잡으려 했다. 그녀는 사랑, 부드러움, 위안을 상징했다. 해병대는 그런 '애인 꾸러미'를 야만성의 대척점으로서 병사들에게 권유했다. 하지만 제리에게는, 또한 다른 많은 해병들과 군인들에게는, 그런 재인간화 과정이 별 효력이 없었다. 제리는 자기 내부의 연약한 부분을 고스란히 간직한 채로 전투에 나섰다. 애정어린 관계를 유지하는 능력은 저하되었다. 어느 한 부분만 통제하고 다른 부분은 놓아둔다는 것은 쉬운 일이 아니다. 제리에게는 부드럽고 선한 연인의 면과 살인자의 면이 함께 있었다(섹슈얼리티가 양쪽에 다리를 놓았다). 그러나 그는 자신의 일부를 깔끔하게 격리시킬 수 없었다. 특히 해외에 주둔하면서 충동적으로 성매매를 경험한 다음에는 더욱 그랬다. 그는 상담실에서 이야기하는 동안 전쟁의 기억에 사로잡혔다. 전우들이 직접 자행했거나 한 다리 건너 들려준 민간인 강간의 이미지들에 압도되었다. 기억은 그를 뒤흔들었다. 지금까지 자기 주변에 벽을 쌓음으로써 공포를 떨쳐냈던 그는 이제 울고 또 울었다.

 살인자로서 팽팽하게 긴장했던 제리의 몸이 감정적으로 한껏 부푼 것을 빼내고 연인의 부드러운 몸으로 돌아가는 과정은 까다로울 수밖에 없었다. 그 두가지는 서로 배타적인 활동이었다. 살인자가 된다는 것은 딱딱해지는 것이다. 또한 과묵해지는 것이고, 살인이 미칠 감정적 영향이나 살인의 의미 따위를 구태여 생각해보지 않는 것이다. 나도 그런 상황이 충분히 이해되었다. 여성은 아이를 잘 양육하도록, 그리고 남들에게 주도권을 맡기도록 교육받는다. 그러다 (숨막힐 듯 갑갑한) 모성애의 부정적 측면을 깨닫게 되면, 가슴이 찢어질 듯 아프다. 제리가 살인훈련으로 입은 피해를 직면하기를 꺼리듯이, 여성은 자기가 경험했던 사회화의 파괴적 측면과 그것이 자신에게 일으킨 사건과 감정들을 인정하길 꺼린다. 요즘 들어 여성적, 남성적 사회화가 느슨해지고는 있지만, 아직 사람을 죽이거나 죽일 태세를 갖추는 일이 어떤 결과를 수반하는가 하는 문제에 대해서까지 의식이 확장되지는 않았다. 남성인구의 태반을 살인기계로 길렀던 시절로부터 고작 두어 세대밖에 지나지 않았기 때문이다. 남성성은 섹슈얼한 면에서든 군사적인 면에서든 늘 용맹이나 정복의 개념과 얽혀 있었다. 오늘날은 모든 남성들에게 그런 능력을 요구하지 않지만, 군역의 이름으로 사람을 죽이거나 죽였던 남자들은 여전히 그런 행동이 수반하는 결과에 대처할 방법을 모른다. 섹스와 폭력이 군사적 훈련을 통해 하나로 결합되면, 개인의 섹슈얼리티에 결코 무해하지 않은 영향을 미칠 수 있다.

　사람이 정신신체적으로 성숙하는 과정에는 대개 전구단계가 있다. 걷기 전에 기고, 서기 전에 몸을 일으키고, 말하기 전에 옹알이를 하고, 씹기 전에 빤다. 준비운동을 통해 서서히 근육을 발달시킴으로써 필수적인 활동들을 할 수 있게 되는 것이다. 그런데 섹슈얼리티와 성애에 있어서는 상황이 좀 다르다. 프로이트 이후의 정신분석 비평가들은 어머니의 수유를 일종의 원시적인 성적 활동으로 보았다. 아기가 느끼는 행복감이 오르가슴 이후의 만족감과 비슷하다는 것이다. 하지만 대부분의 사람들에게는 이런 동치가 좀 억지스러워 보인다. 물론 어떤 엄마들과 아기들은 수유하는 상황에서 섹슈얼한 느낌을 받을지도 모른다. 아기가 아주 어려서부터 자위의 형태로 섹슈얼한 감각을 느끼는 것도 사실이다. 하지만 다른 아동발달 단계들과는 달리, 이 현상을 두고 부모가 "잘했어, 아가야" 하고 탄성을 지르는 일은 없다. 어떤 부모도 친구에게 전화를 걸어 "얼마나 기쁜지 몰라! 오늘 엠마가 클리토리스를 발견했어"라고 말하지 않는다. 우리는 자위하는 아이에게 뭐라고 말해야 할지 모른다. 열광하는 아이에게 박탈감을 안기지 않으면서도 프라이버시나 타당성에 관해 설명하려고 어떻게든 노력하지만, 그 활동을 정확한 언어로 표현하는 것은 무척 어렵다. 부모가 말해주거나 말해주지 않는 것, 전달하거나 전달하지 않는 것을 아이는 모두 흡수해서 자신의 성적 발달의 일부로 삼는다. 여자아이들과 남자아이들이 느끼는 성기에 대한 친숙도는 분명 다르다. 남성의 성기는 요도와 음경이 하나로 묶여 있어서 남자아이들은 매일 성기를 만지게 되지만, 여자아이들은 제 클리토리스와 음순을 거의 만지지 않는다. 그것은 이름이 없다. 그저 '아랫도리'라고 불릴 뿐이다. 부모가 아이의 탐색에 대해 취하는 태도, 스스로의 섹슈얼리티를 재현하는 방식, 양육과정에서 드러나는 신체적 특징들은 아이가 성적-감각적 가능성들을 느껴가는 과정에서 국지적 배경으로 작용한다. 가정 밖에서는 또래문화, 유년기에 대한 성적 상업화, 성범죄자나 포르노그래피에 대한 대중의 공황 등이 결합하여 섹슈얼리티를 스포츠나 상품 구매, 혹은 폭력행위와 비슷한 무언가로 재현한다. 그래서 아이들의 성충동과 성정체성은 혼란, 부정적 감정들, 드넓은 공백의 영역에서 구축된다.

특히 여자아이들의 문제가 심각한데, 이것은 가부장제가 여성들의 섹슈얼리티와 양가적인 관계를 맺고 있는 탓이 크다. 가부장제는 여성들에게 여성 자신의 섹슈얼리티와 딸의 섹슈얼리티를 규제할 의무를 부과한다. 여성의 섹슈얼리티와 성애는 한 남자를 위한 것이자 출산을 위한 것이라는 이중의 굴레를 쓰게 된다. 자신을 위해 섹슈얼리티를 솔직하게 즐기는 여성은 나쁘고 비도덕적이고 타락한 사람으로 배척당한다. 요즘은 피임약 덕택에 섹스와 출산이 분리되어 여성적 섹슈얼리티를 그 자체로 즐길 수 있는 환경이 열렸지만, 오늘날의 소녀들과 여성들은 여전히 섹슈얼리티 발달과정에서 어려움을 겪는다. 통학버스의 소녀들을 떠올려봐도 알 수 있다. 소녀들은 소년들을 위해 그런 행동을 하는 것처럼 보일지도 모르지만, 정작 소년들은 준비되지 않았다는 것을 볼 때, 그들은 기본적으로 섹스보다는 자존감을 찾고 있는 것이다. 섹슈얼리티는 자존감을 얻기 위한 도구였다. 이처럼 소녀들은 혼란스러운 상태다. 그리고 그들보다 스무

살쯤 더 나이를 먹은 여성들도 여전히 지속가능한 섹슈얼리티를 찾아내려고 애쓴다.

루비는 지금까지 내가 만난 여성들 중에서 상당히 전형적인 경우였다. 겉으로는 자신감이 넘쳤고 파트너인 리카르도와도 안정된 관계를 유지했지만, 점차 섹스에 흥미를 잃어가고 있었다. 그녀는 리카르도를 사랑하고 그에게 매력을 느꼈지만, 함께 있는 시간이 길어질수록 욕구가 잦아들었다. 그가 멀리 있으면, 그녀는 그를 원했다. 돌아오는 그를 마중 나가서 공항이나 차 안에서 섹스를 시도할 때면, 그녀는 열정과 갈망에 차 있었다. 두 사람은 이제 그런 조건에서만 멋진 섹스를 할 수 있을 것 같았다. 상당히 위험하고 조금 불편한 환경에서만 말이다. 리카르도는 개의치 않았다. 그는 그녀의 욕망을 느끼는 것이 좋았다. 그것이 약간 일탈적인 환경에서만 가능하다고 해도 그러라는 식이었다. 그녀의 성적 열정이 잦아드는 데 상처받고 혼란을 느꼈기 때문이다. 그녀도 혼란스럽기는 마찬가지였다. 두 사람이 처음 만났을 때, 그녀는 정말로 정열적이었다.

루비에게는 멋진 외모가 중요했다. 거울 앞에 서면, 형사변호사보다는 디자이너가 어울릴 것처럼 활기차고 세련된 여성이 있었다. 그녀는 그런 자신이 만족스러웠다. 겉보기에 그녀는 섹시하고 우아했다. 그러나 그녀는 자신의 성욕이 이토록 위태롭다는 사실에 어리둥절했다. 낮 동안에는 얼른 집에 가서 리카르

도와 사랑을 나눠야겠다고 상상했다. 주말 내내 침대에서 뒹굴겠다며 몽상에 빠지기도 했다. 하지만 막상 집에 오면, 그런 생각들은 모두 사라지고 자책만 남았다. '정작 기회가 오면 하고 싶지 않다니, 나한테 무슨 문제가 있는 걸까?'

처음 데이트를 할 때, 루비와 리카르도는 서로에게 흠뻑 빠졌다. 상대가 어떤 사람이고 어떤 것을 좋아하는지 탐색하는 과정은 둘의 열정에 불을 지폈다. 둘은 하나가 되었고, 그 하나된 상태는 두 사람 각각을 더 낫게 만들어주는 듯했다. 열정, 사랑, 함께했다가 떨어지는 역동적 상호작용은 두 사람을 성적으로나 영적으로 풍요롭게 해주었다. 그들의 결합은 함께함과 떨어짐 사이에서 애정어린 균형을 이루었고, 둘은 몇년간 그 상태에 만족했다. 하지만 어린 두 자녀를 둔 9년차 커플이 된 지금, 예전의 성적인 힘은 증발해버렸다.

루비는 자신이 섹스를 부부관계 안에서 생각하지 못하기 때문에 성욕이 줄어든 게 아닐까 싶었다. 너무 아이들에게만 사랑을 쏟는 것일까? 아이들과 감각적으로 깊은 관계를 맺다보니 지친 것일까? 그녀가 자기 부모의 결혼생활을 바라보는 시각도 한 요인이었다. 그녀가 볼 때, 부모는 성적 관계가 전무했다. 루비는 10대와 20대 때 성생활이 활발했지만, 이제 어머니의 입장에 처하니 성욕이 설 자리를 잃은 것일까? 그녀의 어머니 세대는 섹스가 여성에게 딱히 즐거운 일이 못된다고 생각했다. 혹은 즐

244

거워하면 안된다고 생각했다. 루비의 어머니는 풍요로운 성생활이 결혼의 일부라는 관념을 딸에게 전달하지 않았다. 성생활이 있었더라도 어머니에게는 좋은 것이라기보다는 의무에 가까웠을 것이다. 루비가 독신일 때는 그런 메씨지에 영향받지 않았지만, 장기적 관계에 접어들고 보니 이제는 일탈의 기미가 있는 섹스에만 흥분하게 되었다. 그래서 공항에서 집으로 돌아오다가 갓길에 차를 세워두고 섹스하게 되었다.

우리는 이 주제를 깊이 파헤쳐보고서 깨달았다. 루비는 스스로 엄마가 된 순간, 어머니가 자기 몸과 섹슈얼리티에 대해 품었던 부정적 감정들에 무의식적으로 자신을 동일시한 것 같았다. 이런 사실은 간접적으로만 드러났다. 루비가 자기 딸의 몸을 이야기할 때였다. 아기답게 토실토실한 딸의 몸이 그녀에게는 불편하게 느껴졌다. 그녀 스스로도 비합리적이라고 생각했지만, 어쨌든 그녀는 딸의 몸이 거슬렸다. 딸의 몸은 불안정하게 흔들거리고, 통제가 안되는 것처럼 느껴졌다. 딸 클라라가 자기 몸을 그렇게 느끼는 것은 아니었다. 클라라의 몸을 통제불능 상태로 느끼며 심란해하는 것은 루비였다. 이야기를 하다보니, 루비는 자신이 늘 엄격한 규율에 따라 살아왔고 몸을 억제해왔다는 것을 깨닫게 되었다. 그녀가 판단하기에 그것은 자신감없고, 제멋대로이고, 엉성했던 어린 소녀의 몸에 신체경계를 부여하려는 시도였다. 당시 그녀는 제 몸의 외적 윤곽에 대해 혼란을 느낀 것 같았다. 루비는 어머니가 그녀에게 어떤 종류의 안정감과 안도감을 제공해주었는지 궁금해했다. 루비가 몸의 고삐를 쥐고 항시 경계한 것은 몸에 코르셋을 채워 구속한 것이나 마찬가지였다. 그러다보니 몸이 굳어버렸다. 그녀는 몸을 자유롭게 풀어놓으면 알아서 잘 굴러갈 것이라고 믿을 수가 없었다. 그러다 잘못되기라도 하면 돌아갈 몸이 없어진다는 생각을 무의식적으로 하고 있었기 때문이다.

루비의 생각은 거짓된 몸, 또는 적응한 몸을 갖고 있던 콜레트를 떠올리게 한다. 루비도 콜레트처럼 쉽없이 일시적인 경계들을 만들어냈다. 그녀의 내부에 확실한 몸의 보증이 없었기 때문이다. 그녀가 자동차 같은 갑갑한 공간에 갇혀야만 성적으로 '풀어졌던' 것은 긴급상황에서(혹은 일탈적이거나 외설적인 환경에서) 경계를 만들어내는 어른다운 방식이었다. 그런 상황에서는 육체적 존재감을 느낄 수 있었던 것이다. 섹슈얼리티를 풍요롭고 쾌락적이고 에로틱한 것으로 느끼는 통합적 감각능력이 결여된데다 몸의 경계마저 놓쳤기 때문에, 그녀는 육아라는 전통적인 정신적 공간에 들어서자마자 반항적 환경을 잃어버렸다. 안전을 느끼지 못하는 그녀의 몸에는 반항적 환경이 필요했다. 그래서 그녀는 선을 넘어 일탈해야만 흥분을 느낄 수 있었다.

루비와 제리의 경험으로 미루어 볼 때, 존재하는 법과 섹스하는 법을 저절로 아는 자연주의적인 몸이라는 개념은 사실상 없다. 나는 그간 소녀들과 여성들의 몸에 대해 자주 이야기했는데, 제리의 몸은 그에 대응하는 남성의 사례다. 제리의 성애화된 군사적 몸은 남성성이 육체적으로 과장되게 구현된 경우였다. 예전에는 서구의 신체 건강한 남성들 대다수에게 그처럼 이상화된 형태의 남성성이 깃들어 있었지만, 요즘은 헬스장에 다니는 사람들이나 갱들, 특정 분야의 숙련노동자들에게서만 그것을 찾아볼 수 있다. 예를 들어 뾰족탑 수리공처럼 건축현장에서 일하는 사람들은 특정한 물리적 목표를 수행함과 동시에 자신의 정체성을 드러내기 위해 체력을 키운다.

제리의 경험은 어린 여자아이들이 통학버스에서 구강성교를 하거나 폭음하는 행동, 루비의 일탈적 섹스와 궤를 같이한다. 모두 남성성과 여성성에 대한 이미지들이 어떻게 우리의 섹슈얼리티를 형성하는지 보여주는 사례들이다. 정신분석학의 용어로 말하면, 이런 섹슈얼리티들은 취약성에 대한 방어기제로 기능한다. 자기가 무엇을 하는지, 왜 그렇게 하는지 잘 모르기 때문에, 마초적 태도를 발판으로 삼아 확 '해버리는' 것이다. 여자아이들의 태도가 바로 그런 것이었다. 그런 행동을 부추기는 그들의 취약성은, 한편으로는 그 취약성까지도 다 수용될 만한 친밀한 관계를 찾아헤맨다. 섹슈얼리티는 몸들이 만나는 통로가 되어준다. 하지만 사람들은 감정적으로나 신체적으로 연약하기 때문에, 그 취약성을 기꺼이 수용하지 못하는 이상, 섹슈얼리티는 연기를 넘어서지 못한다. 몸들은 만질 수 있고 만져질 수 있지만, 서로 가닿지 못한다.

6장

몸은
무엇을 위한
것일까?

6

나는 이제까지 두가지 논증을 전개해왔다. 첫째는 비교적 직관적인 논증이었다. 몸들은 예나 지금이나 특정한 문화적 순간에 따라 형성된다는 것이다. '자연적인' 몸이란 결코 존재하지 않는다. 문화적 관행에 물들지 않은 몸은 어느 시대에도 없었다. 말할 때 취하는 손동작, 걸음걸이, 식사예절, 태도, 음식, 갓 태어난 아기에게 할례를 시키거나 나중에 얼굴에 그림을 그려 표식을 남기는 것, 짙은 피부나 긴 코, 심지어 개인이 걸린 병을 헐뜯는 것은(영국과 미국에서는 고혈압을 비난하고, 독일에서는 저혈압을 비난한다) 모두 몸들이 특정 시간과 장소에 속해 있다는 사실을 말해주는 증거들이다. 미국에서는 사람의 생활방식이 피부색에 따라 결정된다는 사실을 폭로했던 존 하워드 그리핀(John Howard Griffin)의 『블랙 라이크 미』(*Black Like Me*)가

출간된 때로부터 그리 긴 시간이 흐르지 않았다. 우리는 육체로 판단된다. 우리의 사회적·경제적 위치는 우리 몸이 보이는 방식, 그리고 몸이 사회적으로나 경제적으로 어떤 집단으로 분류되는가에 달려 있다. 오늘날 사람들이 계급과 인종의 한계에 도전하고, 더 최근에는 생물학이나 젠더로 규정된 남성성과 여성성의 한계에까지 도전하는 것은 반가운 일이다. 반면 달갑지 않은 일도 있다. 세계화는 그 속성상 세계의 심각한 인종적·계급적 불평등을 폭로한다는 장점이 있지만, 동시에 사람들에게 그릇된 소속감을 장려한다. 원래의 육체적 표지를 말살하고 옳은 외모와 옳은 몸을 확보함으로써 경제적으로 빈곤한 출신배경을 피상적으로나마 지우면 누구나 세계화된 세상에 소속될 수 있다고 말한다. 출신배경을 불문하고 모든 사람들은 육체성에 각인을 새기는 방식으로 당시의 문화적 순간을 표현한다. 사람들이 몸, 머리카락, 걸음걸이, 옷, 액쎄서리를 통해 개인적으로 문화적 순간을 상연하는 방식을 보면, 그들이 어떻게 보이고 (재)규정되고 싶어하는지 알 수 있다. '자기발명'이라는 포스트모던의 신화는 전세계에 퍼지고 채택된다.

두번째 논증은 우리 시대의 몸들이 겪는 사건에 관한 것이었다. 내가 소개한 이야기들은 현재의 문화적 순간에 대한 것들이었다. 어쩌면 우리는 우리에게 친숙한 형태의 몸으로 살아가는 마지막 세대가 될지도 모른다. 생식 분야에서는 이미 착상 전에

세포를 조작하고, 유전자를 변형시키고, 다양한 종류의 자궁을 사용하는 기술이 발전했다. 수정이 이뤄진 뒤에는 수술을 통한 증강, 생물학적 부속 교체, 개인 맞춤형 약을 이용할 수 있다. 한편 심장, 줄기세포, 콩팥 등 온갖 신체부위들이 합법적, 불법적으로 거래되는 현상은 우리 시대의 몸들이 철저하게 상업화되었음을 보여준다. 트랜스휴머니스트들이 옳다면, 컴퓨터칩으로 뇌를 증강하는 일도 곧 현실이 될 것이다. 지난시절에는 모든 몸이 출생에서 살아남는 것은 아니었다(지금도 풍족한 서구 이외의 나라들에서는 여전히 그렇다). 살아남았다고 해도 금세 닳고, 병에 걸리고, 죽었다. 그러나 오늘날 사람들은 새로운 신체부위를 삽입하고, 구세주 형제(savior sibling, 희귀질환을 앓는 형제에게 조직이나 장기를 기증하기 위해 태어난 아이—옮긴이)를 낳고, 쇠퇴하는 부위를 교체하고, 몸을 다시 조각한다. 그것이 마땅한 권리라는 심리가 팽배하다. 오늘날의 몸들은 탈산업화시대와 정밀생물공학으로 몸을 조각할 미래 사이의 순간을 체현하고 있다.

  최근까지만 해도, 우리는 몸을 당연한 것으로 여겼다. 건강한

"Life after Superbabe," *Nature*, Vol. 454, 17 July 2008, 253면 참조. 생물학자들은 피부세포의 일종인 유도만능줄기세포를 이용한 생식기법이 곧 시험관 아기를 대체할 것이라고 믿는다. 이로써 부모들은 아기의 머리카락 색깔, 키, 질병소인이 없는 깨끗한 유전자 같은 특징들을 일일이 선택하여 '맞춤형 아기'를 만들 수 있을 것이다.

신체를 타고나기를 바랐고, 여성이라면 특히 좋은 외모를 바랐다. 몸을 신전처럼 받드는 사람, 뛰어난 운동선수나 미(美)의 상징이 되는 사람은 예외적인 경우였다. 우리는 그들처럼 되기를 기대하지 않았다. 과학자, 역사가, 작가, 감독, 탐험가, 요리사의 재능처럼 그런 사람들의 재능도 이 세상을 넓히고 향상하는 데 기여했지만, 우리는 그런 아름다움, 민첩함, 똑똑함이 내 것이 될 수 있다고는 생각지 않았다.

하지만 앞에서 보았듯이, 지난 30년간 시각문화의 새로운 문법이 널리 퍼졌고, 소비가 곧 권력을 얻는 일이라는 논리가 득세했으며, 다이어트·제약·식품·성형수술·스타일 산업이 활약했고, 열망이 민주화되었다. 그래서 사람들은 자기가 깃들여 사는 몸을 더욱 완벽하게 만들 수 있고, 완벽하게 만들어야 한다고 생각하게 되었다.*

반드시 아름다워야 한다는 새로운 지상명제는 사람들을 제약하는 편협한 미의식과 정면으로 충돌한다. 그래서 우리 시대의 몸들은 끊임없는 관심을 요구한다. 이제 몸들은 우리가 깃들여 사는 곳이라기보다 개인적으로 제조하는 것이 되었다. 신문의

---

* 미국문화에서는 이것이 아주 당연한 현상이 되었다. 아이들이 엄마의 성형수술을 잘 이해하도록 도와주는 책도 나왔다. 성형외과의사 마이클 쌀즈하우어(Michael Salzhauer)의 『예쁜 우리 엄마』(*My Beautiful Mommy*)다. 이 책을 내게 알려준 하버드대학의 낸시 엣코프(Nancy Etcoff)에게 감사한다.

일반뉴스면은 건강을 충분히 돌보지 않았을 때의 위험을 경고하고, 특집면은 당장 행동에 나서서 몸매를 최상 이상으로 유지하라고 권유한다. 운동, 정신적 인내, 식단, 유전자검사, 성형수술을 동원해 몸을 다시 만드는 일에는 도덕적 뉘앙스까지 따라붙는다(그리고 이런 모든 선택지들을 다 추구해야 마땅하다는 뉘앙스도 실린다).

이제 우리는 자기 몸이든 남의 몸이든 그냥 주어진 것으로 받아들이지 않는다. 전쟁터에서 군인들의 몸이 공군 무기나 화학 물질로 교체되었고 산업 생산현장에서 노동자들의 몸이 정밀 로봇기계로 교체되었듯이, 몸이라는 개념 자체는 이제 우리가 제조하고 창조해야 할 상품이 되었다. 날씬한 몸, 유연한 몸, 건강한 몸, 아름다운 몸은 수많은 사람들의 야망이자 의무다. 포토샵 같은 프로그램으로 다듬어서 초인적인 싸이즈를 갖게 된 이미지들이 공적, 사적 공간에 침투하여 몸에 대한 시각을 재형성한다. 마치 시각적 무자크와도 같은 그런 이미지들은 우리가 엘리베이터에 탔을 때든 줄을 서서 기다릴 때든 언제나 우리 눈을 바쁘게 만든다. 그런 이미지들 때문에 우리는 자기 몸을 지나치게 많이 의식하고, 지나치게 가혹하게 비판한다. 이런 문화적 풍토에서는 몸의 외관과 기능을 개선하는 것이 중요한 개인적 책임이다. 몸은 선언인 동시에 힘을 획득하는 장소가 되었다.

우리는 어디에 있든지 몸을 통해 소속감을 추구한다. 특정한

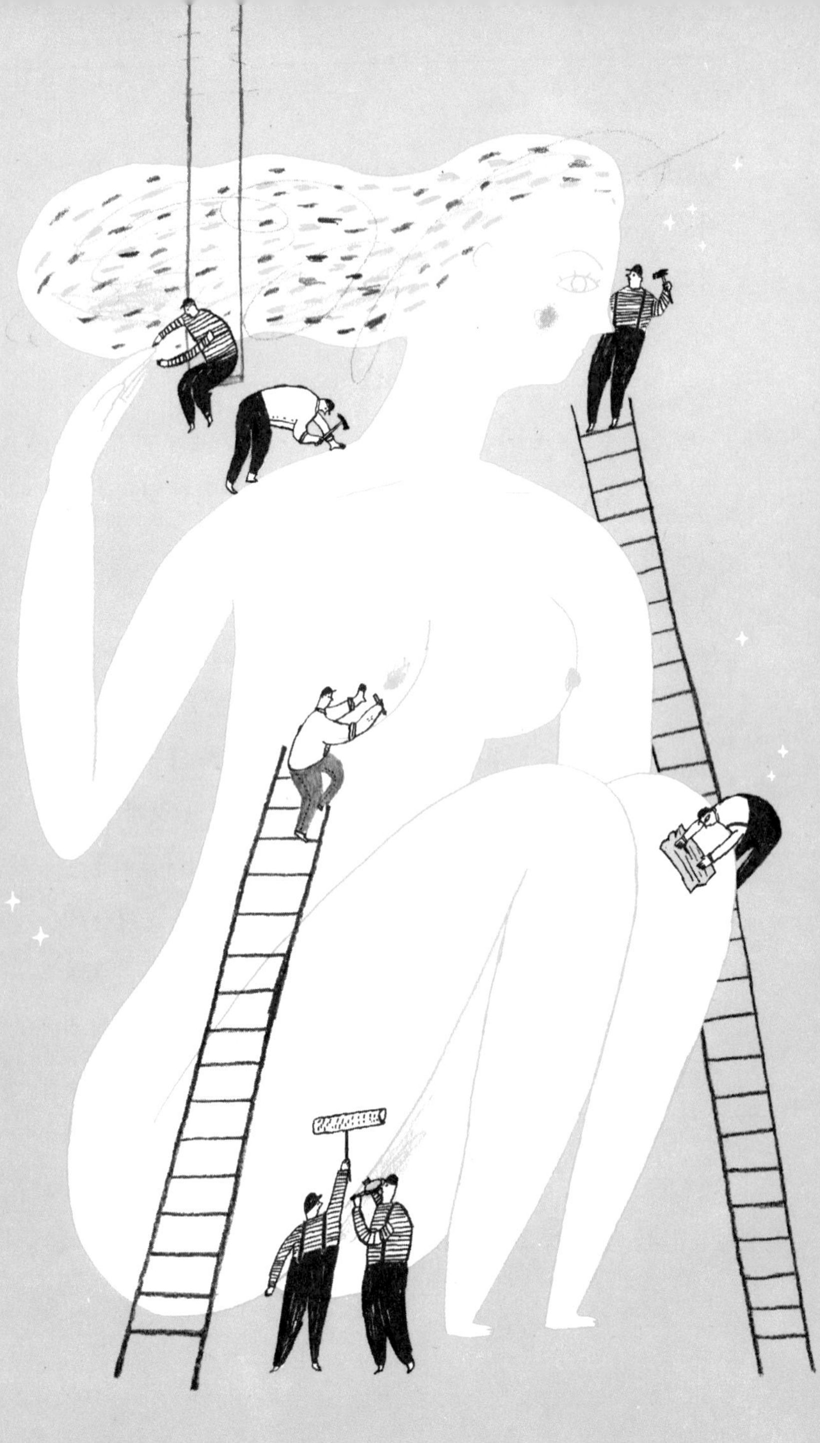

외모를 달성함으로써 몸을 사회에 순응시키는데, 그 특정 외모의 폭은 해가 갈수록 좁아진다. 세계화가 확산됨에 따라, 이상화된 서구여성의 마른 몸이 우리 모두가 소유해야 할 단 하나의 몸이라고 선전하는 경향도 확산된다. 남성들에게는 아직 몇 안되나마 선택지들이 있지만, 그마저도 격감하고 있다. 전세계의 소녀들과 여성들은 눈앞에 투사되는 이미지들과 자신이 어렵사리 찾아낸 삶의 장소와 몸 사이의 불균형을 놓고 씨름한다. 그런 불균형 속에서 이미지들이 강력한 힘을 발휘한다는 것은 의심할 여지 없는 사실이다. 기업들은 마케팅에 아낌없이 투자한다. 그리고 그들의 지출은 효과가 있다. 과거에는 종교적 도상이 사람들의 무의식을 사로잡았지만, 요즘은 상표의 도상이 비슷한 방식으로 사람들의 무의식을 사로잡아 특수한 종류의 몸들을 주입한다. 게다가 시장에는 끊임없는 경제적 활동이 필요하기 때문에, 우리는 계속 변화하도록 유도된다. 우리는 덧없이 흘러가는 정체성의 표지들을 갈구하고 따라잡으려 애쓴다. 오늘날 세계를 누비는 여행자들은 비단 익숙한 커피, 옷, 가게, 호텔 체인을 통해서만 연속성과 소속감을 확인하지 않는다. 옳은 종류의 몸을 전시하는 것도 한 방법이다.

정체성과 몸들은 각자가 처한 특수한 세계를 참조하여 형성된다. 그 세계와의 대화에서 형성되는 욕망은 관계적 속성이다. 세계경제와 시가문화가 사람들에게 어떤 인상을 남기면, 사람들은 각자 그에 반응함으로써 자신이 그 세계의 일원이 되었음을 느낀다. 사람들은 기꺼이 몸을 변형시켜야 한다는 사실을 이미 이해했다. 그들은 변화를 포용하고 고대하며, 나름의 쾌락까지 느낀다. 변화의 욕망은 여성성과 남성성에 관한 세계적 대화에 그가 주체적으로 관여한다는 사실을 보여주는 하나의 표현이다.

남태평양 피지에는 1995년에야 텔레비전이 도입되었다. 그로부터 3년 만에, 피지 10대 소녀들의 11.9퍼센트가 음식을 토하게 되었다. 아이들은 제 몸을 텔레비전 속 서양인물들과 닮게 만들려고 애썼다.[1] 브라질에서 유방은 별다른 관심을 받지 못했으나, 최근에는 성적 욕망의 대상이 되었다. 유방 확대는 엉덩이와 얼굴을 통통하게 부풀리고 바짝 끌어올리는 수술과 더불어 꼭 해야 하는 시술이 되었다.* 브라질 여성들은 시각문화가 창조하여 유포한 서구적 미의 규범에 제 몸을 맞추려고 애쓴다. 중국, 이란, 리투아니아 여성들도 마찬가지다(세계적 미디어가 닿는 곳이라면 어디라도 그럴 것이다). 덜 극적인 차원에서도 상황은 마찬가지다. 다이어트, 운동, 자기규율이 전세계 여성들의(나아가 점점 더 많은 소년들과 남성들의) 일상을 수발한다. 그것은 쾌락을 위한 활동이 아니라, 옳은 종류의 몸을 만들기 위한

---

* 유방 확대수술은 지방흡입술, 보톡스시술 다음으로 인기있다.

활동이다. 정체성을 추구한다는 것은 곧 특정 형태의 몸을 갖기 위해 분투하는 일로 뒤엉켜버렸다.

여성들이 관계를 맺는 시각언어는 몹시 제한되어 있기 때문에 그들은 어쩔 수 없이 자해나 폭력 행위에 참여한다. 이때 '폭력'은 순수한 몸이나 불가침 상태의 몸에 가해지는 폭력만을 말하는 것이 아니다. 파트너나 낯선 사람에 의한 강간, 물리적 폭행, 여성 할례에 이르기까지 온갖 폭력범죄들이 전세계 여성들의 삶을 괴롭히는 세상에서, 그것은 너무나 이상적인 생각이다. 내가 말하는 폭력은 차라리 일상적이라고 할 만한 어려움들이다. 끊임없이 공습해오는 이미지들에 노출되어 스스로를 지나치게 비판적으로 보게 된 여성들이 안전한 육체성을 구축하려 할 때 겪는 어려움 말이다. '우리는 우리 손으로 만들지 않은 세상에 진입했다'는 맑스의 말을 비틀어 표현하자면, 오늘날의 여성들은 자기 손으로 만들지 않은 시각적 세상과 대면한다.

몸은 단순한 생물학적 결과가 아니라 개인이 창조할 수 있고 창조해야만 하는 것이라는 새로운 관념은 곧 몸이 어마어마한 에너지를 잡아먹게 되고 엄청나게 많은 사람들에게 적잖은 괴로움을 안기게 된다는 뜻이다. 나는 상담실에서 온갖 종류의 어려움들을 다 접했다. 성문제, 관계문제, 양육을 둘러싼 갈등, 직업적 고민, 정체성 문제, 친밀감에 대한 두려움, 일반적인 불안감, 자신감 결여. 단 한번의 예외도 없이, 환자들이 제 몸을 어떻게 생각하고 느끼는지가 옳고 그름의 관념에까지 점점 큰 영향을 미치고 있었다. 환자들은 몸이 자신의 진정한 존재양식에 대한 물리적 상연이라고 믿었다. 몸에 대한 그런 견해를 접하면서, 나는 우리가 어떻게 몸을 갖게 되었는가 하는 문제에 관한 새로운 의문들을 떠올리게 되었다.

그렇다면, **정말 우리는 어떻게 몸을 갖게 되었을까?**

나는 몸이 태어나는 게 아니라 만들어지는 것이라고 주장했다. 작가 씨몬 드 보부아르(Simone de Beauvoir, 1908~86, 프랑스의 소설가이자 사상가—옮긴이)는 '여성은 태어나지 않는다, 만들어지는 것이다'라는 유명한 금언을 남겼고, '아기라는 것은 없다. 엄마가 기르는 대상이 있을 뿐이다'라고 했던 소아과의사 겸 정신분석가 도널드 위니콧의 말도 못지않게 자주 인용되는데, 내 주장은 두 사람의 말에 대한 공명이다. 우리의 육체적 존재는 모든 면에서 자연의 결과물이라기보다는(물론 우리는 스스로를 자연스럽고 아주 개별적인 존재로 느끼지만 말이다), 우리를 키운 사람들이 우리의 자연적 몸을 취급한 방식에 따른 결과다.*

---

* 대니얼 글레이저의 지적에 따르면, 사람들이 대체로 몸의 학습활동이라고 여기는 것들은 본질적으로 뇌의 활동이다. 우리는 활동을 몸으로 경험하고 몸의 속성으로 규정하지만—가령 손재주가 좋다, 눈썰미가 좋다, 근육 기억력이 좋다는 식으로 말하지만—엄밀하게 따지자면 그런 활동들은 뇌에서 벌어진다.

요컨대 이것이 내가 하고 싶었던 이야기다. 청각장애 커플이 청각장애 아기를 원하는 것을 보면, 그들이 제 몸을 어떤 언어로 경험하는지 짐작할 수 있다. 그리고 청각적 언어가 아니라 수화를 쓰는 문화의 가치도 생각해볼 수 있다. 보통사람들이 청각과 결부시키는 말의 뉘앙스, 억양, 스타일 등이 그들에게는 손, 손가락, 팔, 손목의 움직임과 결부된다. 그들은 그것을 아이에게 넘겨주기를 원하며, 실제로 그렇게 한다. 아이의 신체적 특징은 수화의 요구에 맞게 구축될 것이다(내부적으로는 뇌 속에서, 외부적으로는 몸짓을 통해서 말이다). 아마존의 적도우림에 사는 카야포(Kayapo) 원주민들은 성적인 애정을 표현할 때 입을 맞추는 게 아니라 상대를 문다. 사람의 육체적 표현과 행위, 그 의미가 얼마나 폭넓고 다양한지를 보여주는 사례다. 카야포 원주민들이 아이들과 함께, 아이들에 대해, 아이들 앞에서 취하는 행동들은 '자연스럽게' 아이의 '자연적' 몸을 만들고, 그 후손들의 '자연스러운' 문화적 신체관습을 만든다. 그 후손들도 성적으로 소통할 때 상대를 깨물 것이다. 그들에게는 그것이 자연스럽다. 앞에서 보았듯이, 대인관계, 부모와의 관계, 양육자와의 관계는 우리를 외부에서부터 형성한다. 또한 우리 뇌에 특수한 구조를 만듦으로써 우리를 내부로부터도 형성한다.* 그런 행위들 때문

---

* 펠리씨티 로런스(Felicity Lawrence)의 훌륭한 책 『당신을 망치는 음식』(*Eat*

에 사람마다 특수하고 개인적인 신경경로들이 구축되고, 그 회로들은 몸의 생물학에 영향을 미치고 구조를 바꾼다. 그 영향은 어떤 유전적 기질보다도 확고하다.

몸들이 이런 식으로 만들어짐에 따라, 서로 다른 각인을 새겼던 몸들의 풍부한 다양성이 점차 위협받고 있다. 어떻게 보면 우리는 중국 소녀들의 전족으로부터 이미 멀리 떠나왔지만, 오늘날 사람들이 두르는 방어막과 기술을 보면(마이클 잭슨식의 신체변형이든 한국 소녀들의 쌍꺼풀수술이든) 요즘 사람들도 자기가 거주할 몸을 찾고자 각자 격렬하게 싸우고 있음이 분명하다. 세계화 때문에 인간의 다양한 언어들이 2주에 하나씩 사라지고 몇몇 지배적인 언어들만 남듯이, 몸들의 문화적 차이도 위태로운 실정이다. 젊은 세대가 제가 깃들여 자란 몸을 버리고 서구화된 몸을 택함에 따라, 전통사회의 미적 선호는 점차 변방으로 밀려난다. 까라까스(Caracas)에서 리야드(Riyadh)까지, 어디나 천편일률적이다. 독실한 무슬림 여성의 히잡 아래도, 전통을 지키는 유대인 여성의 가발과 긴 치마 아래도 획일적이다. 날씬한 몸, 특수한 형태의 코, 젊음이라는 서구적 이상이 어디에서나 각광받는다.

Your Heart Out, London: Penguin 2008) 204~205면을 보면, 태아기의 영양이 아기의 뇌구조에 미치는 영향에 대해 조지프 히벨른(Joseph Hibbeln)을 인용해 잘 설명해두었다.

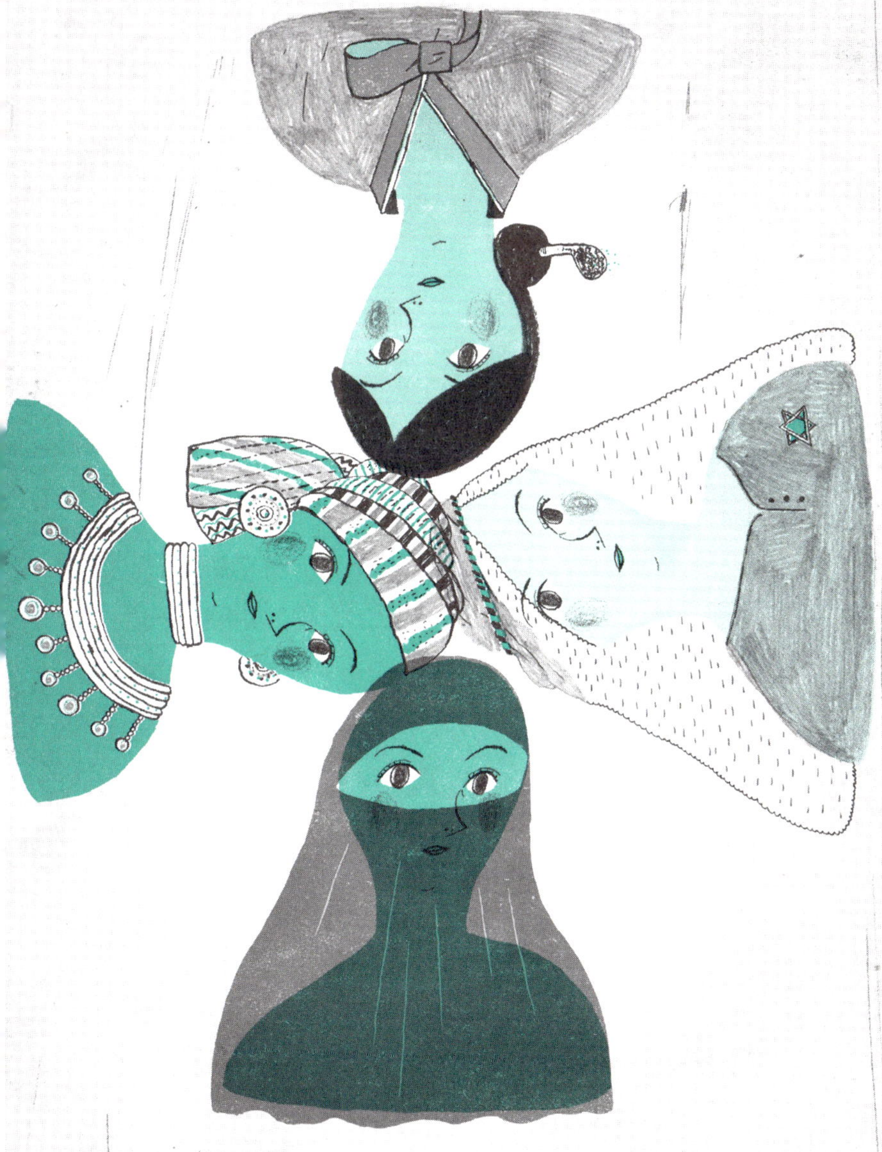

우리에게 선전되는 표준화된 젊은 몸, 우리가 각자 창조하려고 애쓰는 그 몸은 안정된 몸이 아니다. 그럴 수가 없다. 설령 자신의 몸매가 이상화된 몸에 가깝더라도, 즉 가냘픈 몸을 가진 소녀나 여성이라도 불안하게 느끼기는 마찬가지다. 여성들의 싸이즈, 몸매, 특징에 대한 기준은 몹시 깐깐한데다 매년 모델들이 달라지기 때문이다. 날씬함이 지배적인 모티프가 된 것은 1960년대부터였지만, 최근 거기에 큰 키와 풍만한 유방이 더해졌고, 이제는 육감적이고 단단한 엉덩이까지 추가될 기세다. 그러니 날씬한 몸이라도 위태롭기는 마찬가지고, 개인에게 번민의 근원이 될 때가 많다.

그렇지만 물론, 우리는 몸에서 벗어날 수 없다. 싸이버공간에서는 상상의 정체성으로 가상의 사람들과 가상의 관계를 맺을 수 있어도, 물질세계에서는 몸 없이 살 수 없다. 역설적인 것은, 누구나 원하는 대로 될 수 있는 싸이버공간의 정체성들이 도리어 현실의 몸들을 대변하는 임무를 맡게 되었다는 점이다. 그것은 오늘날 육체적 형태로서의 몸들이 얼마나 불안정하고 위태로운지, 그럼에도 나이, 젠더, 인종에서 탈출하는 것이 얼마나 어려운지를 잘 보여주는 현상이다. 내가 임상상담가로서 경험한 바를 보면, 거식증, 자해, 신체 일부를 없애고 싶다는 생각, 습진, 성정체성 혼란, 노화에 대한 두려움, 강박적 운동 등 갖가지 신체적 어려움들은 믿을 만한 몸을 찾아내려는 부단한 노력이

자 신체적 수치심을 없애려는 노력이었다.

 신체적 수치심을 가리켜 보편적 불안이 출구를 찾아헤매는 현상이라고 해석할 때가 많은데, 그것은 잘못된 해석일지도 모른다. 우리는 불안의 시대를 살고 있다. 우리에게는 선택과 자기 발명의 여지가 있기 때문에, 불과 얼마전까지만 해도 그토록 강력하게 우리를 휘둘렀던 계급, 나이, 지위, 인종보다 훨씬 더 유동적인 정체성을 취할 수 있다.[2] 요즘 사람들은 과거 사회조직이 기틀로 삼았던 이분법적 제약을 거부한다(상류계급/노동계급, 흑인/백인, 숙련/미숙련). 하지만 몸에 대해서만큼은, 좋은 몸과 나쁜 몸이라는 이분법이 해소되지 않았다. 물론 한때 불변으로 여겨졌던 남성/여성이나 심지어 흑인/백인 분류에 대해서도 반론이 제기되는 세상이기는 하다. 미국에서는 대학의 보건쎈터에 등록할 때 '인터섹스'(intersex, 양성공유, 남녀추니라고도 한다—옮긴이) 항목을 표시할 수도 있고, 영국에서는 지방의회가 발부하는 양식에 자기 인종을 직접 서술하도록 칸이 마련되어 있다. 하지만 날씬하고 마른 몸을 기준으로 한 미적 판단은 포스트모던적인 변화의 흐름에서도 굳건히 남아 있다. 이상할 정도로 반성의 기미가 없는 태도다. 뚱뚱한 것은 나쁘고 날씬한 것은 좋다는 말 이외에 다른 말을 하는 사람은 거의 없다. 스스로 창조하는 정체성에 관한 담론에서, 몸은 핵심적인 요소다. 왜냐하면 몸은 그 사람이 특정 계급, 집단, 성적 관행, 열망에 소속되어 있다는 것을 선언하는 도구이기 때문이다. 몸은 불안이 깃드는 장소다. 그래서 몸은 핵심적이다.

나는 몸이 만들어지는 것이라는 주장에서 그치지 않았다. 몸이 만들어지는 과정에 배경으로 작용하는 문제에 대해서도 이야기했다. 오늘날 어른들이 아기의 몸을 다루는 방식 때문에 아기의 핵심적인 신체적 특징은 불안정하고 위태롭게 형성될지도 모른다. 신체적 불안정성은 우리 주변에 만연해 있다. 그것은 단지 감정적 불안을 내버리는 쓰레기장이 아니라, 그 자체 독자적으로 다룰 필요가 있는 하나의 문제다. 대개의 경우에 우리는 몸의 불안을 신체적 불안으로 보지 않는다. 그 불안을 오독한다. 몸을 바꾸고 싶다는 바람을 열망으로 오해하거나, 오로지 심리적 동인에 의한 현상이라고 생각한다. 통제력 부족, 그보다 더 흔하게는 혼란이나 갈등을 처리하는 능력의 부족 같은 불행한 감정적 주제들이 몸에 깃듦으로써 신체적 증상으로 드러난 것이라고 해석한다. 하지만 몸의 불안은 감정적 불안만큼이나 근본적인 것이다. 우리는 이 점을 인식해야 한다. 치료사들은 특히 그렇다. 환자들에게 조금이라도 도움이 되기 위해서는, 이 점을 반드시 인식해야 한다. 그런데 때때로 임상치료사들이 이런 인식을 놓치는 반면, 오히려 현대예술가들이 작품을 통해 사람들의 시선을 이 혼란스러운 현상으로 끌어들이고 있다.

앤터니 곰리(Antony Gormley, 1950~ , 영국의 조각가—옮긴이),

리처드 쎄라(Richard Serra, 1939~ , 미국의 조각가―옮긴이), 마크 퀸(Marc Quinn, 1964~ , 영국의 예술가―옮긴이), 오를랑, 론 뮤익(Ron Mueck, 1958~ , 오스트레일리아의 조각가―옮긴이) 같은 예술가들의 작품은 20세기 말~21세기 초의 몸이 얼마나 파편화되고 불안정한지를 힘있게 보여준다. 곰리는 자기 몸을 떠서 조각을 만든다. 그럼으로써 오늘날의 신체형태에는 통일성이 결여되어 있음을 관객에게 보여준다. 그는 하나의 온전한 몸을 다른 온전한 몸들 틈에서 상연하는데, 그것은 신체의 일부만을 전시하는 광고나 사진 이미지들의 경향과 생생한 대조를 이룬다. 곰리는 우리로 하여금 완벽하게 손질되지 않은 정상적인 신체의 아름다움을 보게 한다. 그가 자기 몸을 거듭 사용하는 것은 우리 모두에게 공통의 육체성이 있다는 사실을 관객에게 보여주기 위한 방법이다.

  2007년 런던 헤이워드(Hayward) 갤러리에서 열렸던 곰리의 개인전에는 「눈먼 빛」(Blind Light)이라는 작품이 있었다. 그 작품에서 작가는 우리가 몸에 대해 거의 습관적으로 경험하는 방향감각 상실을 육체적으로 체험하도록 해주었다. 방향감각 상실은 하도 만연한 현상이라서, 우리는 평소에 거의 깨닫지도 못하고 살아간다. 곰리는 안개로 가득 찬 밀폐공간에 관객들을 들여보냈다. 실제로 방향을 잃는 경험을 통해 육체적 방향감각 상실을 체험해보게 한 것이다. 관객들은 우리의 근본적인 방향감각 상실을 당장 인식할 뿐만 아니라, 직접 그것을 경험하고 인정할 수밖에 없었다. 곰리의 작품은 몸이 우리의 근본이라는 것을 보여준다. 그래서 우리가 자신의 몸을 보고 경험하고 믿을 수 있다면, 그것을 쉴새없이 바꿔야겠다는 욕구를 느끼지 않을 것이라고 말해준다.

지난 몇년 동안, 몸에 관한 전시들이 무수히 많이 있었다. 신체이형장애가 문화적으로 얼마나 널리 퍼졌는지를 암시하는 전시들이었다. 그 전시들은 우리가 몸에 관한 한 앞뒤를 잊어버렸다는 사실을 잘 보여주었다. 군터 폰 하겐스(Gunther von Hagens, 1945~ , 독일의 해부학자로, 합성수지화 기법을 발명했다―옮긴이)가 창안한 「인체의 신비」(Body Worlds)전을 생각해보자. 몸을 낱낱이 해부하여 합성수지화 기법으로 처리한 뒤, 정맥과 동맥, 콩팥과 비장 등을 원래의 장소에 배치하여 보여주는 전시였다. 혹은 2000년 헤이워드 갤러리의 「놀라운 몸들」(Spectacular Bodies) 전시를 생각해보자. 지난 수백년간 몸이 의학적으로 어떻게 재현되었는가를 보여준 전시였다. 혹은 역사적 조각들을 참조해 몸을 비틀어 표현한 마크 퀸의 작품들, 오늘날의 사진전에 등장하는 변형된 몸들, 관객의 육체성과 균형감각을 불안정하게 만드는 리처드 쎄라의 조각들을 보자. 미디어가 만든 시각산업들이 활개치는 요즘 세상에서는 한 개인이 능력 이상의 성과를 내기가 무척 어렵지만, 이 독립예술가들은 그럴 능력이 있고, 그렇게 하고 있다. 그들은 관심을 증폭시키고, 우리가 못 보는 것을 보여주고, 우리 시대의 딜레마들을 우리 시야에 집어넣는다.

이런 딜레마들을 이야기하고 몸을 깃들여 살 만한 믿음직한 장소로 복구하는 것은, 몸들에 대한 현재의 신념과 열망들에 도전하는 일이다. 몸을 거의 무한정 변형할 수 있다고 믿는 것은 수시로 우리의 불안감을 조장하는 산업과 관행들의 손쉬운 먹잇감이 되는 것이다. 오늘날 우리는 몸에 대해 창조성을 발휘하지 않는다. 몸을 재미있게 즐기지도 못한다. 즐기기는커녕, 특정 형태의 몸을 만들어내면 스스로를 더 괜찮은 존재로 느낄 수 있을 것이라는 희망에 몸을 마구 주무른다. 오늘날 스타일산업들의 활동에는 소비주의가 널리 퍼져 있다. 다이어트, 식품, 제약, 성형 산업들도 옆에서 거든다. 앞에서 주장했듯이, 그 소비주의의 지령들은 사람에게 가장 결정적이고 기초적인 엄마와 아기의 관계에까지 침투하여, 발달중인 아이에게 신체적 불안을 안긴다. 이 상황을 바꾸려면, 임산부와 초보엄마를 위한 프로그램을 만들어서 그들이 스스로 신체적 평화를 찾고 아기들에게도 신체적 평화를 제공하도록 도와야 한다.* 초보부모들을 위한

---

* www.any-body.org를 보면 산파나 방문간호사를 위한 프로그램 정보를 얻을 수 있다. 산모들이 겪는 신체적 어려움들에 대한 각성을 높이고, 산모와 아기 모두를 대상으로 하는 조정방법을 가르쳐주는 프로그램이다.

지원도 필요하다. 아기는 육체적 허기, 감정적 허기, 접촉에 대한 허기를 품은 존재라는 것, 그런 허기를 시간표에 따라 규제하기보다는 자연스럽게 반응하며 달래주는 게 낫다는 것을 부모들에게 알려줘야 한다. 내 임상경험에 따르면, 언어습득에 결정적 시기가 있는 것처럼 신체습득에도 분명 '결정적 시기'가 있다.* 그 결정적 기간 동안에 개인이 갖게 된 신체감각이, 안정적인 것이든 불안정한 것이든, 그의 육체성과 육체적 자기의식을 설정한다는 뜻이다.** 일찍이 신체 불안정성을 경험한 사람은 10대나 성인이 되었을 때 몸을 조작하려는 힘에 쉽게 굴복한다. 따라서 초보부모들에게 신체적 문제들에 대한 지원을 제공하는 게 중요하다. 그것이 더 싸고 효과적일 것이다. 그리고 그런 보호를 제공해야, 정부가 현상황을 그저 무절제한 몸들이 심각하게 많아지는 실태로만 파악하고서 중구난방으로 내놓은 갖가지 비만퇴치 조치들도 더불어 효력을 발휘할 수 있을 것이다.

우리 시대의 몸들이 겪는 압력을 해소하려면, 허위광고를 일

---

* 요즘은 사람의 심리발달이 초기 유아기의 경험에 크게 좌우된다는 가설이 사실로 통용된다. 발달상의 결핍으로 인한 감정적 오인에서 신체이형장애가 생길 수 있다는 가설도 마찬가지다. U. Buhlmann, R. J. McNally, N. L. Etcoff, B. Tuschen-Caffier and S. Wilhelm, "Emotion Recognition Deficits in Body Dysmorphic Disorder," *Journal of Psychiatric Research*, Vol. 38, Issue 2, March-April 2004, 201~206면 참조.
** 이 사실은 '신체애착그룹'이 연구한 내용의 일부다.

삼고 상거래기준을 어기기 일쑤인 다이어트산업을 고발하는 게 좋을 것이다. 식품 및 제약 산업의 수상쩍은 관행들도 폭로할 필요가 있다. 그들 때문에 많은 사람들이 식사를 감정적으로 위험하고 고통스러운 것으로 여기게 되었으니까 말이다. 또한 시각문화와 패션디자인이 인정하는 신체싸이즈의 범위를 넓혀서 실제로 존재하는 다양한 몸들을 반영하게 해야 한다.

쎌러브리티 문화는 부정적인 형태의 공유문화다. 전세계 사람들이 몇몇 상징적 인물들을 공통적으로 인식한다는 점에서 마치 폭넓고 민주적인 문화처럼 보일지도 모른다. 하지만 사실 시각에 치중하는 요즘 세상은 다양성을 족족 빨아들이고, 대신 나이, 몸의 종류, 인종과 같은 아주 좁고 편협한 관점만을 제공한다.* 아이들의 세상은 점점 섹슈얼화되고, 거기에 소비주의와 거짓된 성애감까지 얽힌다. 아이들은 성에 대해 혼란을 느끼는 것은 물론이고, 자신의 몸이나 몸에 기반한 욕구들이 어디에서 시작되고 끝나는지 그 경계를 알지 못한다.

책을 맺으면서, 나는 모두에게 간청하고 싶다. 우리는 몸에 대한 생각을 바꿔야 한다. 몸을 당연한 것이자 즐거운 것으로 여길 수 있어야 한다. 몸에 새로운 육체성을 부여함으로써, 몸을

---

* 패션쇼 무대나 패션잡지 표지에 흑인 모델과 소수자 모델을 더 많이 세우자는 운동이 이런 경향을 보여준다.

우리가 달성해야 할 열망이 아니라 우리가 깃들여 사는 장소로 바꿔야 한다. 몸에 대한 상업적 착취와 신체적 다양성의 격감을 시급히 막아야 한다. 그래서 우리와 아이들이 자신의 몸, 취향, 신체적 특징, 섹슈얼리티를 즐기도록 해야 한다. 몸은 노동의 장소, 상업적 생산의 장소가 되어서는 안된다. 우리의 다양한 몸들과 몸을 꾸미고 움직이는 다양한 방식들은 우리에게 당연히 즐거움과 고마움을 안겨주는 경험이어야 한다. 우리에게는 충분히 안정된 몸이 필요하다. 그런 몸은 행복과 모험의 순간을 경험하게 해줄 것이다. 그리고 우리가 몸의 존재를 확신하는 그런 순간, 이윽고 우리는 몸에서 벗어날 수 있을 것이다.

주

들어가며: 우리 몸에 무슨 일이 일어난 걸까?

1 Hannah Seligson, "The Rise of Bodysnarking," *Wall Street Journal*, 16 May 2008.
2 예를 들어 Desmond Morris, *People Watching* (London: Jonathan Cape 1997), *The Naked Woman* (London: Jonathan Cape 2004)에 소개된 연구들을 보라.

1장 자기 다리를 자르고 싶어한 남자

1 다음 논문에서 A씨로 소개되었다. B. D. Berger, J. Lehrmann, G. Larson, L. Alverno and C. Tsao, "Non-psychotic, Non-paraphilic Self-amputation and the Internet," *Comprehensive Psychiatry*, Vol. 46, Issue 5, September-October 2005, 380~83면.

2 반대현상에 대해서는 다음을 참조할 것. J. C. Marshall, P. W. Halligan, G. R. Fink, D. T. Wade and R. S. J. Frackowiak, "The Functional Anatomy of a Hysterical Paralysis," *Cognition*, Vol. 64, Issue 1, July 1997, B1~8면.

3 Ramachandran Notebook, Case 4, *Nova*, PBS TV, 23 October 2001.

4 알레시아 브레바드를 매리 위버(Mary Weaver)가 인터뷰한 글은 다음에 실려 있다. Nancy N. Chen and Helene Moglen (eds.), *Bodies in the Making: Transgressions and Transformations*, Santa Cruz: New Pacific Press 2006.

2장 우리 몸에는 부모의 몸이 새겨져 있다

1 *How We Get a Body*, BBC Radio 4, 14 February 2003, produced by Jo Glanville, written and presented by Susie Orbach.

2 G. Rizzolatti, L. Fogassi and V. Gallese, "Neurophysiological Mechanisms Underlying the Understanding an Imitation of Action," *Nature Reviews Neuroscience*, Vol. 2, September 2001, 661~70면 참조. 다음 방송도 참조할 것. *Nova*, PBS TV, 25 January 2005.

3 예를 들어 다음을 보라. D. E. Glaser, J. S. Grezes, B. Calvo, R. E. Passingham and P. Haggard, "Functional Imaging of Motor Experience and Expertise During Action Observation," presented in Neuroscience Poster, 2003.

4 *How We Get a Body*, BBC Radio 4, 14 February 2003.

5 C. Trevarthen, "Descriptive Analyses of Infant Communicative Bahaviour," in H. R. Schaffer (ed.), *Studies in Mother-Infant Interaction* (London: Academic Press 1977) 참조.

6 이 주제에 대해서는 티파니 필드의 연구가 중요하다. 예를 들어 다음을 보라. T. Field, *Touch Therapy* (New York: Churchill Livingston 2000) 참조.

7 S. Ludington, "Energy Conservation During Skin-to-Skin Contact Between Premature Infants and Their Mothers," *Heart and Lung*, Vol. 19, Issue 5, 1990, 445~51면 참조.

8 개인공간과 몸의 인식이라는 주제로 이 현상을 밝히는 데 도움이 될 만한 도구들을 소개한 흥미로운 논문이 있다. 논문을 내게 알려준 아시시 란푸라(Ashishi Ranpura)에게 감사한다. A. Maravita, C. Spence and J. Driver, "Multisensory Integration and the Body Schema: Close to Hand and Within Reach," *Current Biology*, Vol. 13, 2003, R531~39면 참조. 다음도 참고하라. S. Orbach, "What can we learn from the therapist's body," *Attachment and Human Development*, Vol. 6, Issue 2, 141~50면.

3장 몸의 소리에 귀기울이기

1 이 사례에 대해 좀더 알고 싶다면 다음을 참고하라. S. Orbach, "Countertransference and the False Body," *Winnicott Studies*, No. 10, London: Karnac Books 1995.

2 C. Gilham, J. Peto, J. Simpson, E. Roman, T. O. B. Eden, M. F. Greaves and F. E. Alexander, "Day Care in Infancy and Risk of Childhood Acute Lymphoblastic Leukaemia: Findings from UK Case-Control Study," *British Medical Journal*, Vol. 330, 4. June 2005, 1294~97면 참조.

3 '신체애착그룹'의 핵심연구자는 다음과 같다. 미리엄 스틸(Miriam Steele) 교수, 버나데트 불-닐쎈(Bernadette Buhl-Nielsen) 교수, 박사과정에 있는 티파니 헤이크(Tiffany Haick), 정신분석가 수지 오바크(Susie Orbach), 정신분석가 루이즈 아이헨바움(Luise Eichenbaum), 정신분석가 캐롤 블룸(Carol Bloom), 정신분석가 진 페트루첼리(Jean Petrucelli), 정신분석가 캐서린 베이커-피츠(Catherine Baker-Pitts), 행동심리 치료사 수지 토토라(Suzi Tortora), 소아마싸지 치료사 린다 가로팔루(Linda Garofallou), 임상심리학 교수 리싸 루빈(Lisa Rubin), 학생 윈터 할미(Winter Halmi), 미셸 포스터(Michelle Foster), 캐슬린 하트윅(Kathleen Hartwig), 에스더 맥버니(Esther McBirney).

4 다음 자료를 보면, 아기와 엄마가 스스로 알아서 하도록 놓아두었을 때 둘 사이에 자연스럽게 상호규제가 생긴다는 사실을 알 수 있다. L. Sander, "Thinking Differently," *Psychoanalytic Dialogues*, Vol. 12, 2002, 11~42면 참조. 다음도 참고하라. L. Sander, "Infant and Caretaking Environment," in E. J. Anthony (ed.), *Explorations in Child Psychiatry*, New York and London: Plenum 1975.

5 Allan Schore, *Affect Regulation and the Origins of the Self*; Mark Solms and Oliver Turnbull, *The Brain and the Inner World: An Introduction to the Neuroscience of Subjective Experience* (London: Karnac Books 2002); Margaret Wilkinson, *Coming into Mind: The*

Mind-Brain Relationship (London and New York: Routledge 2006); Jan Panskeep, *Affective Neuroscience: The Foundations of Human and Animal Emotions* (New York: Oxford University Press 1998) 참조.

6 Steven Rose, *The Making of Memory: From Molecules to Mind* (London: Bantam Books 1993); G. M. Edelman, *Second Nature: Brain Science and Human Knowledge* (New Haven, Conn.: Yale University Press 2006) 참조.

7 S. Orbach, *Hunger Strike* (London: Faber and Faber 1986) 참조.

8 S. Orbach, *Fat is a Feminist Issue* (New York and London: Paddington Press 1978); Carol Bloom, Andrea Gitter, Susan Gutwill, Laura Kogel and Lela Zaphiropoulos, *Eating Problems* (New York: Basic Books 1994) 참조.

9 Judith Butler, *Gender Trouble: Feminism and the Subversion of Identity* (New York: Routledge 1990) 참조.

10 S. Orbach, "There's No Such Thing as a Body," in Kate White (ed.), *Touch: Attachment and the Body* (London: Karnac Books 2004) 참조.

4장 전쟁터가 되어버린 몸들

1 Report on Bloomberg TV, August 2007, reporter Lisa Rapaport: Lrapaport1@bloomberg.net.

2 Catherine Baker-Pitts, "Symptom of Solution? The Relational Meaning of Cosmetic Surgery for Women," unpublished dissertation, New

York University 2008.

3 *Visions of the Future*, BBC 4, 5 November 2007.

4 E. R. Mayhew, *The Reconstruction of Warriors* (London: Greenhill Books 2004) 참조.

5 Mike Testa, President of CareCredit, as quoted in Natasha Singer, "The Democratization of Plastic Surgery," *International Herald Tribune*, 17 August 2007.

6 *Real Savvy Moms*, PBS TV, 2008.

7 U. Dimberg, M. Thunberg and K. Elmehed, "Unconscious Facial Reactions to Emotional Facial Expressions," *Psychological Science*, Vol. 11, 2000, 86~89면 참조.

8 Lauren Collins, "Pixel Perfect," *New Yorker*, 12 May 2008. 환상적인 디지털 리터칭의 세계가 잘 설명되어 있다.

9 Steel: Global Industry Guide, Datamonitor, 2 August 2007.

10 Lauren Collins, 앞의 글 참조. 파스칼 단잔이 무릎 이미지 보정에 대해 어떻게 생각하는지 나와 있다.

11 T. Mann, A. J. Tomiyama, E. Westling, A.-M. Lew, B. Samuels and J. Chatman, "Medicare's Search for Effective Obesity Treatments: Diets are Not the Answer," *American Psychologist*, Vol. 62, Issue 3, April 2007, 220~33면 참조.

12 Alice Mundy, *Dispensing with the Truth: The Victims, the Drug Companies, and the Dramatic Story behind the Battle of Fen-phen* (New York: St Martin's Press 2001) 참조.

13 Observer, 2 September 2007, quoting from *Health-Third Report*,

published by the House of Commons, May 2004.

14 S. Orbach, *Hunger Strike* 참조.

15 S. Orbach, *Fat is a Feminist Issue* 참조.

16 J. 에릭 올리버의 『비만의 정치학』(*Fat Politics*)에서 께뜰레에 대한 훌륭한 논의를 읽을 수 있다.

17 K. M. Flegel, B. I. Graubard, D. F. Williamson and M. H. Gail, "Excess Deaths Associated with Underweight, Overweight and Obesity," *Journal of the American Medical Association*, Vol. 293, Issue 15, 20 April 2005, 1861~67면 참조.

18 예를 들어 다음을 보라. Marion Nestle, *Food Politics: How the Food Industry Influences Nutrition and Health* (Berkeley: University of California Press 2002); Tim Lang and Michael Heasman, *Battle for Minds, Mouths and Markets* (London: Earthscan 2004); Eric Schlosser, *Fast Food Nation* (London: Penguin 2002); Greg Critser, *Fat Land* (London: Allen Lane 2003); Ellen Ruppel Shell, *The Hungry Gene* (New York: Atlantic Monthly Press 2002); Felicity Lawrence, *Eat Your Heart Out* (London: Penguin 2008).

19 S. Orbach, 앞의 책 참조.

20 Paul Campos, *The Obesity Myth* (New York: Gotham Books 2004); Oliver, *Fat Politics*; D. E. Alley and V. W. Chang, "The Changing Relationship of Obesity and Disability, 1988~2004," *Journal of the American Medical Association*, Vol. 298, Issue 17, 7 November 2007, 2020~27면 참조. 다음도 참조하라. *The Investigation*, BBC Radio 4, 22 November 2007.

21 예를 들어 코네티컷주 트리니티칼리지의 제임스 휴스(James Hughes)의 연구를 보라. 혹은 맨체스터대학 존 해리스(John Harris) 교수의 연구를 참고하라. 존 해리스 교수는 다음 책을 썼다. *Enhancing Evolution: The Ethical Case for Making People Better*, Princeton: Princeton University Press 2007.

5장 섹스는 연기가 되었다

1 이 사건을 내게 알려준 오드리 제이머스(Audrey Jamas) 박사에게 감사한다.
2 내게 정보를 알려준 '크레이지 리틀 걸스'(Crazy Little Girls)의 레베카 모던트(Rebecca Mordant)에게 감사를 전한다. 『썬데이 스포츠』(*Sunday Sports*)의 독자 콘테스트 정보도 그녀가 알려주었다.
3 S. Orbach, *The Impossibility of Sex* (London: Allen Lane 1999) 참조.
4 E. P. Spector, *The Sexual Century* (New Haven, Conn.: Yale University Press 1999) 참조.
5 예를 들어 다음을 보라. Juliet Mitchell, *Psychoanalysis and Feminism* (Harmondsworth: Penguin 1974); Jean Strouse (ed.), *Women and Analysis* (New York: Grossman 1974); Luise Eichenbaum and S. Orbach, *Outside In-Inside Out* (now published as *Understanding Women*) (Harmondsworth: Penguin 1982); Lisa Appignanesi, *Mad, Bad and Sad* (London: Virago 2008) 참조.
6 S. Orbach, "Chinks in the Merged Attachment: Generational Bequests

to Contemporary Teenage Girls," *Studies in Gender and Sexuality*, Vol. 9, Issue 3, 2008 참조.

6장 몸은 무엇을 위한 것일까?

1 A. E. Becker, R. A. Burwell, D. B. Herzog, P. Hamburg and S. E. Gilman, "Eating Behaviours and Attitudes Following Prolonged Exposure to Television among Ethnic Fijian Adolescent Girls," *British Journal of Psychiatry*, Vol. 180, June 2002, 509~14면 참조.
2 Sara Dunant, *The Age of Anxiety* (London: Virago 2000); Renata Salecl, *On Anxiety* (London: Routledge 2004) 참조.

참고문헌

Anderson, F. S. (ed.) (2008) *Bodies in Treatment*. Hillsdale, NJ: The Analytic Press.

Angier, Natalie. (1999) *Woman: An Intimate Geography*. London: Virago. (『여자, 그 내밀한 지리학』 이한음 옮김, 문예출판사 2003)

Appignanesi, L. (2008) *Mad, Bad and Sad*. London: Virago.

―――. (1999) *Losing the Dead*. London: Chatto & Windus.

Aron, L. and Sommer Anderson, F. (1998) *Relational Perspectives on the Body*. Hillsdale, NJ: The Analytic Press.

Baker-Pitts, C. (2008) "Symptom or Solution? The Relational Meaning of Cosmetic Surgery for Women." unpublished dissertation New York University.

Barry, B. (2007) *Fashioning Reality*. Toronto: Key Porter Books.

Becker, A. (1995) *The Body, Self and Society: The View from Fiji*. Philadelphia: University of Pennsylvania Press.

Berg, F. M. (1997) *Children and Teens Afraid to Eat*. Hettinger: Healthy

Weight Network.

Berger, B. D., Lehrmann, G., Larson, G., Alverno, L. and Tsao, C. (2005) "Non-psychotic, Non-paraphilic Self-amputation and the Internet." *Comprehensive Psychiatry*. Vol. 46. Issue 5.

Bick, E. (1986) "Further Considerations on the Functions of the Skin in Early Object Relations." *British Journal of Psychotherapy*. Vol. 2. Issue 4.

Bloom, A. (2002) *Normal: Transsexuals CEOs, Crossdressing Cops and Hermaphrodites with Attitude*. New York: Random House.

Bloom, C., Gitter, A., Gutwill, S., Kogel, L. and Zaphiropoulos, L. (1994) *Eating Problems*. New York: Basic Books.

Bowlby, J. (1976~78) *The Making and Breaking of Affectional Bonds*. London: Tavistock.

Brunet, O. and Lezine, I. (1966) *I Primi Anni del Bambino*. Rome: Armando.

Butler, J. (1990) *Gender Trouble: Feminism and the Subversion of Identity*. New York: Routledge. (『젠더 트러블』 조현준 옮김, 문학동네 2009)

Campos, P. (2004) *The Obesity Myth*. New York: Gotham Books.

Carroll, R. www.thinkbody.co.uk.

Chen, N. N. and Moglen, H. (eds.) (2006) *Bodies in the Making: Transgressions and Transformations*. Santa Cruz: New Pacific Press.

Collins, L. (2008) "Pixel Perfect." *New Yorker*. 12 May.

Critser, G. (2003) *Fat Land*. London: Allen Lane. (『비만의 제국』 노혜숙

옮김, 한스미디어 2004)

Damásio, A. (1999) *The Feeling of What Happens*. London: William Heinemann.

Davis, K. (1995) *Reshaping the Female Body: The Dilemma of Plastic Surgery*. London and New York: Routledge.

Dickenson, D. (2008) *Body Shopping*. Oxford: Oneworld Publications.

Dimberg, U., Thunberg, M. and Elmehed, K. (2000) "Unconscious Facial Reactions to Emotional Facial Expressions." *Psychological Science*. Vol. 11.

Dunant, S. (2000) *The Age of Anxiety*. London: Virago.

Edelman, G. M. (2006) *Second Nature: Brain Science and Human Knowledge*. New Haven, Conn.: Yale University Press. (『세컨드 네이처』 김창대 옮김, 이음 2009)

Eichenbaum, L. and Orbach, S. (1982) *Outside In-Inside Out*. Harmondsworth: Penguin.

Elliot, C. (2003) *Better Than Well: American Medicine Meets the American Dream*. New York: W. W. Norton.

———. (2000) "A New Way to be Mad." *Atlantic Monthly*. Vol. 283. Issue 6.

Field, N. (1989) "Listening with the Body." *British Journal of Psychotherapy*. Vol. 5. Issue 4.

Field, T. (2000) *Touch Therapy*. New York: Churchill Livingston.

Flegel, K. M., Graubard, B. I., Williamson, D. F. and Gail, M. H. (2005) "Excess Deaths Associated with Underweight, Overweight and

Obesity." *Journal of the American Medical Association*. Vol. 293. Issue 15.

Fonagy, P. (1999) "Transgenerational Consistencies of Attachment: A New Theory." paper to the Developmental and Psychoanalytic Discussion Group. American Psychoanalytic Association Meeting. Washington, D.C. 13 May 1999.

Fonagy, P., Steele, M., Steele, H., Leigh, T., Kennedy, R., Mattoon, G. and Target, M. (1995) "The Predictive Validity of Mary Main's Adult Attachment Interview: A Psychoanalytic and Developmental Perspective on the Transgenerational Transmission of Attachment and Borderline States." in *Attachment Theory: Social, Developmental and Clinical Perspectives*, ed. S. Goldberg, R. Muir and J. Kerr. Hillsdale, NJ: The Analytic Press.

Formaini, H. (2002) "Some Ideas about the Father's Body in Psychoanalytic Thought." in *Landmarks*. Papers by Jungian Analysts from Australia and New Zealand.

Foucault, M. (1978) *The History of Sexuality*. Vol. 1. *An Introduction*. London: Allen Lane. (『성의 역사 1: 앎의 의지』 이규현 옮김, 나남 1990)

Gerhardt, S. (2004) *Why Love Matters: How Affection Shapes a Baby's Brain*. New York: Brunner-Routledge.

Gilman, S. L. (1999) *Making the Body Beautiful: A Cultural History of Aesthetic Surgery*. Princeton: Princeton University Press. (『성형수술의 문화사』 곽재은 옮김, 이소출판사 2003)

Gitau, R., Cameron, A., Fisk, N. M. and Glover, V. (1998) "Fetal Exposure to Maternal Cortisol." *Lancet*. Vol. 352.

Goldblatt, P. B., Moore, M. E. and Stunkard, A. J. (1965) "Social Factors in Obesity." *Journal of the American Medical Association*. Vol. 192.

Grosz, E. (1994) *Volatile Bodies: Toward a Corporeal Feminism*. Bloomington: Indiana University Press. (『뫼비우스 띠로서 몸』 임옥희 옮김, 여성문화이론연구소 2001)

Harlow, H. F. (1958) "The Nature of Love." *American Psychologist*. Vol. 13.

Harris, J. (2007) *Enhancing Evolution: The Ethical Case for Making People Better*. Princeton: Princeton University Press.

Kahr, B. (2007) *Sex and the Psyche*. London: Penguin.

Kaplan-Solms, K. and Solms, M. (2000) *Clinical Studies in Neuro-Psychoanalysis*. London: Karnac Books.

Kolata, G. (2008) *Rethinking Thin*. New York: Picador. (『사상 최고의 다이어트』 김지선 옮김, 사이언북스 2008)

Lane, H. (1976) *The Wild Boy of Aveyron: A History of the Education of Retarded, Deaf and Hearing Children*. Cambridge: Harvard University Press.

―――. (1992) *The Mask of Benevolence Disabling the Deaf Community*. New York: Knopf.

Lang, T. and Heasman, M. (2004) *Battle for Minds, Mouths and Markets*. London: Earthscan.

Lawrence, F. (2008) *Eat Your Heart Out*. London: Penguin.

Leader, D. and Corfield, D. (2007) *Why Do People Get Ill?* London: Hamish Hamilton.

McDougall, J. (1986) *Theatres of the Mind: Illusion and Truth on the Psychoanalytic Stage*. London: Free Association Books.

———. (1989) *Theatres of the Body*. London: Free Association Books.

Mahler, M., Bergman, A. and Pines, F. (1975) *The Psychological Birth of the Human Infant*. New York: Basic Books. (『유아의 심리적 탄생』 이재훈 옮김, 한국심리치료연구소 1997)

Mann, T., Tomiyama, J., Westling, E., Lew, A. -M., Samuels, B. and Chatman, J. (2007) "Medicare's Search for Effective Obesity Treatments: Diets are Not the Answer." *American Psychologist*. Vol. 62. Issue 3.

Martin, C. E. (2007) *Perfect Girls, Starving Daughters*. New York: Free Press.

Marshall, J. C., Halligan, P. W., Fink, G. R., Wade, D. T. and Frackowiak, R. S. J. (1997) "The Functional Anatomy of a Hysterical Paralysis." *Cognition*. Vol. 64. Issue 1.

Mayhew, E. R. (2004) *The Reconstruction of Warriors*. London: Greenhill Books.

Merleau-Ponty, M. (1962) *The Phenomenology of Perception*. London: Routledge & Kegan Paul and New York: Humanities Press. (『지각의 현상학』 류의근 옮김, 문학과지성사 2002)

Miller, N. M., Fisk, N. M., Modi, N. and Glover, V. (2005) "Stress Responses at Birth: Determinants of Cord Arterial Cortisol and Links with Cortisol Response in Infancy." *Bjog.* Vol. 112. Issue 7.

Mitchell, J. (1974) *Psychoanalysis and Feminism*. Harmondsworth: Penguin.

Montagu, A. (1971) *Touching: The Human Significance of the Skin*. New York: Columbia University Press.

Mundy, A. (2001) *Dispensing with the Truth: The Victims, the Drug Companies, and the Dramatic Story behind the Battle of Fen-phen*. New York: St Martin's Press.

Namir, S. (2006) "Embodiments and Disembodiments: The Relation of Body Modifications to Two Psychoanalytic Treatments." *Psychoanalysis, Culture and Society.* Vol. 11. Issue 2.

Nestle, M. (2002) *Food Politics: How the Food Industry Influences Nutrition and Health*. Berkeley: University of California Press.

Oliver, J. E. (2005) *Fat Politics: The Real Story Behind America's Obesity Epidemic*. New York: Oxford University Press.

Orbach, S. (1986) *Hunger Strike*. London: Faber and Faber.

———. (1999) *The Impossibility of Sex*. London: Allen Lane.

———. (1995) "Countertransference and the False Body." *Winnicott Studies.* No. 10. London: Karnac Books.

———. (1993) "Working with the False Body." in *The Imaginative Body*, ed. A. Erskine and D. Judd. London: Whurr.

———. (2004) "There's No Such Thing as a Body." in *Touch: Attachment and the Body*, ed. K. White. London: Karnac Books.

———. (1998) "In Dialogue with Stephen Mitchell." *British Journal of*

Constructs?" *Journal of the American Academy of Psychoanalysis and Dynamic Psychiatry*, Vol. 31.

Theweleit, K. (1989) *Male Bodies*. Cambridge: Polity Press.

Totton, N. (1998) *The Water in the Glass: Body and Mind in Psychoanalysis*. London: Rebus Press.

Trevarthen, C. (1977) "Descriptive Analyses of Infant Communicative Behaviour." in *Studies in Mother-Infant Interaction*, ed. H. R. Schaffer. London: Academic Press.

Wilkinson, M. (2006) *Coming into Mind: The Mind-Brain Relationship*. London and New York: Routledge.

Winnicott, D. W. (1958) "Mind in Its Relation to the Psyche-soma." in *Through Paediatrics to Psycho-analysis*. London: Tavistock.

———. (1958) "The Capacity to Be Alone." *International Journal of Psychoanalysis*, Vol. 39.

몸에 갇힌 사람들
불안과 강박을 치유하는 몸의 심리학

초판 1쇄 발행/2011년 9월 9일

지은이/수지 오바크
옮긴이/김명남
펴낸이/고세현
책임편집/고경화
펴낸곳/(주)창비
등록/1986년 8월 5일 제85호
주소/413-756 경기도 파주시 교하읍 문발리 513-11
전화/031-955-3333
팩시밀리/영업 031-955-3399 편집 031-955-3400
홈페이지/www.changbi.com
전자우편/human@changbi.com
인쇄/예림인쇄

한국어판 ⓒ (주) 창비 2011
ISBN 978-89-364-8571-9 03300

* 이 책 내용의 전부 또는 일부를 재사용하려면
  반드시 저작권자와 창비 양측의 동의를 받아야 합니다.
* 책값은 뒤표지에 표시되어 있습니다.